中国古代生活史

世说清语

清朝生活图志

王彦章 著

中国财经出版传媒集团
中国财政经济出版社

序 言

中国是一个有着悠久历史的文明古国，在漫长的历史岁月中，勤劳、智慧的中华各族人民，曾经创造出举世闻名的政治、经济、文化、科技文明成果。这些物质文明与精神文明的优秀成果，是中国古代各族人民在长期的生产劳动和社会实践中，智慧与汗水的结晶；同时，这些成果的推广与普及，又作用于人们的日常生产与生活，使之更加丰富多彩，更具科技、文化、艺术的魅力。

中国古代的社会生活，不仅内容宏富，绚丽多姿，而且源远流长，传承有序。作为一门学科的中国社会生活史，以历史中带有宽泛内约意义的社会生活运作事象作为研究对象，是历史学的一个重要分支，有助于人们更全面、更形象地认识历史原貌。关于生活史在历史学中的地位，英国著名历史学家哈罗德·铂金曾如是说："灰姑娘变成了一位公主，即使政治史和经济史不允许她取得独立地位，那么她也算得上是历史研究中的皇后。"①

然而这位"皇后"在中国却历尽坎坷，步履维艰，她或为其他学科的绿荫所遮盖，或为时代风暴扬起的尘沙所掩蔽，在很长一段时间内中国社会生活史没有打下坚实的理论基础，也没有清理出必要的历史资料，整体性的研究尤其薄弱，甚至于今日提到"生活史"这个词，许多人仍不乏茫然之感。

社会生活史在中国的萌芽可追溯至古代。中国古代史学家治史，

① 参见蔡少卿主编：《再现过去：社会史的理论视野》，浙江人民出版社 1988 年版，第 144 页。

都十分注意搜集、整理有关社会生活方面的史料。如孔子辑集的《诗经》，采诗以观民风，凡邑聚分布迁移、氏族家族组织、衣食住行、劳动场景、男女恋情婚媾、风尚礼俗等等，均有披露。《十三经》中的《礼记》《仪礼》，对古代社会的宗法制、庙制、丧葬制、婚媾、人际交往、穿着时尚、生儿育女、敬老养老、起居仪节等社会生活资料，作了繁缛纳范，可谓是一本贵族立身处世的生活手册。司马迁在《史记·货殖列传》中描述了全国二十多个地区的风土人情：临淄地区，“其俗宽缓阔达，而足智。好议论，地重，难动摇，怯于众斗，勇于持刺，故多劫人者”。长安地区，“四方辐凑并至而会，地小人众，故其民益玩巧而事末也”。他并非仅仅罗列现象，还力图作出自认为言之成理的说明。如他在解释代北[①]民情为何“慓悍”时说，这里“迫近北夷，师旅亟往，中国委输时有奇羡。其民羯以不均”。而齐地人民“地重，难动摇”的原因在于这里的自然环境和生产状况是“宜桑麻”耕种。这些出自古人有意无意拾掇下的社会生活史素材，对于揭示丰富多彩的历史演进中外在表象和内在规律，无疑具有积极意义，将其视作有关社会生活研究的有机部分，似也未尝不可。

在西方，社会生活史作为一门学科是伴随着20世纪初社会学的兴起而出现于西方。开风气之先的是法国的“年鉴学派”。他们主张从人们的日常生活出发，追踪一个社会物质文明的发展过程，并进而分析社会的经济生活和结构以及全部社会的精神状态。“年鉴学派”的代表人物雅克·勒维尔（Jacques Revel，1942— ）在《法国史》一书中便指出：重要的社会制度的演变、革命以及改革等等历史内容虽

---

① 代北：古地区名。泛指汉、晋时期的代郡和唐以后的代州北部及以北地区。地理范围在今山西北部及河北西北部一带。

然重要，但是，“法国历史从此以后也是耕地形式和家庭结构的历史，食品的历史，梦想和爱情方式的历史”。史学家布罗代尔（Fernand Braudel，1902—1985年）在其《15至18世纪物质文明、经济和资本主义》一书中，将首卷即题为《日常生活的结构》，叙述了15—18世纪世界人口的分布和生长规律，各地居民的日常起居、食品结构以及服饰、技术的发展和货币状况，表明他对于社会生活是高度关注的。而历史学家米什列（Michelet,1798—1874年）在《法兰西史》一书的序言中则直接对以往历史学的缺陷进行了抨击：第一，在物质方面，它只看到人的出身和地位，看不到地理、气候、食物等因素对人的影响；第二，在精神方面，它只谈君主和政治行为，而忽视了观念、习俗以及民族灵魂的内在作用。年鉴学派主张把新的观念和新的方法引入历史研究领域，其理论不仅震撼了法国的史学界，而且深刻影响了整个现代西方史学的发展。

在20世纪初“西学东渐”的大潮中，社会生活史研究与方法也被介绍到中国，并迅速蔚成风气。揭橥大旗的是梁启超。他在《中国史叙论》中激烈地抨击旧史“不过记述一二有权力者兴亡隆替之事，虽名为史，实不过是帝王家谱”，指出：“匹夫匹妇”的“日用饮食之活动”，对于“一社会、一时代之共同心理、共同习惯”的形成，极具重要意义。为此，他在拟定中国史提纲时，专门列入了“衣食住等状况”“货币使用、所有权之保护、救济政策之实施”以及“人口增殖迁转之状况”[①]等等社会生活内容，从而开启了中国社会生活史研究的新局面。

在20世纪的二三十年代，我国史学界的诸多研究者都涉足中国社

① 以上参见梁启超《饮冰室合集·文集》第一册，中华书局1994年版。

会生活史研究领域，分别从社会学、民族学、民俗学、历史学、文化学的角度，对古代社会各阶层人们的物质、精神、民俗、生产、科技、风尚生活的状况，进行探究，并取得了丰硕的成果。但这一研究的真正全面展开，却是20世纪80年代以来的事情。在这个时期里，社会生活史研究这位“皇后”在经历了时代的风风雨雨之后，终于走出“冷宫”重见天日，成为史苑里的一株奇葩，成为近年来中国史学繁荣的显著标志。社会生活史研究的复兴，反映了史学思想的巨大变革。一方面它体现了人的价值日益受到了重视，把“自上而下”看历史变为“自下而上”看历史，这是一种全新的历史观。另一方面，它表明人类文化，不仅是思想的精彩绝伦和文物制度的美轮美奂，而且深深地植根于社会生活之中。如果没有社会生活这片“沃土”的浸润，人类文化将失去生命力。

这一时期的生活史研究，受到方方面面的关注和支持。这些年先后在天津、南京、成都、沈阳、西安、上海等地召开了数届全国性学术研讨会。其中1986年10月，南开大学历史系、《历史研究》杂志社和天津人民出版社联合在天津召开了中国首届“中国社会史学术研究会”，是中国社会生活史研究的新起点、新开端，是社会生活史在走向成熟的道路上迈出的关键一步。从此，社会生活史研究成为历史研究中颇为绚丽的篇章，至今方兴未艾，其成果如雨后春笋，不胜枚举。社会生活史的大型丛书有中国社会科学院历史研究所诸多资深专家学者撰著的从夏朝至清朝的社会生活史丛书，另有由上海文艺出版社于2001年推出的多卷本《中国风俗通史》等。此外较为重要的单册图书有林永匡、王熹的《食道·官道·医道》（1989），汪福宝、庄华峰主编的《中国饮食文化辞典》（1994），林永匡、王熹的《中国节令史》（1995），龚书铎主编的《中国社会通史》（共8卷，1996），庄华峰的《中国婚姻史》

（1996），徐吉军的《中国丧葬史》（1998），彭卫的《汉代社会风尚研究》（1998），郝春文的《唐后期五代宋初敦煌僧尼的社会生活》（1998），郭振华的《中国古代人生礼俗文化》（1998），孙立群的《中国古代的士人生活》（2003），常建华的《婚姻内外的古代女性》（2006），包铭新的《西域异服：丝绸之路出土古代服饰复原研究》（2007），萧默的《古代建筑营造之道》（2008），王景琳的《中国古代寺院生活》（2009），庄华峰的《魏晋南北朝社会》（2009），张伯山、张维夏的《正在消失的中国古文明：古民俗》（2012），郭东旭等的《宋代民间法律生活研究》（2012），陈瑛的《中国古代道德生活史》（2012），沈泓的《古代生活：民间年画中的脉脉温情》（2013），阎爱民的《中国古代的家教》（2013），庄华峰的《中国社会生活史》（2 版，2014）等著作，这些作品对社会生活史的研究工作起到了极其重要的推动作用。

然而我们注意到，尽管近年来中国社会生活史的研究取得了长足的发展，但与政治史、制度史、经济史等研究领域相比，其成果还是相对单薄的。个中原因可能是多方面的，但与人们的治史理念当不无关系。

我们觉得，史学研究应当坚持“三个面向”，即面向大众、面向生活、面向社会。“面向大众”就是“眼睛向下看”，去关注社会下层的人与事；“面向生活”就是走近社会大众的生活状态，包括生活习惯、社会心理、风俗民情、经济生活等等；“面向社会”则是强调治史者要有现实关怀，史学研究要为经济社会发展提供智力支持。而近年来我总感到，当下的史学研究有时有点像得了“自闭症”，常常孤芳自赏地将自己封闭在学术的象牙塔里，抱着“精英阶层”的傲慢，进行着所谓“纯学理性”探究，责难非专业人士对知识的缺失。在这里，我并非否定进行学术性探究的必要性，毕竟探求历史的本真，是史学研究的第一要务，而且探求历史的真相，就如同于计算圆周率，永无穷期。然而，如果我们的史学研究不能够启迪当世、昭示未来，不能够通过历史的讲述去构建一个国家的认同，史学作品不能够成为读者启迪人生的向导，相反却自顾自地远离公众领域，远离社会大众，使历史成为纯粹精英的历史，成为干瘪的、没血没肉的历史，成为冷冰冰的、没有温情的历史，自然也就成了人们不愿接近的历史，这样的学术研究还会有生机吗?因此，我觉得我们的史学研究要转向（当然这方面已有许多学者做得很好了），治史者要有人文情怀，要着力打捞下层的历史，多写一些雅俗共享、有亲和力的著作。总之一句话，我们的史学研究要“接地气”，这样，我们的研究工作才有意义。

上海沐来文化传播有限公司策划了一套中国古代社会生活方面的丛书，以此来重拾远逝的文化记忆，走进古人的生活。丛书内容涵盖古代衣、食、住、行诸方面，这是一套雅俗共享的读物。作者在尊重历史事实的前提下，采用图文并茂的形式，用生动活泼的语言来彰显古代社会生活的活力和特色。编辑出版这套丛书，是一件“接地气”的好事，它对于社会生活史研究园地而言，既是锦上添花，又可以说是雪中送炭。它一定会获得广大读者的青睐。故乐而为之序。

庄华峰[1]

2014 年 2 月 18 日于安徽师范大学惜墨斋

---

[1] 庄华峰：男，安徽歙县人。武汉大学中国古代史博士，研究方向为魏晋隋唐史、中国社会史、中国社会生活史、中国民俗研究、中国经济史，著有《中国婚姻史》《中国社会生活史》等多部著作。曾任安徽师范大学社会学院副院长、安徽师范大学图书馆馆长。此外，对大学书法亦有深入研究，是中国当代青年书法家，享受国务院特殊津贴。

目　录

服饰——穿在身上的历史

饮食——舌尖上的文化

建筑——凝固的音乐

交通——阡陌纵横皆通达

信仰——超越时空的执着

节日——时空以外的时空

仪礼——从生到死的轮回

服饰

穿在身上的历史

中国自古以来便有“华夏”之称，华夏一词的本义源自“中国有礼仪之大，故称夏；有章服之美，谓之华”。“华”是指华美的服饰，“夏”则指丰富的礼仪。可见，服饰是人类社会文明的重要标志，最能体现一个时代的生活风貌。

清朝是汉唐后中国服饰发展史上的又一个高峰，变化最多，也最为复杂，既保留了汉族服饰中的某些特征，又不失满族的民族特色。清朝男子服饰以满族习俗为准绳，最具特色的是“顶戴花翎”和“黄马褂”，前者是用来分辨品级的官服，后者是统治者用来赏赐大臣的荣誉证明。清朝女子服饰更是花样繁多，“达拉翅”“旗袍”“高底鞋”是清朝满族女子的标志性服饰，独具特色。

服饰不仅是生活必需品，也是身份、地位的象征。在等级森严的清朝社会，“昭名分、辨等威”的观念深深影响着人们。人们根据自己的身份地位来选择服饰，但是清朝的规矩实在太多，因服饰问题而获罪甚至丢掉性命的大有人在，中国其他朝代对服饰的规定则没有如此严厉。

清军入关后，为了压制、淡化汉族人的民族意识，清政府强令汉族男子依照满族的习惯改变原有的服装与发式。在“男从女不从”的规矩之下，汉族女子的服饰保留了明朝习俗。不过随着时间的推移，女子服饰满汉交融的痕迹越来越明显，满族女子学习汉服，汉族女子模仿满装。由于满族与汉族之间互相影响，所以清代服饰发生了很多变化。清朝继承、强化了华夏衣冠之治的传统，并掺进民族压迫意识，形成清代特有的服饰制度。

鸦片战争后，西方文化的影响日益加深，外国习俗对中国的影响更为直接，这在服饰上也有所反映。因此晚清服饰呈现出满汉交融、东西合璧的特色。清朝灭亡标志着中国传统社会的终结，然而传统服饰并没有完全告别人们的生活，清朝服饰的影响依然存在，传统的元素依然焕发着青春的活力，这在女子旗袍中体现得尤为明显。

剃发易服的血雨腥风

关于清朝剃发易服法令的缘由，历来就有很多种说法。据说清太宗皇太极曾命人翻译汉族的书籍，当他看到《金世宗本纪》里金世宗重申禁止女真人仿效汉人衣冠的命令时，心里十分佩服。于是传谕诸王和大臣，不许宽衣博带，沾染汉人的风习。清朝入关之后强迫汉人剃发易服，就是为了防止族人被汉族同化。

服饰

金之俊与“十从十不从”

金之俊是江南吴江（今苏州吴江）人，明朝兵部侍郎。明末农民军攻陷北京后，金之俊投降。清兵攻占北京后，金之俊又投降了清朝，仍旧担任兵部侍郎，后来还当上了大学士。金之俊在清朝当官18年，参与制定了清开国时的许多大政方针。时人给了金之俊这样的评价：“从明从贼又从清，三朝元老大忠臣。”

金之俊降清前，曾让人传话给摄政王多尔衮说：“我有十个条件，如果能全部接受，我就投降，否则宁愿死。”多尔衮召见金之俊细问之，金之俊便提出了“十从十不从”政策，即“男从女不从、生从死不从、阳从阴不从、官从隶不从、老从少不从、儒从而释道不从、娼从而优伶不从、仕宦从而婚姻不从、国号从而官号不从、税役从而语言文字不从”。多尔衮又问他提出这十个条件的缘由，金之俊就向多尔衮解释，如果清入关之后强制推行剃发易服，必然会受到汉族人的殊死抵抗，这不是长久之计。而他所说的这十个条件不仅对满人毫无损害，也会让汉人十分乐意，即可以用其中的“不从”来引诱人们顺从。多尔衮见其分析得很有道理，便全部答应了下来，金之俊这才投降。

据说，清初定下的许多重要制度，如旗人不得经商、王公不得私自离开京城、太监出京者斩之类，都是金之俊为清廷谋划的。后来乾隆帝悟出了其中的奸诈，很想进行改革，但这些已经成了祖宗的定制，不敢轻举妄动。为了泄愤，他就把金之俊列入了清朝的“贰臣”行列。

到底有没有“十从十不从”一说，官书和正史都没有记载，晚清以来的文人笔记和野史却对其有很多记载。清人徐珂《清稗类钞》里说清初民间流传有“生降死不降、老降少不降、男降女不降、妓降优不降”的说法，还说洪承畴也对清廷提出过“三从三不从”的建议。我们从清朝人的服饰穿戴上看，也确实和“十从十不从”很吻合。

满族人刚进入中原的时候，没有立即对服饰作硬性规定，后来颁布了“易服”法令并强制执行。统治者不仅动用武力强制执行，而且还布告天下国民都必须严格遵守，如有违禁就会被立即杀头。就算在自己家中，汉人如果穿了明朝的旧式服装，被人发现后也是必死无疑。清廷后又根据汉族传统服饰的一些特色，对服饰制度进行了修订，于顺治九年（1652 年）颁布了《服色肩舆永例》，对文武百官的服饰作了具体规定。后来到了康熙、雍正年间又对服饰制度进行过一些改良。

马蹄袖特写 清代男子袍服上身和两袖部分都很合体，特别是袖子颇为窄瘦，其袖端更有特色：在袖尾手腕的位置接有一弧形袖头，形状非常像马蹄，后来汉人常说的“马蹄袖衣”就是指此式袍服。平时将马蹄部分袖头折于手腕之上，行礼时则将其放下，表示谦恭顺服，行完礼再将马蹄袖折起来。

《服色肩舆永例》不仅对官员的服装作了规定，对普通百姓的衣服也有要求。清入关当年，江苏等地的男子，都改穿箭衣小袖，深鞋紧袜，一改明末时“宽衣大袖，衣宽四尺，袖宽二尺，袜皆大统，鞋必浅面”的情况。即使是幼童，也出现了戴帽子的情形，不必像从前一定要等 20 岁成年后才戴帽子。这当然只是民间服装改变的一个典型事例，其他地区的服饰也或早或迟地发生了较大的变化。

“留头不留发，留发不留头”

顺治帝刚登基的时候，考虑到全国还没有真正统一，为了缓和矛盾就下令暂缓剃发。待南方基本平定后，顺治帝重下剃发令，谕令大意为，满汉为一家，皇帝和百姓就像父子一样，所以百姓的装束也要和皇帝保持一致。谕令还规定从布告下达之日起，京城的老百姓要在十天之内全部剃发，直隶和各省地方，从文件到达那天起，也限期十天之内全部剃发。如果有不愿剃发的，不管用什么理由争辩，绝不轻饶，并且规定对那些不愿剃发易服、仍然遵循明朝制度的人杀无赦，这就是在民间广为流传的“留头不留发，留发不留头”政策。

清军所到之处，除僧侣道士外，都必须剃发易服。时人孔闻謤作为孔子后裔，为其宗家衍圣公孔允植执行孔庙礼仪，因新制度多有不便，就请求朝廷让他继续蓄发穿戴汉族先王衣冠，不料却差点遭难，只是因为他是孔子的后裔，才免去死罪。这事在当时是很有社会影响的，因为就算在要求汉人改装的金、元两代，山东曲阜的孔子后裔仍然可以穿戴传统的儒冠儒服。而此时的清朝统治者却坚决要求天下一律剃发易服，连孔子后裔也不能例外，由此可见清朝入主中原以后改变汉族传统的决心。但是孔子是汉族人民心目中的无冕之王，对于儒家士

剃头挑子　剃头挑子的一头是一个高圆笼，圆笼中放火盆，上面有一个深底小铜盆，供焐水洗头刮胡子用。圆笼旁边立有一根旗杆，当初用来挂清帝剃发梳辫的圣旨："留头不留发，留发不留头"，后来改挂毛巾、磨刀布。另一头是一个约一尺半高、长方形四支八岔的柜凳，剃头时顾客就坐在凳上。因前头圆笼有火盆，故民间有句歇后语："剃头挑子——一头热。"据说清初的剃头挑子不但有剃头的装备，还备有挂头的杆子、盛血的桶和砍头的墩子。

人来说，没有什么比维护孔子的威严更重要了，所以就连柔弱的读书人也决定站出来反抗清朝的剃发令了。

清军南下扫荡明朝残余势力、攻占长江中下游的时候，发布剃发令，要求汉族男子按照满洲的风俗剃去前面的头发，后面留辫子。县官命令剃头匠挑着剃头挑子各处走，看见有留头发的就抓过来剃掉，如果有人反抗就杀头，然后把砍下的人头挂在剃头挑子上，游街示众。这样一来，老百姓人人自危。顺治二年（1645 年）夏天，剃发令下达江阴，恐怖气氛弥漫江阴。众人推举阎应元和陈明遇为首领，共同商议抗清守城事宜。与此同时，清军已经开始攻打江阴城了，由于兵力悬殊，江阴城内军民伤亡很大，形势十分危急。不久，清军加强兵力把小小的江阴城围得里三层外三层，他们用炮火做掩护，派士兵用云梯攻城。清军强攻收效甚微，于是便派明朝降将刘良佐前去招降阎应元，但两次劝降都没成功。最终清军凭借 24 万兵力的绝对优势，在围攻江阴城的第 82 天时，攻进了孤立无援的江阴城。守城军民全部战死，没有一个人投降。阎应元留下绝命诗“八十日带发效忠，表太祖十七朝人物。十万人同心守城，留大明三百里江山”。

当江阴反剃发斗争正值高潮之际，位于江阴东南方向的嘉定也展开了反剃发斗争。顺治二年（1645年）五月初九，清兵破南京。三十日，明嘉定县令钱默出逃。自六月十八日起李成栋屠罗店，七月初一屠娄塘，初四屠县城，二十六日屠葛隆、外冈，二十七日再屠县城。史称“嘉定三屠”。

对中国辫发颇有研究的日本学者桑原骘藏曾作《中国辫发史》一书，其中有过一段评论，大意是：中国有所谓“发厄”与“发祸”的说法。全世界恐怕没有哪个民族像汉族人那样因为头发而遭受如此的大祸。强制剃发，并伴有恐怖的威吓和杀戮。在明清易代之际及太平军兴起的时候，如果剃发就会被汉军杀头，如果蓄发则会被满军杀掉，处在两军之间的汉人，因为头发造成的困苦，实在是我们现在无法想象的。古往今来，上百万的汉族人因为头发而丧失生命，真的是世间少有的怪事。

在汉族人心目中，身体发肤受之父母，不能轻易毁伤，这是关乎孝道的大义，因此“髡首”[①]便成为一种严厉的刑罚。所以汉人对清廷剃发令的反感可想而知，两者之间的矛盾就这样不可调和地僵持着。江阴、嘉定的惨祸，正是这种矛盾导致的。外国人不明白这是为什么，其实汉族人民是为了维护自己的民族尊严，江南人反清并不是为了拥戴和恢复明朝皇帝，只是希望按照往常的生活习惯继续过日子罢了。

满族人最初的发型不符合汉族人的审美习惯，当时的满族发型，并不是我们现在能从影视剧中看到的那种大辫子，而是只留头顶如金钱大小那么一块头发，编成辫，这种细长辫子被叫做“金钱鼠尾”。清人徐珂的《清稗类钞》里

① 髡首：古代剃去男子头发的一种刑罚。

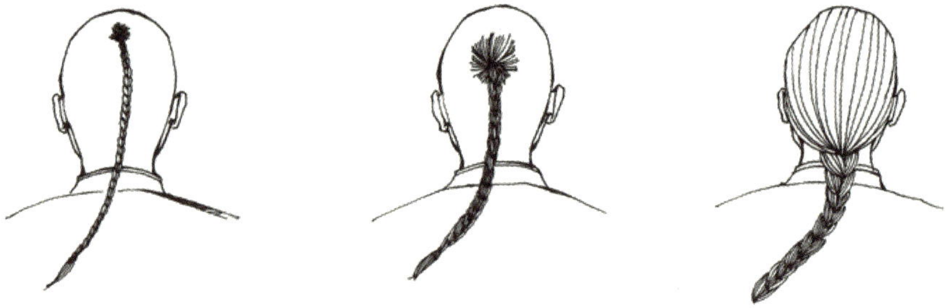

清初的男子发型　清初的男子发式为“金钱鼠尾”式，即将四周头发全部剃去，仅留头顶中心的头发，面积为一枚金钱大小，然后将头顶心的头发结辫下垂，形如鼠尾。后来头顶蓄发面积越来越大，足有四五枚金钱大。最后变成只剃除前额的头发，这也是我们现代人在影视作品中最常看见的清代男子发型。

记录了一件关于“金钱式”发型的事，说的是在清初实行的剃发令非常严格，有些汉族士人不愿剃满族的发型，就悄悄地在帽子上做文章。他们稍稍剃去一点头发，将大帽子一戴，外面是看不出来的。但是这样一群聪明人也被处置了，因为他们碰见了一个更聪明的上司。那时董学志是江西巡按，有一天，他让地方官把缙绅子弟和贡生、监生们都请来喝酒。酒过三巡，董学志站起来说：“现在朝廷特别重视剃发，规定了发型要剃成金钱一样。请各位把帽子脱下来，我们来看看，是不是都是这样。”在座的各位都喝多了，也没多想，就把帽子摘下来了，互相一看，原来都是在边上略微剃去一些头发，头顶还是和以前一样，只有一个人剃成了“金钱式”。最后除了那个人没有被治罪外，其他人都被抓进了大牢。

清朝的剃发令促成了理发这一行业的形成，因为明朝的人都是束发，所以不需要定期理发。剃发令一下，需要剃头的人自然越来越多，最初是由清兵奉命执行剃发令，后来剃头慢慢形成一个大行业，成为清代一项重要的营生。九江剃发匠一向很出名。大学士傅恒之子户部尚书福康安有一次路过九江，随便找了一名剃发匠来为自己剃发。这剃发匠运刀簌簌有声，使人几乎没有感觉。剃完之后，福康安命赏剃发匠 50 两银子。剃发匠对别人说：“我这辈子给人剃

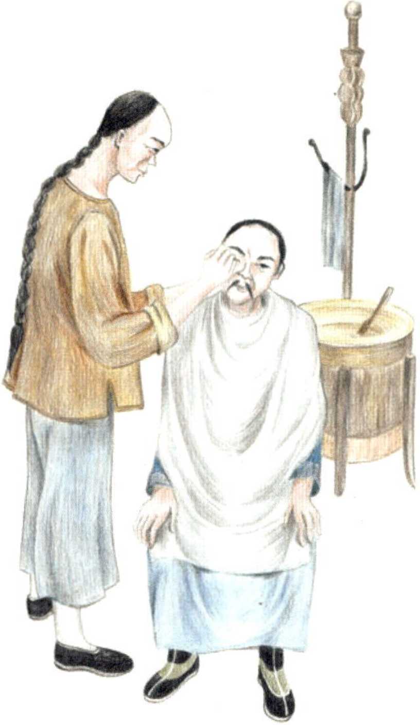

清代北京剃头图 剃头匠们挑着剃头挑子走街串巷，到了大街上就把剃头挑子放在地上，需要剃头的男人就会到他们这来刮脸、打辫子、剃须。清代的剃头匠不仅给人理发，逐渐还兼备了按摩师的功能，他们会给那些筋骨伤痛的客人按摩，帮他们舒活筋骨，减轻伤痛。

发多了，从来没有像这次剃发那么困难。”因为福康安剃发时随意坐卧，有时又忽然侧转，稍不留意就会将他割伤。时间真是拥有软化一切的魔力，大约过了 100 多年，到了嘉庆以后，汉人也都习惯梳辫子，而且还出现了各种编发和剃头样式流行于世的状况。到清中期以后，汉人对辫子已是非常重视了，“五天一打辫子，十天一剃头”已成为一种常态。

留发复衣冠的抗争

有清一代，因发型和衣冠而反抗政府的事情时有发生。从清初的拼死反抗剃发，到太平天国的蓄发，再到辛亥革命时期的剪辫，头发一直是横亘于满汉之间的一个大问题。到了顺治十年（1653 年），剃发易服的法令已经实行十多年了，但是汉人仍然强烈反对剃发。很多人因留发复衣冠的斗争而获罪甚至致死。

太平军发式 太平军将士蓄发，不编辫子，他们用红头巾将头发包起来，表示与清政府对抗，因此被清政府称为“长毛”。在许多清朝的文献中对其也有“发逆”“发匪”的称呼。

太平天国的蓄发令

咸丰元年（1851 年）爆发了太平天国运动，这时反清斗争达到了最高峰。与满清入关相似，太平天国将剪辫视作归顺其统治的标志，为此颁布的第一道诏令就是“蓄发令”，要求军民人等一律剪辫蓄发，其推行规则同样是“留辫不留头，留头不留辫”。东王杨秀清和西王萧朝贵还发布了一个《奉天讨胡檄布四方谕》，大意是说清朝的“剃发令”让汉人剃发，是毁伤父母所给的头发，不仅如此，还让汉人留辫子，像是拖一长尾在脑袋后面，简直是把人变成了禽兽。

清朝禁止汉人穿明朝的服装，这也是对中国文化传统的摧毁，是为了让汉人忘记自己的根本，甘愿受其奴役。所以，为恢复汉族传统，就得剪去辫子，蓄起头发。太平军每到一地都会布告安民，同时命令人民割掉辫子蓄留头发。

咸丰三年（1853 年）三月十一日洪秀全率太平军攻进南京，十五日下了第一道命令《奉天承运皇帝诏》。诏旨之中除祭明皇帝陵，宣布自己列位于明朝各皇帝之后外，还传布了七条法令，要天下人绝对遵从，违者处斩。其中一条是“各省文武官员军民人等，不准剃发，违者处斩”，另一条是“衣服便帽去顶，袍去马蹄袖……违者处斩”。这两条政令明确而又严厉，很明显是同清初剃发易服的命令针锋相对的。清初以剃发易服作为清王朝建立的标志，而太平天国则以蓄发和去掉清朝帽顶和马蹄袖作为建立与清朝对立的新王朝的标志。“剪去辫子”和“脱去满洲服装”这两件事，看起来虽然简单，其实意义重大，因为剪去了辫子就等于宣布与清廷对抗。太平军在称朝官为妖、皇帝为妖首的同时，把清朝的朝衣、朝冠、补褂、翎顶之类看作妖器，下令见到了就要践踏毁弃。当时只是在少数当官的人中颁布禁止穿戴清朝官服的命令，而关于蓄发的命令是在百姓中实行的，具有普遍意义，执行起来也非常严格，可谓雷厉风行。在太平天国的统治区域内，一旦发现有不蓄发的，就会把他抓起来杀头，甚至有些因头上长疮生虱而剃了头的人，也被逮着杀了。不过不管是不是因为害怕被杀头，当时很多人还是乐意留头发，纷纷投靠太平军。

当时留下的相关文献中记载了太平军的发型：洪秀全等高级领导者们，用五彩丝绒编成绦子，在发根后扎紧，将发髻用多余的绦子盘于髻上；将军以下者所用的绦子不能为五彩色，只能用红绿丝绳编挽；没有职位的小兵小卒们，短发的就用红辫线编挽起来，超过一尺的长发就用女人常用的银簪子挽成发髻，再用网巾扎起来。太平天国公布的 60 条禁令中，除规定不准剃发之外，还不准私藏剃头刀，谁私藏金、银、剃刀等物品，就会被视为“变妖”处斩，决不姑息。剪发、剃须、刮脸的人则被认为是不脱妖气，也是毫不留情地将其斩首。

但是在当时的环境下，人们如果留起了头发，归顺了太平军，被清兵逮住的话也会被杀头。这可真是两难的境地啊。有些人很聪明，就是让头发长出一些，不时修剪，看起来像是刚刚蓄发，又像长时间忘记剃发一样，这样在两边都没事。不过还有一种人可以剃发，那就是往来于太平天国统治区与清朝统治区的商人。他们只需向太平军交上一笔手续费——26 文钱，就可以领一张“剃头凭”。有了这张剃头准许证，就可以安心地剃发而不用担心被杀头了。当时还有人这么干，将后脑勺的头发稍稍剃去一块，作为归顺太平军的凭证，戴上帽子，就算被清军逮到也不会被发现。

在太平军中，新蓄起来的头发长短，便是参加起义早晚最好的明证。谁早参加起义，留起的头发就长；晚参加起义，头发自然就短。资历长短，一看头发就知道了。最终，这场蓄发运动以太平天国的败亡而告终。

大清国“最后的辫子”

随着时间的推移，清朝人在潜意识里逐渐接受了满族的服装发式。以发式来讲，辛亥革命后剪辫子，不仅清朝的遗老们难以接受，就连普通百姓也觉得辫子是中国人的脸面，岂能一剪了之。剪掉清初满族统治者强加给汉族人的辫子，此时反而成了一种革命。

1912 年，中华民国建立后，在第 29 号公报中规定：“今到之日，限二十日，官军民一律剪掉辫子，有不遵者，以违法论。”在广东，一天就有 20 余万人剪了辫子。不愿剪的不仅有满族贵族和那些醉心帝制的人，普通人出于一种长期以来养成的习惯，一时也接受不了。

自称“生在南洋、学在西洋、婚在东洋、仕在北洋”的辜鸿铭，被圣雄甘

民国剪辫子　辛亥革命后，剪不剪辫子关系到反不反清朝、革命不革命的立场。革命士兵在城门口设点剪辫，警察在街上巡视，看到没剪辫子的就拉过来剪掉。甚至有好事者会趁别人不注意就把人家的辫子给剪掉。

服饰

地称为“最尊贵的中国人”。1921 年，日本作家芥川龙之介游历中国，西方友人约翰斯在上海与他握手话别，提醒他说：“你到了北京，去不去看紫禁城不要紧，但不可不见辜鸿铭！”

辜鸿铭曾以“爱莲”名动天下，痴迷中国女子的三寸金莲，娶了个小脚老婆淑姑。不到一年，辜鸿铭又纳了日本姑娘吉田贞子为妾，晚年又收了碧云霞姑娘。他还有一套为纳妾辩护的理论：“妾者，立女也。”意思是说男人在外为家为国辛苦奔波时，应有女子立于其旁，作休息扶手之用，换句话说，就是男人纳妾是天经地义的事。他著名的“杯壶论”更是广为流传，说的是“茶壶和茶杯就好像男人和女人，一个茶壶配上几个茶杯本来就是天经地义的事情，而一个茶杯配上几个茶壶则是万万不可的”。

辜鸿铭从国外回来之后以及当幕僚期间都是西装革履的装扮，后来才改穿长袍马褂，头顶瓜皮小帽，脚穿双梁布鞋，脑后拖着一条黄毛小辫。清廷覆灭后，他仍然保留自己的发辫，直到1928年离世。蔡元培接手北京大学后，广纳李大钊、陈独秀、鲁迅等激进革命派，对政治上保守但学术上有实力的学者也不摒弃，辜鸿铭因此来北大教授英国文学和拉丁文。胡适对此提出异议，蔡元培替辜鸿铭开脱：“我们尊重的不是辜鸿铭的辫子，而是他的学问。”沈从文先生曾回忆辜鸿铭在北京大学讲学时的情景：“辜先生穿了件细色小袖绸袍，戴了顶青缎子加珊瑚顶瓜皮小帽，系了根蓝色腰带。最引人注意的是背后拖了一根细小焦黄的辫子。老先生一上堂，满座学生即哄堂大笑。辜先生却从容不迫地说：‘你们不要笑我这条小小尾巴，我留下这并不重要，剪下它极容易。至于你们精神上那根辫子，据我看，想去掉可很不容易！’因此只有少数人继续发笑，多数可就沉默了。这句话给我留下十分深刻的印象。这句话对当时在场的人，可能不多久就当成一句‘趣话’而忘了。我却引起一种警惕，得到一种启发，并产生一种信心，即独立思考对于工作的长远意义。”辜鸿铭对那条“象征性的发辫”确实坚持己见，他曾对毛姆说：“你看我留着发辫，那是一个标记，我是老大中华末了的一个代表。”辜鸿铭还骂所有剪辫子的人是“没有辫子的畜生，野兽！”民国初年，他看到别人剪掉辫子后戴顶帽子，就骂人家：“沐猴而冠！”

为何独独对那条不甚雅观的辫子敝帚自珍，辜鸿铭曾经自辩说：“许多人笑我痴心忠于清室。但我之忠于清室非仅忠于吾家世受皇恩之王室——乃忠于中国之政教，即系忠于中国之文明。”“我之留辫不剪，纯属个人爱好和审美观的体现。”“中国之存亡，在德不在辫，辫子除与不除，原无多大出入。”别人将他的辫子视为前清遗老的残留物，他却将自己的辫子视为“一个标志和象征——几乎是一个宗教符号，一面中国民族性的旗帜”，或者说是“一本中华传统文化的护照”，他如此高估一根辫子，确实有点匪夷所思。

1919年8月，胡适在《每周评论》第33期上登出一篇随感录《记辜鸿铭》，认为辜鸿铭是为了故意标新立异而留发，因为他以前在国外就剪了辫子，大清亡了他反倒留了起来，“当初是‘立意以为高’，如今是‘久假而不归’了”。据说辜鸿铭知道后大怒，声称要告胡适名誉侵害。辜鸿铭还解释自己当初剪辫子是因为年轻的时候女朋友喜欢辫子，剪下来送给她了，是风流往事，而不是革命旧事。辜鸿铭最终并没有告胡适，据说胡适为此还问过他状子递了没有，辜鸿铭只是批评他那篇写辫子的“诽谤文章”文辞太差，而没有真去打官司。

三寸金莲的殇魂与救赎

人们常用“穿小鞋”来比喻暗中使坏，算计他人的伎俩。“穿小鞋”的寓意跟汉族女子裹小脚的习俗有关。相传北宋个叫巧玉的姑娘，她的后娘十分贪财，要把她许配给一个很丑的有钱人为妻，巧玉坚决不从。后娘怀恨在心，恰好有媒人来为一个秀才说亲。那时候的媒婆说媒时会要女方的鞋样，为的是向男方证明女方裹小脚。后娘就给了媒婆一双很小的鞋样，叫秀才家照做一双“绣花鞋”。到了出嫁那天巧玉怎么也穿不上那双绣花鞋，上不了轿，她一气之下便上吊自尽了。从此人们便把在背后使坏整人的不光彩行为称为“给人穿小鞋”。

禁令难阻裹脚风

据记载清朝乾隆时期民间习俗的《清俗纪闻》所说，民间的女孩子在七八岁时，就要用缠脚布将脚的前部紧紧包起来，防止其继续长大。因此，女孩子七八岁以后就不能再轻易出门了。平时活动总是需要婢女随从搀扶才行，要是出远门就得坐轿子，步行是万万不能的。女子一生，缠足一事竟成为最重要的事。不缠足的女孩被叫做“天足”，在当时是“夫以为耻，母以为辱”，甚至会因此无法出嫁。俗话说“裹大脚嫁瞎子，要吃馍馍背褡子；裹小脚嫁秀才，要吃馍馍拿肉来”，所以脚越小越受捧。女子缠足这事对大户人家来说是至关重要的，一般人家也给女儿缠足，但是对于贫苦人家来说，缠足的规矩就不那么严了，因为女子需要干活持家。

每一个民族都有自己独特的审美观，汉族追求女子窈窕曼妙的身姿，这种传统就是女子缠足习俗形成的最原始动因。清入关前，皇太极就曾下令，不准

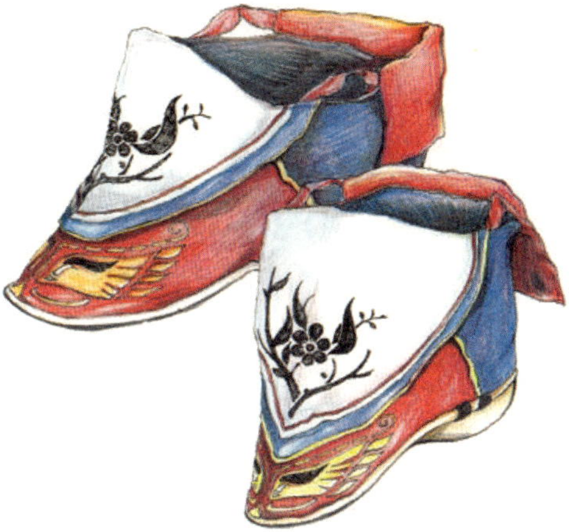

弓鞋　古代缠足妇女所穿的鞋子。妇女因缠足脚呈弓形，所以她们穿的鞋被称为“弓鞋”。老话说“裹大脚嫁瞎子，要吃馍馍背褡子；裹小脚嫁秀才，要吃馍馍拿肉来”，所以脚越小越受捧。小脚女人都用脚后跟走路，所以“弓鞋”的后跟很厚实。

学习关内妇女缠足。入关后，顺治二年（1645 年）即下令，严禁女子缠足并试图改变汉族妇女缠足之风。顺治到康熙时期，清廷曾多次发布禁止妇女缠足的命令。康熙三年（1664 年）规定康熙元年（1662 年）以前所生女子的缠足不再追究。元年以后所生女子，严禁缠足，违者严处：对于父亲有官职的就由吏、兵二部处置；没有官职的平民家就由刑部责打 40 大板，并流放 10 年；对失察的家长，戴枷号一个月，打 40 大板；对失察的官员，也要由吏部等部门处理。康熙七年（1668 年），都察院左都御史王熙认为这种规定太过严厉，会造成民间诬妄举报，以致牵连无辜，建议放宽禁止缠足的法令。他的建议得到批准，缠足的禁令就此放宽。此后，清政府虽然也时不时颁布新法禁止缠足，但汉民族强大的文化传统不是一时能够改变的，而清廷对汉族习俗的干预也引起了汉族士大夫的反对，所以在实际执行中，他们不再对汉族妇女裹小脚严格干预，只严令禁止旗人妇女缠足。

清廷虽然反对妇女缠足，但清代却是缠足最为流行的时期。清初满汉之间即有“男从女不从”的默契，所以女子还要受缠足之苦。在汉族人看来，裹小脚已经不是单纯的习俗，而被上升到保持汉族传统，彰显民族气节的高度来严格执行。男人为留发牺牲之大，对女人继续裹小脚的风气影响非常深远。陕西和山西妇女裹足最为有名，有“从来小脚说山西”的说法。要缠足的女孩子从很小的时候就得把脚缠起来，不让它们生长。把四个小趾折到脚下，紧紧地压住，再用缠脚布使劲地裹起来，只留下大脚趾在前面。长大以后多为残疾，要借助拐杖才能行走。小脚让女人行走困难，所以外出时要么有仆人搀扶，要么拄着拐杖，成为“三足”。最典型的“三足”女子是陕西女子。即使是缠足之风不甚流行的广东地区，富贵人家女子也要以缠足来显示其出身的高贵。

清代女子究竟如何缠足，有很多文献记载。从清代小说中也可以看出缠足的过程，如清人李汝珍所写的《镜花缘》中就有这样的情节：林之洋到女儿国卖货，被国王看中并被强行带入王宫立为妃。国王命令宫人给林之洋缠足，缠好了就择吉日进宫。一个宫娥取了一个矮凳，坐在上面，将白绫从中撕开，先把林之洋右足放在自己膝盖上，用些白矾洒在脚缝内，将五个脚趾紧紧靠在一处，又用力把脚面压成弯弓状，然后立即用白绫缠裹。才缠了两层，就有宫娥拿着针线上来密密缝口，一面狠缠，一面密缝。及至缠完，只觉脚上如炭火灼烧一般，阵阵疼痛。不觉一阵心酸，放声大哭道：“坑死俺了！”林之洋勉强支持着练习走路，真如挣命一般。夜里不时疼醒，整夜不能合眼。林之洋的两只大脚，被众宫娥今日也缠，明日也缠，并用药水熏洗，未及半月，已将脚面折作两段，十趾俱已腐烂，日日鲜血淋漓。他多次要寻自尽，无奈众人日夜提防，真是求生不能，求死不得。不知不觉，那足上腐烂的血肉都已变成脓水，业已流尽，只剩几根枯骨，两足甚显瘦小。林之洋被救后感慨道：“俺在楼上被他穿耳、毒打、倒吊，这些磨难，不过一时，都能耐得。最教俺难熬的，好好两只大脚，缠得骨断筋折，只剩枯骨包着薄皮，日夜行走，十趾连心，疼得要死。”这时，男人们才理解女人缠足的痛苦，真是“小脚一双，眼泪一缸”。

清末的“天足运动”

在明亡清兴、满洲贵族入关之际，天足运动曙光乍现。清朝统治者为了加强统治，命令汉族女子放足。但在汉族旧势力的顽强抵制下，天足政策终究实施未果。鸦片战争之后，西风东渐，由西方传教士和西方在华人士推动成立的天足会，在教会报刊上广泛宣传天足舆论。太平天国政权曾在它的统治区域内大范围地发动了天足运动，为中国妇女的解放作出了不可磨灭的贡献。从推翻大清王朝这一实践活动的需求出发，他们也确实采取了很多禁止缠足的行动。太平军起义初期，吸收了不少“赤足裹头”的劳动妇女。打到湖北后，妇女人数增加，又采取了“悉迫令解足”的措施。每到一地，太平军允许女子参军、参战、参加科考，任命了一批女官，并严禁嫖娼、买卖奴婢及缠足。定都天京后，由于男子多赴前线作战，妇女承担了割稻、收麦、挑砖、负米等重体力劳动。太平天国曾经令女馆的妇女都把裹脚布去掉，夜里有女长官逐一查看，如果发

太平天国官吏夫人 太平天国运动的领导人都来自缠足之风不甚流行的两广地区，他们的夫人都是天足。虽然太平天国运动因被镇压而告终，但是对于抑制汉族妇女的裹脚风气起了积极的推动作用。

现谁没有把裹脚布去掉，就会处罚谁。轻则责打一番，重则把那人的脚折断，这一切执行得非常严格。

据说李鸿章的母亲有一双大脚，还有个外号叫“大脚夫人”。李鸿章成为慈禧太后跟前的大红人之后，他的母亲也沾了光。李老夫人75岁生日时，恰好是慈禧太后四十大寿（1874年），为了表示对李鸿章的重视，慈禧召见了李老夫人。李老夫人无意间将一只大脚从轿子里伸出来，被李鸿章看见了，说：“娘啊，您把脚收回轿子里，可别着了凉。”李老夫人可不愿意了，怒气冲冲地说：“你爹都没有嫌弃我的脚大，你哪来的胆子，居然嫌我脚大？”说着就吩咐抬轿子的人打道回府，死活不愿意下来。这可急坏了李鸿章等人，一个个都来劝，好话说了一箩筐，总算把老夫人哄下来面见慈禧太后。这事据说对当时的社会风气有很大影响，大脚女人们也有了一点底气，心想当朝大官的娘不也和我们一样是大脚嘛。

真正谈得上有规模的不缠足运动，当数戊戌变法时期的不缠足运动。有的组织就是由维新人士发起建立的，在他们的推动下，不缠足运动迅速发展。光绪二十三年（1897年）广东顺德组织不缠足会，入会者多至百人，梁启超撰《戒缠足会叙》为之宣传。同年，上海不缠足总会正式成立，入会的人很多，是当时最有影响力的不缠足组织。随后，福州、天津、澳门等地也建立了戒缠足组织。清末新政时期，不缠足运动再度出现高潮。在民族危机空前严重的背景下，清政府的新政包括了改革官制、兵制、学制和奖励工商，以及禁鸦片、禁缠足、废酷刑和允许满汉通婚等各方面的内容。光绪二十七年（1901年），慈禧太后寿诞时颁布懿旨：“汉人妇女，率多缠足，行之已久，有伤造物之和。嗣后缙绅之家，务当婉切劝导，使之家喻户晓，以期渐除积习。断不准官吏胥役借词禁令，扰累民间。如遇选秀女年份，仍由八旗挑取，不得采及汉人，免蹈前明弊政，以示限制而恤下情。”

足虽未放，但清统治者反对或至少是不提倡缠足却是明确的。这使反对缠足者有恃无恐，放胆直言。梁启超在《戒缠足会叙》中更是把缠足与国家强弱与兴亡联系起来，他说："且中国之积弱，至今日极矣！欲强国本，必储人才；欲植人才，必开幼学；欲端幼学，必禀母仪；欲正母仪，必由女教。人生六七年，入学之时也，今不务所以教之，而务所以刑戮之、倡优之，是率中国四万万之半，而纳诸罪人贱役之林，安所往而不为人弱也？"

由于不缠足是政府支持的、合理合法的活动，这一时期的不缠足运动发展很快，各地都有了进一步的发展，在全国渐成一种风气。在官方的推动下，不缠足的宣传又深入到乡村，如此一来不缠足运动的倡导者队伍、声势和规模均更为壮大了。一些督抚大员，也以不缠足的积极倡导者自居。四川总督岑春煊刊印《不缠足官话浅说》50000 本，直隶总督袁世凯、湖广总督端方亲自撰文劝戒缠足。到光绪三十年（1904 年），大部分省都贴出戒缠足告示。一些官员还让自己的妻女和其他亲属率先放足。

纷繁复杂男子衣

与明代相比，清代满汉文武百官的服饰变化很大，袍服俱备。至于一般平民百姓的服饰式样则变化不大，据研究，直到乾隆时期，江南一带平民衣着式样保留了部分晚明的固有风格。据沈从文的《中国古代服饰研究》一书记载，康熙时期的农民衣着近似明末江南农民装束，唯男子头上多了露顶椎髻，用明式裹网巾和瓜皮帽的不多，但并无曳长辫的。

顶戴花翎趣事多

一说到清朝的官员，人们就会想到“顶戴花翎”，这是清代官服的特色之一，也是区分人物等级地位的重要标志。顶戴又叫“顶子”，在官场中，不同身份地位的人，要戴不同质地的顶子，即便是素不相识的人，也可以一眼从对方的顶子质料上分辨出其官位品级。所有的顶子中，级别最高的当数皇帝的顶子，顶子最高部分饰有顶珠，顶珠通常是用最好的东珠装饰。除此之外，皇帝所戴的顶子在不同的季节和天气也是有区别的：冬天戴的常服冠和行冠的冠顶装饰比较简单，都以红绒结顶；下雨天戴的冠帽一般不装饰顶子。关于皇帝顶子上的珍珠，还有这样一则有趣的故事：传说乾隆初年，每当天阴月黑，畅春园里值夜的太监就会看到夜空中悬着一颗明亮的星星。大家都十分诧异，后来仔细观察，发现那道星光其实是从园前一条小溪中发出的，他们从溪中打捞到一个大蚌，直径达四五寸。剖开大蚌以后得到两颗连在一起的珍珠，一大一小，大如枣子，形如葫芦。太监们不敢私藏，将其献给皇上。乾隆帝非常喜爱这颗奇珠，把它用作朝冠的顶子。纪晓岚曾记载此事，他说小溪里不能产巨蚌，而且从未听说过有“合欢”珠，所以他认为这是因为天命降临圣人，祥瑞呈现。

清代官员官帽有冬夏之别，冬天戴的帽称“暖帽”，夏天的称“凉帽”。顶珠原料多为宝石，不同质料的顶珠是区别官职的重要标志。清廷规定，凡品官朝冠顶子，文武一品用红宝石；文武二品用珊瑚；文三品也是珊瑚，武三品则用蓝宝石；文武四品俱用青金石；文武五品俱用水晶；文武六品俱用砗磲；文武七品俱用素金；文武八品俱用阴文镂花金顶；文武九品俱用阳文镂花金顶；未入流之官的顶饰与文武九品官顶饰相同。

清朝官员的冠帽后面拖着一根孔雀羽毛，叫做花翎，这也是清代官服冠帽上用以区分等级的标识。一定品级以上的官员所戴花翎上有“眼”，“眼”就是孔雀羽毛尾端的花眼形图斑，翎眼有单眼、双眼及三眼之分，眼越多表示级别越高。此外还有一种比花翎等级低的蓝翎，它是用鹖鸟的羽毛做成的，呈蓝色，羽毛很长没有眼，多赏给品级较低的武官。清代官员使用花翎的制度很有讲究：皇帝和亲王、郡王一般不戴翎饰冠；贝子戴三眼花翎冠；镇国公、辅国公和硕额驸等戴双眼花翎冠；五品以上官员及一至三等侍卫戴单眼花翎冠；六品以下官员戴无眼的蓝色翎冠。顺治十八年（1661 年）曾对花翎做出规定，亲王、郡王、贝勒以及宗室等一律不许戴花翎，贝子以下可以戴。以后又规定：贝子戴三眼花翎；国公、硕额附戴双眼花翎；内大臣、四等以上侍卫、前锋、护军各统领等均戴一眼花翎。按照清朝的规定，清初时亲王、郡王、贝勒本来是不戴花翎的，也许是因为花翎在当时太过高贵，人人竞相争取，并以此为荣。乾隆年间，许多人以兼任内大臣等职务为由乞求皇帝赏赐花翎。此后亲王、郡王、贝勒开始佩戴三眼花翎。有资格佩戴花翎的亲贵们，需要在十岁时经过骑、射两项考试，考试合格后才能戴上花翎。

花翎在清朝初期被看得非常贵重，只有享有显著功勋和享受特殊恩荣的人才可以戴，当然也有例外。福建提督施琅投降清朝后被赐籍归入汉军镶黄旗。康熙年间，施琅在平定台湾时立了头等大功，得到了康熙的赞赏，被封为靖海侯，官位可世袭。但施琅却上奏皇帝说不要世袭的侯爵，恳请按照内大臣的规矩赐他戴花翎。然而在外将军、提督没有赏花翎的先例。最后由康熙特别下旨造了四眼花翎赏给他戴。以世袭侯爵换取一支花翎，由此可见当时花翎有多贵重。从施琅以后，清朝统治者开始把花翎赏赐给对朝廷作出特别贡献的官员。乾隆时期的傅恒，官居显要，是保和殿大学士兼军机大臣，因功勋卓著，先后被赏赐双眼花翎两次，三眼花翎一次，每次他都诚惶诚恐，上奏折“请皇上收回”。

乾隆帝下江南时，有一个江姓太监常随侍游幸，很受乾隆宠信。扬州盐商纲总江某与江太监认了同宗，结为兄弟，两人成为骨肉至交。乾隆回到京城后，江太监盗窃了宫中珍宝，东窗事发后急忙逃走。乾隆命步军统领在全城搜捕，江太监便投奔扬州纲总江某，去寻求他的保护。谁知纲总出卖了他，乾隆因那纲总检举有功，便赏赐给他布政使衔和孔雀翎。同业中都以此为最高荣誉，因为当时盐商中仅此一支孔雀翎。

按照清初的制度，外任的文臣是不能赏赐花翎的。乾隆年间，方观承当直隶总督的时候，很受乾隆帝恩宠。方观承主持古北口阅兵时，特地请求皇上赐花翎。乾隆笑道：“像你这种侏儒模样的也喜欢花翎吗？”嘲笑归嘲笑，乾隆还是特别赏赐了他。从此以后，外任的督抚经常有蒙皇上恩赐花翎的情形。到清中期以后，花翎逐渐贬值。道光、咸丰以后，国家财政匮乏，为开辟财源，朝廷公开卖官鬻爵，只要肯出钱，就可以买到一定品级的官衔，穿着相当的官服，光耀门楣。

三眼花翎李中堂

清朝的君主在赏赐大臣花翎方面是非常审慎的，从乾隆到宣统被赐三眼花翎的大臣只有傅恒、福康安、和琳、长龄、禧恩、李鸿章、徐桐 7 人，被赐双眼花翎的约 20 人，这在当时是千古犹荣的恩宠。

慈禧60大寿恰逢甲午（1894年）。生日那天，慈禧在颐和园接受百官朝贺。慈禧当殿封赏直隶总督兼北洋大臣李鸿章三眼花翎。自大清立国以来，还未曾有过一个汉人享受过如此殊荣，当年的曾国藩也只是获得了双眼花翎的赏赐。面对如此殊荣，连一向沉稳的李鸿章都激动得有些忘乎所以了，据说他后来给很多外国朋友写信时都要介绍介绍这三眼花翎的珍贵。甲午战后，清朝统治再次受到考验，光绪二十二年（1896年）清廷决定派李鸿章出访欧美，去了解西方国家的政治和外交等情况。当时正值盛夏，李鸿章却一直穿着全套朝服，顶戴花翎，外罩黄马褂，为维护大清以及自己的尊严而汗流浃背、乐此不疲。他的一套行头也被外国人称为“李鸿章时装”。

当慈禧在宫中为自己的60大寿大肆庆祝时，中国对日作战却频频告急！甲午海战，清军节节败退，此时平壤失守和黄海受挫的消息传到北京，朝野震惊。官员们纷纷弹劾李鸿章作战不力。光绪一怒之下，要革去李鸿章一切差使。慈禧知道了以后就对光绪说：“临阵换帅是兵家大忌。何况淮军和北洋舰队一直都受李鸿章指挥，朝廷的差遣及粮饷支应，都得通过李鸿章调遣，一旦换人，能听话吗？李鸿章为咱们立过大功，这次失利也不全是他一人的过错，处分大臣不能太轻率。我的意思是让李鸿章把这场大战负责到底，让刘坤一当钦差去督战。李鸿章在天津军政、民政忙不过来，可以给他个帮办的名义，让王文韶从旁协助，但不能接直隶总督的印。一旦撤了李鸿章，北洋军务肯定一片混乱，这会误了大事！”

光绪不情愿地说：“皇爸爸的意思，儿当遵办，不过现在弹劾李鸿章的奏章纷至沓来，就算不革职，也要给予严惩，否则不能平息众怒啊。”慈禧想了一下说：“那就拔了李鸿章的三眼花翎，革职留任，夺去黄马褂，仍然让他指挥军队，这就让他很丢面子了。另外再对作战不力的将官严厉惩办，这才能杀一儆百，否则办了李鸿章，别的将官仍然无动于衷，怎能振作士气！”按照清朝的规矩，为整肃朝廷的威仪，就算是被降职或被革职留任的官员，仍可以按品级佩戴花翎。所以对清朝的官员来说，获得赏赐花翎是无上荣耀，而“拔去花翎”就是一种非常严厉的处罚。

甲午战争清政府战败，清廷派代表向日本求和。日本方面以首相伊藤博文和外相陆奥宗光为全权代表，他们认为清政府委任的代表没有全权，所以拒绝谈判。驻日的美国公使请伊藤坦诚讲明希望清国派谁担任全权代表，伊藤说：“贵公使还不明白，当今清国威望最高、擅办外交又能让各国信服的元老重臣还有第二个人吗？”美国公使恍然大悟，接着发电报给美国驻华公使，让他转告主管总理衙门的恭亲王：“日本伊藤首相之意如此如此，显然非请李中堂出任全权代表不可。”同时，日本又以扩大战事相威胁。恭亲王立刻面奏光绪，不料光绪勃然大怒道：“李鸿章丧师失地，罪大恶极，朕正准备革去他的一切差使，派谁去都行，就是不能派李鸿章。双方谈和是平等的，哪有非由倭人为我指定全权大臣不可的道理！”

恭亲王无奈，只得请求慈禧太后出面。太后将皇上召到储秀宫，命他速派李鸿章去日本议和，皇上说：“皇爸爸，李鸿章如今是戴罪之身，处分还没撤销，怎能派他充当全权大臣？这也会让日本人笑话的。”慈禧说：“那怕什么，撤销对他的处分，赏还顶戴花翎和黄马褂就是了。”皇上很郁闷，苦着脸说：“威海卫北洋舰队已在前天全军覆灭，儿臣刚才下旨严斥，‘李鸿章专任此事，自问当得何罪！’现在马上就让他官复原职，代表国家去和倭人谈判，出尔反尔，儿臣实在想不通，难道大清国就没有第二个人能当全权之任了？”

“傻孩子，”慈禧叹口气说，“李鸿章以战败国宰相的身份去日本乞求停战议和，是个受尽耻辱、必然还会被朝野咒骂的、吃力不讨好的苦差使。李鸿章年纪大了，搞不好他还不愿去呢。现在是朝廷请求李鸿章出来，你要明白局势，赶快下旨撤销对他的革职留任处分，赏还顶戴花翎、黄马褂，让他充当赴日议和全权大臣，速速来京请训。交代去日本谈判时，先要求停战，再谈议和条件。”

光绪无奈之下只得恢复李鸿章的官职，赏戴三眼花翎，穿黄马褂，任命他为全权代表，到日本议和。李鸿章的三眼花翎在极短的时间里经历了赏戴、褫夺、赏还的风云变化，这也是他一生荣辱的见证。此次议和，他同日本签订了《马关条约》，替慈禧和光绪背了黑锅，成为国人眼中的卖国贼，光荣不再。

非赏不穿黄马褂

“褂”是满族人的一种传统服装，类似于宋明时期的衫或袄，比袍短些。职官所用者一律在胸背缀以补子，以示身份，即“补褂”，也称“大褂”。清代的补褂规定穿在袍服之外，其式样为圆领、长袖、对襟、平袖口，两襟用帛扣相对纽襻，当胸和后背为补子图案。补褂的前后、左右开有四衩，补子图案内容亦与明代相差不多，即文官用飞禽，武官用猛兽。补褂是品官标志，不得混用。乾隆时期，有个副都统（武官二品）金简代理户部侍郎（文官二品），自以为身兼文武二职，就别出心裁，在武二品补褂的狮子尾端绣了一只代表文二品的小锦鸡。乾隆皇帝看见之后哈哈大笑，笑过之后就说：“大胆奴才，竟敢私造典礼！”金简吓得面如土色，哆哆嗦嗦地跪求皇上开恩免死。

清朝有些大臣常穿由明黄色绸缎或纱制成的“行褂”。这种行褂没有花纹和彩袖，设计时考虑到方便骑马时穿，因此称为“黄马褂”。黄马褂通常分大臣在职时穿或与皇帝同行时穿的“职任褂子”、皇帝在狩猎时赏赐的“行围褂子”以及皇帝赏赐给享有特殊功勋的大臣的“武功褂子”。除此之外，还有一种“特使褂子”。它是皇帝特赏给朝廷特使的，都是非赏不得穿。通常只有三种人才能获赏穿上黄马褂：一是随皇帝御驾出行的近身侍卫；二是随皇帝射猎围场时猎获甚丰者；三是在国事或战事之中，立下重大功勋的官员。他们获得的赏赐还要写入史册和个人档案，成为终生的荣耀。还有一种人比较特别，就是朝廷特使。他们如果受到皇帝的特赏，也可以穿黄马褂，不过在受赏时他们都要骑

清代盘线秀三品文官孔雀补子（正面）、清代盘线秀三品文官孔雀补子（反面）、清代缂丝二品文官锦鸡补子

补服是清代文武百官的重要官服，也是清代的礼服。清代补服的补子纹样分皇族和百官两大类。皇族补服纹样为：五爪金龙或四爪蟒。各品级文武官员纹样为：文官一品用仙鹤；二品用锦鸡；三品用孔雀；四品用雁；五品用白鹇；六品用鹭鸶；七品用鸂鶒；八品用鹌鹑；九品用练雀。武官一品用麒麟；二品用狮子；三品用豹；四品用虎；五品用熊；六品用彪；七品和八品用犀牛；九品用海马。

马绕紫禁城一圈。这种仪式，咸丰年间最为盛行，更突显了黄马褂的高贵。

清朝初期很少赏赐黄马褂，但是皇帝为了表示对大臣的恩宠，会赏赐自己的御衣给大臣。尹继善当河道总督的时候，雍正命令开天然坝，但他认为行不通。恰好浙江总督李卫进京面圣，向他传达雍正的圣旨，李卫还说他已经奏明黄河水小，可以开坝。尹继善再次上奏，说李卫不懂得治河，现在不能开坝。尹继善的幕僚都觉得他违背圣旨很危险，有人甚至收拾行李准备离开，但他仍然坚持自己的看法。后来雍正不但没有怪罪他，反而高兴地说："你非常有主见，有你这样的忠臣，朕还有什么好忧虑的呢？"说着就脱下御衣御冠赐给尹继善，并加封他为太子太保[①]。尹继善得到皇帝赏赐的服饰自然很高兴，官当得也更舒畅，竭尽全力为皇帝治理河道。

黄马褂的赏赐有"赏给"与"赏穿"之分。"赏给"是只能穿赏赐的那一件，"赏穿"就可以随时制作来穿。如乾隆曾给提督段秀林"赏穿"黄马褂。一次随驾扈从热河，乾隆帝召见时，见他须发皆白，便问他还能不能骑射。段秀林说："骑射是武官的本职，我虽然年纪大了，但是骑马射箭不在话下，身先士卒也可以。"乾隆就让人在宫门前挂了一只鸟，让段秀林去射箭。段秀林一箭就射中了，乾隆非常高兴，赐他"赏穿"黄马褂。

清朝后期，随着汉族官员地位的上升，黄马褂也开始被赏给汉官，曾国藩、左宗棠、李鸿章等均蒙恩赏穿。左宗棠第一次入朝觐见时住在善化会馆，一天会馆遭窃，左宗棠的箱子里装有朝珠及皮衣无数，并有银子数百两，都完好无损，唯独皇上赐他的黄马褂被人偷了。左宗棠大惊，请求步军统领捕捉盗贼。统领告诉他黄马褂既不能穿出来，又不能送入当铺换钱，偷去也没什么用，可能是左以前说过什么大话，有人故意使坏，用不了多久小偷肯定会送回来。左

① 太子太保：初为东宫官职，太子三师之一，西晋始置，负责保护太子安全。清代太子太保是从一品官，但是有衔无职，是一种加给重臣、近臣的荣誉性官衔。

宗棠提心吊胆地过了几天，有一天出门归来，见床上放着一个包袱，黄马褂就包在里面。还有件事也很有意思。左宗棠的部下很多都是身经百战的人物，经多次保举，到了提督、总兵之类的显要职位，然而这些人却愿意放弃官位一直追随左宗棠。某差官奉左宗棠之令拜见一个布政使禀告公事。地方官因为左宗棠的缘故，所以格外优待官差。原以为差官必定不敢与自己平起平坐，谁知差官竟然毫不谦让。第二天，这长官去拜见左宗棠，愤愤不平地说起了这件事。左宗棠立刻把那个差官叫来训斥道："你平时在我面前不拘礼节就算了，怎么能对布政使如此无礼？"还让差官认错请罪。过了一会儿，该长官出去时，只见门外站了十几名差官，全部身穿黄马褂，头戴红顶花翎，站在门两旁。当然，刚才请罪的那个差官也站在那儿。该长官顿时大惊失色，手足无措，于是逐一向众差官们请安问好，然后灰溜溜地离去。他最初以为左宗棠的差官只是一般的士兵，却没有想到竟然全是一些红顶戴、黄马褂的提督、总兵之类的大官，在这些人面前他自己确是要毕恭毕敬了。

李鸿章的"血衣"黄马褂（李鸿章故居陈列的复制品） 光绪二十一年（1895年），在日本进行《马关条约》谈判的李鸿章，被日本浪人行刺，脸部中枪，血染黄马褂。李鸿章迷糊中不忘叮嘱随员，将换下来带有自己鲜血的黄马褂保存好，不要洗掉血迹。心中苦楚无以言表，唯有长叹一声："此血可以报国矣！"他挨的这一枪，挽回了一亿两白银的赔款。

清朝特色女儿装

清代女子服装分为满汉两种，满族女子以“旗袍”为主，配合“达拉翅”“旗鞋”，形成满族贵族女子的标准装束。而汉族女子则在“男从女不从”的优待条件下保持明代旧制。不过随着时间推移，满汉之间在服饰方面有互相借鉴的地方，于是形成了独具特色的妇女服饰。

慈禧戴上达拉翅

清代初期汉族妇女的发髻以明代传统为主，尤其是江南一带的广大汉族妇女，将明代发型髻式保持得相当完美。如苏州地区妇女发式多以明末流传下来的各色高髻为时尚，主要有牡丹髻、荷花髻、钵盂头髻等。假髻在这时也很盛行，如扬州地区妇女所戴的假髻，种类繁多、名目新颖，如望月髻、蝴蝶髻、双飞燕等。民间妇女的发式对宫廷妇女也有很大影响，满汉之间的交流就是从“头”开始的，正是“闻说江南高一尺，六宫争学牡丹头”。从清人李斗的《扬州画舫录》中，我们可以看出江南女子的穿着打扮对满族的影响。因为扬州经济繁荣，是全国有名的繁华之地，人们对衣着要求很高，于是就有了专门卖绸缎的“多子街”，又因为扬州的女子喜欢佩戴首饰，所以又有专门卖珠宝首饰的“翠花街”。

满族妇女的发型变化较多，孩童时期与男孩差不多。《红楼梦》第 17 回里在描述贾母八旬大寿的排场时说，“邢夫人、王夫人带领尤氏凤姐并族中几个媳妇，两溜雁翅，站在贾母身后侍立……台下一色十二个未留头的小丫头，都是小厮打扮”。这些未留头的小丫头是未成年的女孩子，都是男装打扮。满族女孩在成年前，只梳一根单辫垂于脑后，辫梢上缠一红头绳，前额剪成刘海，常用金银、珠宝制成别致珠坠角，系于辫梢上，看起来很漂亮。女孩成年后，

达拉翅 “达拉翅”头饰外观像扇面的硬壳，约尺把高。里面用铁丝按头围的大小做了一个圆箍，用布袼褙做胎，外面包上青缎子或青绒布，做成一个固定的装饰性的大两把头，再插一些用青素缎、青绒做的花或绢花。需要时，可直接戴在头上，不需要梳头；如果不用就取下来放着，非常方便。因达拉翅以粗铁丝做架，承重性较强，上面设有插簪、钗、流苏、疙瘩针、耳挖勺、头花等固定装置，满足了妇女同时佩戴众多头饰的需要。

才会把头发挽成小抓髻，或梳一条辫子。以后受汉髻影响，有的将发髻梳成扁平状，俗称“一字头”，又称“两把头”。其髻型是在头的顶部将头发梳成左右两个，再用一种特殊的架子担起，所以又有人称这种发髻叫“架子头”。在两个平行的髻组上还分别装饰有各种金珠玉翠镶饰而成的凤钗银簪一类的饰品，看上去华丽端庄。清初，“两把头”的架子还比较小，后来逐渐加大。自咸丰年间始，头饰变得更加高大和夸张，光绪年间甚至演变为一种高如“牌楼”式的固定装饰，取代了两把头，名叫“达拉翅”，又叫“大京样”“大翻车”“大拉翅”。“两把头”由原来那种简朴的头髻形式，发展到这种程度，已失去原来的意义，而完全成为一种显示身份、地位的纯装饰品了。

慈禧太后对自己的发型非常讲究，特别喜欢赶时髦。但是那些给她梳头的太监宫女都不能让她满意，于是慈禧想另找一个年轻的太监来梳头房当差。总管太监便对她说：“有个太监叫李莲英，他会梳各式各样的头，何不叫他来试试呢？”于是慈禧就叫李莲英来梳头。李莲英早就知道慈禧的爱好，花了很多工夫去宫外学女人梳的各种时髦发型，还经常到妓院去看当红的头牌姑娘梳头，又贿赂了总管太监，所以才能被推荐给慈禧梳头。他第一次替慈禧梳头时，就格外小心，他知道慈禧非常宝贝她那一头秀发。慈禧的头发又黑又亮，大概有六尺多长，披散下来垂在地上的也有二尺多。慈禧在宫中娇养惯了，别的太监给她梳头，总是会把头皮弄痛，所以慈禧就嫌他们笨手笨脚。李莲英常听宫内太监们说起这些，自然摸清了慈禧的脾气，于是就使出轻巧灵便的手段，慢慢给慈禧梳好了一个凤凰双飞头。慈禧不但没感到头皮痛，就连一根头发也没有掉下来。她非常高兴，赏了李莲英 20 两银子，让他每天都来梳头。李莲英后来想法子每天给慈禧换一个发型，还取了吉祥的名字，有“一定太平头”“富贵不断头”“千秋万岁头”等，花样又多又好看，慈禧就更喜欢了。虽然慈禧很注意养生，但是她在晚年曾一度患脂溢性脱发，不仅梳头时掉头发，就连平时也不断掉发，她一方面请御医开方医治，一方面大吃补品保养头发，并且在发式上打主意。最终她发明了一种牌楼式的达拉翅，取代了用发架梳的两把头。因为慈禧的特殊身份，达拉翅受到当时的满族贵族妇女的竞相模仿，渐渐成了宫廷妇女的固定发型。《清宫词》描述达拉翅说：“凤髻盘云两道齐，珠光钗影护蝤蛴。城中何止高于尺，叉子平分燕尾低。”

贵族佳丽定装照

说起清朝的女子服饰，我们很自然地想到旗袍。最初旗袍适穿人群很广，无论男女老幼都穿。演变至民国初年，才成为女人的专属服装。虽说旗袍有“国服”的美誉，能够尽显女性的曲线美，但是旗袍并非自来就是如此。17 世纪初，努尔哈赤在统一女真各部的征战中，逐渐建立了八旗制度，满族人为方便半耕半牧、开拓疆土的生活，逐步形成了男女老少都穿无领、宽腰、全身直筒式服装的习俗，这也是最初的旗袍款式。这种旗袍的款式为右衽大襟、扣襻圆领，下摆有直筒和两面开衩或四面开衩之分，袖口较窄，并且要用布带束腰。旗袍起初不分男女老少，都是同一款式，只是按季节分单、夹、皮三种。此时的女袍长度一般不超过膝盖，只有姑娘出嫁时，才能穿长过脚面的袍子，这是作为出嫁礼服的样式。

清入关后，受汉族影响，满族妇女服装逐渐演变。妇女所穿的旗袍大多不是马蹄袖，而是平袖，袖口也不像男子袍服那样紧。贵族妇女的袍上大多绣有标志身份地位的团龙或团蟒图案。袍袖和袍襟等处加宽缘饰是清代早期妇女袍服的特色之一，边缘饰多选用精美耐磨的材料，如锦、罗等，锦罗边上还常绣有花草一类的漂亮图案。此时的妇女袍服多数有领，在清初时流行低领，后慢慢增高，至清末时已高达二寸。袍服的颜色一般以大红、藕荷、浅蓝、淡绿等色为主，皇后及皇妃的袍服多用黄色。到了清朝末期，旗袍的袍袖和袍身已经变得比较窄瘦，袖长也缩短了一些，同时下摆也收敛了不少，已经初步形成了在民国时期广为流行的“旗袍”样式了。

清代后期，旗袍、旗鞋已经成为清宫中的礼服。旗鞋是一种特殊的高跟鞋，它的特殊之处在于它的“高跟”不设在鞋的后跟处，而是在鞋底的正中央。高跟一般为木质，用细布包饰，高度在一至二寸，也有四五寸高的，但只是极个别。现在我们在博物馆，甚至民间还能见到。我们常常能从影视剧中看到清代满族佳丽的定装照：头戴高高的达拉翅，插戴艳丽饰物，身穿华美旗袍，脚穿旗鞋。

花盆底鞋 清朝满族妇女喜欢穿这种鞋，能够凸显高贵气质。这种鞋子能很好地将一双大脚藏在长长的旗袍里。鞋跟的整体较为敦实，呈上宽下圆之状，形似花盆，跟底的木心还都做成马蹄心，踏地时印有马蹄痕。根据上述特点，人们又称这种满族妇女的鞋为“花盆底鞋”或“马蹄底鞋”。

走起路来，上身直立、挺胸收腹，气质颇显贵族高雅风范，这代表了清朝贵族妇女行为规范的最佳形象。

由于满汉妇女长时间的共处，服饰习俗也在相互影响和融合，汉族妇女也有很多以穿旗袍为美，但是她们穿的旗袍袖子明显比满族妇女的旗袍宽大，流露出受明代服饰影响的痕迹。中国古代妇女最高的荣耀是戴凤冠，《红楼梦》第119回写宝玉和贾兰即将赴考，王夫人、李纨等不免有些担心，宝玉对李纨说："嫂子放心，我们爷儿两个都是必中的，日后兰哥还有大出息，大嫂子还要戴凤冠、穿霞帔呢。"可见"凤冠霞帔"在当时人们心目中的地位是很崇高的，到了清朝晚期，人们对满族服饰已经习以为常，而汉族的传统服装反而令时人称奇。光绪中叶以后，慈禧太后突然对翰墨产生浓厚兴趣。因为常常要书写"福""寿"等大字赏赐给亲近大臣，所以慈禧找到一个叫缪素筠的妇人为她代笔。缪氏工于花鸟画，会弹琴，小楷也写得楚楚可观。缪氏就此成了慈禧的清客，当时人称"缪老太太"。从此以后，所有的大臣家里都有了慈禧赏赐的花卉、扇面、中堂、条幅，它们其实都出自缪氏之手。慈禧60大寿的前几天，忽然问缪氏："满洲妇女的大装（正式礼服）你已经见过，可是我从没有见过你们汉人的大装，到底是什么样子？"缪氏回答："就是所谓的凤冠霞帔。"慈禧说："寿诞庆祝那天，你必须穿上这东西来见我。"庆典那天，缪氏穿上买来的凤冠霞帔，看着缪氏那一身"滑稽"的服装，慈禧大笑不止，说她真像唱戏的。慈禧让缪氏站在显眼的地方，入宫贺寿的满洲贵妇人都看到了她那一身凤冠霞帔，无不放声大笑。慈禧这天也十分快活，赏赐不计其数。而缪氏穿这身行头站了整整一天，苦不堪言。即使如此，当时朝中的诰命夫人们听说这事后，居然认为这是天高地厚的浩荡皇恩，都非常羡慕。

清代初期的裙子，比较流行的做法是把绸缎裁剪成条状，每条绣以花卉纹样，两边以金线滚，走起路来就像凤尾在摆动，所以有"凤尾裙"的美名，此裙流行于康熙至乾隆年间。随着时间的推移，裙子的样式也不断更新。"弹墨裙"

就是一种新样式，这种裙子通常用浅色绸缎做面料，制作前把布料展开，放上各种树叶、花瓣，然后用弹墨工艺在花、叶周围喷洒黑色，去掉树叶、花瓣之后就会显现出黑底白花。到了咸丰、同治年间，百褶裙又在妇女中流传开来，如《清代北京竹枝词》所说：“凤尾如何久不闻，皮绵单袷费纷纭。而今无论何时节，都着鱼鳞百褶裙。”光绪年间的裙式，装饰风格又发生变化：有的在裙上钉满飘带；有的在裙幅下部绣满水纹；有的则在裙摆底部缀以小铃，随着步履的移动而叮当作响。清代后期，随着西方“洋货”涌进中国市场，民间妇女穿各种洋布制成的“洋印裙”的也很多。至于从事劳作的妇女，一般多穿粗布短裙。

晚清红绸刺绣马面裙 传统的百褶裙在这个时候也经过了改制，通常以数幅布帛拼合而成，折成细裥，褶裥之间用丝线串联，交叉成网。这种百褶裙前后有 20 厘米左右宽的平幅裙面，裙面的下半部分绣有各种华丽的装饰图纹。最流行的是绣花鸟虫蝶，边上还会加装饰。两边都打细褶，细褶上也绣精美的花纹，腰部是围腰和系带，底摆也有镶边。对照来看，旗袍的下半部分与汉族妇女在清末民初流行的马面裙也有相似之处。

饮食

舌尖上的文化

《管子》有云：“仓廪实而知礼节。”无论社会发展到哪一阶段，饮食都是一个亘古不变的话题。“开琼筵以坐花，飞羽觞而醉月”，以李白为代表的中国文人，对于饮食也有着独到的看法。而中国最后一个由来自关外的满族建立的封建王朝，在逐渐走向近代化的大潮流之下，其饮食亦不可避免地被打上了时代发展的烙印，具有浓厚的民族色彩。

中国的文人墨客和能工巧匠总在不断地总结毕生所好之经验，这就为我们后来者提供了宝贵的历史财富，饮食方面自然也不例外。饮食思想自古有之，到了清代已经发展到一个新的高度，这要归功于袁枚等一批文学美食家的贡献。从《养小录》的养生至上到《随园食单》的美味为本，饮食对于他们来说，已经不是吃饱喝足那么简单的解读了，而是上升到了一定高度的理论。

在中国的历史长河中，茶和酒是具有特色的两种饮料。文人多嗜酒爱茶，陆羽《茶经》曰：“茶者，南方之嘉木也。”茶究竟是不是原产自中国似乎还有争论，但中国人最懂茶，则是确信无疑的。因茶而生出道，是中国茶文化的不二法门。到了清代，茶走出了国门，开始走向世界。同样，中国文化史上必须有酒的一页，迁客骚人更是离不开酒。当然，与今天的酒文化被很大程度上曲解不同，清代的酒文化继承了古代盛世品酒的优良传统，政府也在一定程度上起到了积极的引导作用。

清代晚期，衰败的时势造就了一大批英雄，最具代表性的便是“中兴四大名臣”。巧合的是，这些名臣都与美食有不解之缘，现在很多耳熟能详的菜肴便是由他们创造出来的。当然，最能够体现清代饮食风采的，当数皇家盛宴——满汉全席以及由此产生的一系列文化。清朝前期的满汉全席是中国饮食史上的登峰造极之作，直到今天，依然是饮食界皇冠上的璀璨明珠。而与其类似的千叟宴、皇室大婚宴、皇帝寿辰宴，等等，其出发点无一不是为了体现皇室的尊严与神圣地位。

一言以蔽之，清代是中国古代饮食发展的高峰期，更是近代饮食的开端之时。其饮食思想的成熟、美食名家的涌现、地方菜系的逐步形成、茶酒文化的鼎盛，无一不彰显着饮食文化的巨大发展。诚然，如满汉全席和千叟宴这样的皇家盛宴，其中免不了有统治者好大喜功的标榜之嫌，但是不得不承认，皇室的喜好也对中国饮食文化的发展起了重大的推动作用。

饮食名家及名作

2012年5月14日，大型美食类纪录片——《舌尖上的中国》在中央电视台播出。这部只有七集的纪录片一经推出，就在社会上引起了强烈反响。人们对于饮食这一古老却又新颖的话题的关注，由此达到了一个前所未有的高度。今天，就让我们从清代人最基本的饮食思想入手，去探索那萦绕在舌尖上的清代饮食文化。

“文学吃货”袁枚[1]与《随园食单》

1500多年前，在贾思勰所著的《齐民要术》中，就有关于饮食的大量记载。之后，唐代著名医学家孙思邈在《备急千金要方》中，单独有一卷名曰“食治”，具体讲述了中医与动植物食品的进补问题。至元代，饮膳太医忽思慧于天历三年（1320年）写出《饮膳正要》一书，这被看作是我国甚至是世界上最早的有关饮食卫生与营养学的专著。到了清代，饮食思想论著的诞生则进入了高峰期，涌现出一大批饮食思想家。这其中，最具有代表意义的当数袁枚和他的《随园食单》。尽管其生前身后留下诸多争议，但并不妨碍袁枚成为一位名副其实的烹饪专家，其饮食思想之精华充分体现在这本书中。

袁枚好吃，也懂得吃，是一位名副其实的烹饪专家。《随园食单》是他40年美食实践的产物，该书以文言随笔的形式，细腻地描摹了乾隆年间江浙地区

① 袁枚（1716—1797年）：字子才，号简斋，钱塘（今浙江杭州）人。清代著名文学家。乾隆四年（1739年）进士，后历任溧水、江宁等县知县。也许是天性使然，袁枚40岁不到就告老还乡，于江宁小仓山下筑园名“随园”，吟咏其中近40年，故晚号随园老人、仓山居士。史载袁枚性通达不羁，尤好宾客，又广收弟子。著有《小仓山房集》《随园诗话》《子不语》《随园食单》等。

清·袁枚《随园湖楼请业图》 袁枚 80 岁的时候在西湖宝石山庄湖楼招收女弟子以诗授业。为彰显女弟子的诗歌创作成绩，袁枚除了为女弟子诗集作序、编选《随园女弟子诗选》、于《随园诗话》中摘录女弟子诗作予以赞扬外，还两次请友人尤诏、汪恭绘《湖楼请业图》加以宣扬。《湖楼请业图》形象地再现了袁枚与女弟子两次湖楼诗会的情景，描绘出 17 位女弟子的相貌，是清代中叶女子学诗风的生动长卷。

的饮食与烹饪情况。自问世以来，这部书长期被公认为厨者的经典，英、法、日等大语种均有译本。其文字简单清爽，人人都可照着去做。有趣的是，作者还将某菜做法、出自何人何家等都写了出来，因此《随园食单》又被称为“文人食谱”，实在是一本提高烹饪技术、研究传统菜点以及烹制方法的指导性史籍。

从内容上看，《随园食单》分为“须知单”“戒单”“海鲜单”“江鲜单”“特牲单”“杂牲单”“羽族单”“水族有鳞单”“水族无鳞单”“杂素菜单”“小菜单”“点心单”“饭粥单”和“茶酒单”14 个部分。具体来说，前 2 单类似现在饮食操作的要求和注意事项，后 12 单为当时广为流传的 326 种菜肴饭点和美酒名茶，自南向北，大小兼收，内容极为丰富。

袁枚提倡吃豆腐，说豆腐可以有各种吃法，什么美味都可以入到豆腐里。有一天，杭州有一个名士请他吃豆腐，这豆腐是和芙蓉花在一起烹煮的。豆腐清白如雪，花色艳似云霞，吃起来清嫩鲜美，令人叹为观止。袁枚急忙请教做法。主人不肯传授，笑道：“古人不为五斗米折腰，你若肯为豆腐三折腰，我就告诉你。”袁枚马上离席弯腰施礼，随即大笑道：“我今为豆腐折腰矣！”主人告诉他这个菜叫“雪霞美”，以豆腐似雪，芙蓉如霞而得名，并教他如何烹调，袁枚归家后立刻如法炮制。江苏盱眙人毛藻曾吟诗记述此事：“珍味群推郇令庖，黎祁尤似易牙调。谁知解组陶元亮，为此曾经一折腰。”绝句以上古时代的名厨作比喻，用袁枚为学习烹饪之法而折腰对比陶渊明，本意当然不是为了贬低袁枚，诙谐幽默的说法更显出袁枚对于饮食的重视程度。在袁枚的提倡下，豆腐列入佳肴，大为流行。如浙江的“东坡豆腐”、兰溪的“五香豆腐”、无锡的“镜箱豆腐”、山东的“三美豆腐”、江苏的“八宝豆腐”、宁波的“三虾豆腐”“蘑菇豆腐”、绍兴的“单腐”、诸暨的“双腐”等，样式繁多，佳味无穷。袁枚“为豆腐而折腰”的故事也一时传为佳话。

袁枚晚年最爱武夷岩茶，武夷岩茶为乌龙茶类，产于闽北“秀甲东南”的名山武夷，因茶树生长在岩缝之中而得名。《随园食单·茶酒单》中记载：“先嗅其香，再试其味，徐徐咀嚼而体贴之，果然清香扑鼻，舌有余甘。”

袁枚只爱吃美味又养生的食物，对一些不精细的食物他是坚决抵制的。如，他在《随园食单·戒火锅》一条中说：“冬日宴客，惯用火锅，对客喧腾，已属可厌；且各菜之味，有一定火候，宜文宜武，宜撤宜添，瞬息难差。今一例以火逼之，其味尚可问哉？……物经多滚，总能变味。”看来，袁老应当是不赞成吃火锅的，因为一锅煮的食材不精细，会使味道变怪。另外，他也在书中举出了一些相克之食，“食物中，鳗也，鳖也，蟹也，鲥鱼也，牛羊也，皆宜独食，不可加搭配。”

需要指出的是，前文所述《千金食治》《饮膳正要》等书，在内容上虽然都涉及饮食，但更关注营养学和食材养生的内容，对于美食本身的烹饪技术和制作方法的记述，则少之又少。而袁枚本人，生前身后，留下的争议也不在少数。独他这本食谱，倒一直被视为食界指南，传布甚广，还有过外文译本。至今，淮扬菜、本帮菜、杭菜、徽菜，万变不离其宗，跳不出这本食单。清人梁章钜在其《浪迹丛谈》里，凡谈及饮食，无不推介袁枚的《随园食单》，认为他“所讲求烹调之法，率皆常味蔬菜，并无山海奇珍，不失雅人清致”。

清·李渔《山水图轴》 为丰富知识、陶冶性情，李渔每到一地，都要游览山水胜地。他认为自然是才情的源泉：“才情者，人心之山水；山水者，天地之才情。”还说：“不受行路之苦，不知居家之乐。”在古代交通条件十分落后的情况下，他远途跋涉，走遍了燕、秦、闽、楚、豫、广、陕等省区。游历山川水泽使他获得了大量的第一手创作素材，经过艺术加工后，他创作了大量的诗、词、曲、赋、画，为后人留下了一批丰富而弥足珍贵的文化遗产。

“小资情调”李渔与《闲情偶寄》

李渔在中国传统雅文化中享有很高的声誉，《闲情偶寄》名列“中国名士八大奇著”之首，作为作者的他更被称赞为“中华五千年第一风流文人”。康熙十年（1671 年），他的《笠翁秘书第一种》即《闲情偶寄》（又叫《笠翁偶集》）问世，这是李渔一生艺术、生活经验的结晶。《闲情偶寄》分为 8 部，共有 234 个小题，堪称生活艺术大全、休闲百科全书，是中国第一部倡导休闲文化的专著。

李渔对于生活细节的觉悟，对于性情本根的贴近，对于实际生存法则的张弛，使他堪称中国古代的小资代表。他喜欢吃螃蟹，对于吃蟹的崇拜更是到了无以复加的地步。据说每年螃蟹即将上市的时候，他就开始存钱用来买蟹，并称其为“买命钱”。他从螃蟹开始上市一直吃到螃蟹没了踪迹，一天不落。同时，命家人“涤瓮酿酒”，酒糟被称作“蟹糟”，酒叫“蟹酿”，瓮叫做“蟹瓮”。另外，他把九、十两月称作“蟹月”，有一个丫环专门负责烹蟹，称其为“蟹奴”。李渔专门作文一篇，详述螃蟹的鲜味制法，就连从缸内取蟹时的规矩都说得一清二楚。

作为我国最早的成系统的戏曲论著，《闲情偶寄》可能在中国戏曲理论历史上的地位更高。然而，细细品读《饮馔部》，就会发现李渔似乎比美食家袁枚更懂生活情调：“菜有色相最奇，而为《本草》《食物志》诸书之所不载者，则西秦所产之头发菜是也。予为秦客，传食于塞上诸侯，一日脂车将发，见坑上有物，俨然乱发一卷，谬谓婢子栉发所遗，将欲委之而去。婢子曰：‘不然。群公所饷之物也。’询之土人，知为头发菜。浸以滚水，拌以姜醋，其可口倍于藕丝、鹿角等菜。携归饷客，无不奇之，谓珍错中所未见。此物产于河西，为值甚贱，凡适秦者皆争购异物，因其贱也而忽之，故此物不至通都，见者绝少。由是观之，四方贱物之中，其可贵者不知凡几，焉得人人物色之？发菜之得至江南，亦千载一时之至幸也。”仅仅是只言片语，就体现出李渔不一样的人生情调。李渔写作《饮馔部》的目的，便是崇尚节俭与复古，是为了珍惜生命；而简单的头发菜，却于对话中跃然纸上，使人对其印象深刻。据说，这位小资才子还曾经因为饮食的好恶而救了自己一命。说来也怪，虽然非常喜欢吃蟹，但李渔素来不喜欢吃鳖，说吃多了口干舌燥很难受。有一天邻居外出打鱼，居然网到一只巨鳖。回家烹好后，喊来邻居友人一起分享。谁知第二天吃过鳖的人纷纷暴毙，就连喝了一点汤的人都一病不起。因为知道李渔不喜欢吃鳖，所以这位邻居没有喊他，他居然因此而躲过了一场大难。事后，这位小资文人不禁感慨："上天居然如此眷顾我，真不知我是如何修得的福分，今后只有全力行善方能报天啊！"

正如法国普罗旺斯大学教授皮埃尔所说："李渔是一位世界性的作家，他的魅力不仅吸引了全世界的中文读者，同时也吸引了其译著的读者。他那无可抗拒的幽默，他语气的自由……无不展现着诱人的魅力。"虽然《闲情偶寄·饮馔部》只包括素食、谷食、肉食三类，且细分的类别较少，所以它无论在菜式的涵盖面上，还是在做法的精细程度上，都比不上《随园食单》。然而，作者借饮食以表达自己的思想和审美情趣，读来生动而富有趣味，这却是袁枚所欠缺的。

养生家顾仲与《养小录》

清代医学家顾仲历来注重养生，倡饮食必洁且熟，有理有节，遵生颐养。他推荐庄子学说，时人称"顾庄子"。著有《历代画家姓氏韵编》《松壑诗》等。顾仲取杨子建所辑《食宪》，录其有关饮食内容，结合自身经验，于康熙三十七年（1698 年）写成《养小录》三卷。该书原收录于《学海类编》，共三卷，内容丰富，制法简明，在烹饪史上占重要地位。书中记载了饮料、调料、蔬菜、糕点菜肴 190 多种，以浙江风味为主，兼收中原及北方风味，对后世也有较大影响力。其中以花为馔，其他食书未见收载，研究价值很高。

《养小录》全书分“饮之属”“酱之属”“饵之属”“蔬之属”“餐芳谱”“果之属”“嘉肴篇”等七部分，顾仲将菜肴同养生结合起来，选择对人的健康长寿有明显益处的菜肴，详述其烹饪技艺。

《养小录》中最著名的是对于饮食之人的三个层次理论：“饮食之人，大约有三，一曰铺饮之人，秉量甚宏，多多益善，不择精细；一曰滋味之人，求工烹饪，博及珍奇，又兼好名，不惜多费，损人益之，或不暇计；一曰养生之人，务洁清，务熟食，务调和，不侈费，不尚奇。食品本多，忌品不少，有条有节，有益无损，遵生颐养，以和于身。日用饮食，斯为上矣。”这番精辟的论述，是对于饮食养生原则最好的阐释。不择精细，全盘接收，当然是不可取的；过于讲究，铺张浪费，也不应提倡。顾仲所倡导的核心就是“养生”，遵生颐养，以和于身。这也是《养小录》所要宣扬的中心思想。

当然，在人们的印象中，过于讲究、铺张浪费的人，以皇帝居首。但清朝皇帝中也不乏勤俭节约的典范，道光帝便是这样的一位。道光皇帝历来以勤俭著称，可以说到了“抠门”的程度。英武殿大学士曹振镛也是这样一位天性省俭之人，所以他颇得道光帝器重。据说有一日，曹学士从前门外饭馆里，打听得一样便宜荤菜，进宫见了皇上，便说前门外福兴饭庄里，有一样豆腐烧猪肝的荤菜，味儿十分可口，价钱也十分便宜。道光帝说：“豆腐猪肝，朕却不曾吃过，不知要卖多少银子一碗？”曹学士奏道：“每碗只须大钱 40 文。”皇帝听了，直跳起来说道：“天下哪有这样便宜的菜！”便吩咐内监传话到内膳房去，从明天起，旁的东西都不用，每顿只须一碗豆腐烧猪肝便了。内膳房正苦于没有差使，无可沾光。如今忽奉圣旨点菜，便添委了几个内膳上行走（小官职），匆忙预备起来。第二天午膳，便有这样菜来，道光帝吃着，果然又鲜又嫩，这一样菜，连吃了 10 天。到月终内务府呈上账目来，道光帝一看单是这豆腐烧猪肝一项，已花去银子 2000 余两，下面又开着详细支出：供奉豆腐烧猪肝 1 品，每天用猪 1 头，计银 40 两；黄豆 1 斗，银 10 两；添委内膳房行走、专使，杀猪 2 人，每员每天工食银 4 两；豆腐工人 4 名，每天每名工食银 1 两 5 钱；此外刀械锅灶豆腐磨子和搭盖厨房猪棚等，共需银 460 两，又置办杂品油酱醋共需银 145 两。备膳 1 月，计共需银 2525 两。道光帝看了这张账单，连连拍着桌子说道："糟了，糟了！"立刻把内膳房的总管传上来，大大训斥了一场。又说前门外福兴饭庄卖 40 文一碗，偏是他吃的，要花这许多银子，下令赶快把这一项开支取消，要吃豆腐烧猪肝，只须每天拿 40 文钱，到前门外去跑一趟便是。那总管回奏说，祖宗的成法，宫中一向不在外间买熟食吃的。道光帝听了，把袖子一甩说道："什么成法不成法，省钱便是了！"那总管听了不敢作声，只悄悄地跑到前门去，逼着福兴饭庄关门。第二天奏明皇上，说福兴饭庄已关了门，这豆腐烧猪肝一味，无处可买。道光觉得蹊跷，第三天特意打发曹学士到前门外去查看过后才相信。从此便取消了这一味豆腐烧猪肝菜，从此内膳房又没油水可沾了。他们在背后抱怨皇帝，说再要照这样清苦下去，"俺们可不用活命了"。正所谓"好俭虽然是美德，贪馋还须糜金钱"。如若都如顾仲所言，不贪于享乐，事事以养生为上，那么类似道光帝这种令人哭笑不得的闹剧，应该会少很多。

总之，在漫长的历史时段内，经众多理论家有意或无意地记录，中国古代的饮食思想在清代达到了一个高峰。上文所选的只是较有代表性的三位，另外如《清俗纪闻》中也有大量关于清代饮食的记录，其他散见于各类丛书之中的记录亦不胜枚举。此外，上述三位代表人物都是浙江人，书中所记也多以江浙菜为主，这或许与康熙、乾隆屡下江南，江浙菜较为盛行有些关联。如此看来，饮食与政治的关系也是密不可分的。

旷古烁今满汉全席

2012 年 11 月，第三届中国石文化节在云浮开幕。一席用石头做成的 108 道菜精彩亮相，吸引了众人的目光。如此新颖的创意，令人啧啧称奇。从中我们可以想象到当年满汉全席的恢宏气势。当然，历史上的满汉全席，远比我们想象的复杂。作为中华菜系文化的瑰宝，集满族和汉族饮食特色于一体的巨型筵席——满汉全席起源于清朝的宫廷，原为庆贺康熙大寿的宴席，意在化解满汉不和，后世沿袭此一传统并加以完善，使其奢华至极。

满汉一体下的美食荟萃

清朝是我国古代饮食发展的顶峰。除了上一节所述及的成熟的饮食思想，这一时期的美食开始大规模出现，无论是宫廷菜还是民间菜。袁枚在《随园食单》中对于满汉全席有所论述：“今官场之菜，名号有十六碟、八簋、四点心之称，有满汉席之称，有八小吃之称，有十大菜之称。种种俗名，皆恶厨陋习，只可用于新亲上门、上司入境，以此敷衍……”当然，这里的满汉席似乎并不是后来的满汉全席，“八盘十六碗，外加四个冷盘”，今天也见于很多民间的喜筵。

在《红楼梦》中记载刘姥姥进大观园的那一回，贾母请她吃饭。王熙凤夹了一道菜问刘姥姥是什么，刘姥姥摇头，凤姐说是茄子。刘姥姥便问做法，凤姐说：“把茄子刨了皮，切成丁，用鸡油炸了，再用鸡胸脯子和香覃、新笋、蘑菇、五香豆腐干、各色干果切成丁，拿鸡汤煨干，将香油一收，外加糟油一拌，盛在瓷罐子里封严，要吃时，拿出来用抄的鸡瓜子一拌，就是你吃的茄子。”一道烧茄子能做到如此，的确是烹饪的极致。“粗菜细做”和“家常菜细做”

是官府菜的一大特点，作为官府菜的升级版，宫廷菜的做法自然更为讲究。

溥仪在《我的前半生》中，对皇家吃饭的场景作了细致的描写：“耗费人力、物力、财力最大的排场莫过于吃饭。关于皇帝吃饭有一套术语，是绝对不能说错的。饭叫膳、吃饭叫进膳、开饭叫传膳。到了吃饭的时间，完全由皇帝自己决定——吩咐一声，‘传膳！’跟前的御前小太监便照样向守在养心殿的太监说一声，‘传膳！’这样一道道传下去，不等回声消失，一个犹如过嫁妆的行列已经走出御膳房。这是由几十名穿戴整齐的太监们组成的队伍，抬着大小七张膳桌，捧着几十个绘有金龙的朱漆盒，浩浩荡荡地直奔养心殿而来。进入明殿里，由套上白袖头的小太监接过，在东暖阁摆好。平日菜肴有两桌，冬天另设一桌火锅，此外有各种点心、米膳、粥品三桌，咸菜一桌。餐具是绘着龙纹、写着‘万寿无疆’字样的明黄色瓷器，冬天则是银器。下托以盛有热水的瓷罐。每个菜碟或菜碗都有个银牌，这是为了戒备下毒而设的，并且为了同样的原因，菜送上来之前都要经尝膳太监尝过才行。菜摆放好后，在皇帝入座前，一个太监高喊，‘打碗盖！’其余小太监将银牌子撤下，皇帝开始就餐。”

当然，这是清朝末年的宫廷用膳情形。事实上，作为从白山黑水之间发迹的游牧民族，满族入关之后，贯彻努尔哈赤“满汉一体”的政治思想，以求获得更多汉族地主的支持。经过清代前期几代皇帝的努力，到乾隆时期，社会经济呈现出前所未有的繁荣景象，筵宴的发展也因此被带动起来。在注重饮食的乾隆皇帝的推动下，“满汉全席”应运而生。从现存于世的“满汉全席膳单”来看，满汉全席真不愧是中国名菜之集大成者。

歌舞升平下的皇家盛宴

或许是受到了某些传统艺术形式（如相声《报菜名》）的影响，当谈到“满汉全席”时，多数人都知道共有108道菜。事实上，作为集满族与汉族菜点之精华而形成的史上最著名的中华大宴，满汉全席绝不仅是一桌丰盛的美食那么简单。

康熙时期的满汉全席，共分为六宴——蒙古亲藩宴、廷臣宴、万寿宴、千叟宴、九白宴和节令宴，菜品以北京、山东、江浙菜为主。世俗所谓“满汉全席”的珍品，大部分是黑龙江地区特产（或出产），如鱼骨、鳇鱼子、猴头蘑、熊掌、哈什蟆、鹿尾（筋、脯、鞭等）、豹胎以及其他珍奇原料等。其原因也许不难理解，那里是女真族的老家，这样或多或少能缓解他们的思乡之情；另外，尽管强调满汉一体，但作为统治阶级，在如此高规格的宴席上，在天下人面前，还是要对地位有所明确。当然，后来闽粤等地的菜肴，也依次出现在巨型宴席之上。

康熙帝66岁大寿时在皇宫内设大宴，并御书“满汉全席”，成为中国饮食史上登峰造极之作。在乾隆年间，李斗的笔记集《扬州画舫录》一书则详实地描勒出满汉全席的盛况。这是见诸史料最早的满汉全席菜单，菜品共134道。该书指出，满汉全席是“上买卖街前后寺观”的“大厨房”所制，专门“备六司百官”食用。所以有人据此推断，满汉全席的雏形，可能最早出现在官场应酬中。

具体说来，在清代，满汉全席分为以下六宴——清朝皇帝为招待与皇室联姻的蒙古亲族所设的蒙古亲藩宴；每年上元后一日即正月十六日举行，是时由皇帝亲点大学士，九卿中有功勋者参加的廷臣宴；清朝帝王的寿诞宴，也是内廷大宴之一的万寿宴；为庆祝皇帝寿辰，与众多老人一同庆贺的千叟宴；康熙初定蒙古外萨克等四部落时，设御宴招待使臣，谓之九白宴；清宫内廷按固定的年节时令而设的筵宴——节令宴。

满汉全席的菜谱如下：

（一）蒙古亲藩宴

茶台茗叙：古乐伴奏、满汉侍女、敬献白玉奶茶

到奉点心：茶食刀切、杏仁佛手、香酥苹果、合意饼

攒盒一品：龙凤描金攒盒龙盘柱（随上干果蜜饯八品）

四喜干果：虎皮花生、怪味大扁、奶白葡萄、雪山梅

四甜蜜饯：蜜饯苹果、蜜饯桂圆、蜜饯鲜桃、蜜饯青梅

奉香上寿：古乐伴宴、焚香入宴

前菜五品：龙凤呈祥、洪字鸡丝黄瓜、福字瓜烧里脊、万字麻辣肚丝、年字口蘑发菜

饽饽四品：御膳豆黄、芝麻卷、金糕、枣泥糕

酱菜四品：宫廷小黄瓜、酱黑菜、糖蒜、腌水芥皮

敬奉环浆：音乐伴宴、满汉侍女敬奉、贵州茅台

膳汤一品：龙井竹荪

御菜三品：凤尾鱼翅、红梅珠香、宫保野兔

饽饽二品：豆面饽饽、奶汁角

御菜三品：祥龙双飞、爆炒田鸡、芫爆仔鸽

御菜三品：八宝野鸭、佛手金卷、炒墨鱼丝

饽饽二品：金丝酥雀、如意卷

御菜三品：绣球干贝、炒珍珠鸡、奶汁鱼片

御菜三品：干连福海参、花菇鸭掌、五彩牛柳

饽饽二品：肉末烧饼、龙须面

烧烤二品：挂炉山鸡、生烤狍肉，随上荷叶卷、葱段、甜面酱

御菜三品：山珍刺龙芽、莲蓬豆腐、草菇西兰花

膳粥一品：红豆膳粥

水果一品：应时水果拼盘一品

告别香茗：信阳毛尖

（二）廷臣宴

丽人献茗：狮峰龙井

干果四品：蜂蜜花生、怪味腰果、核桃粘、苹果软糖

蜜饯四品：蜜饯银杏、蜜饯樱桃、蜜饯瓜条、蜜饯金枣

饽饽四品：翠玉豆糕、栗子糕、双色豆糕、豆沙卷

酱菜四品：甜酱萝葡、五香熟芥、甜酸乳瓜、甜合锦

前菜七品：喜鹊登梅、蝴蝶虾卷、姜汁鱼片、五香仔鸽、糖醋荷藕、泡绿菜花、辣白菜卷

膳汤一品：一品官燕

御菜五品：砂锅煨鹿筋、鸡丝银耳、桂花鱼条、八宝兔丁、玉笋蕨菜

饽饽二品：慈禧小窝头、金丝烧麦

御菜五品：罗汉大虾、串炸鲜贝、葱爆牛柳、蚝油仔鸡、鲜蘑菜心

饽饽二品：喇嘛糕、杏仁豆腐

御菜五品：白扒广肚、菊花里脊、山珍刺五加、清炸鹌鹑、红烧赤贝

饽饽二品：绒鸡待哺、豆沙苹果

御菜三品：白扒鱼唇、红烧鱼骨、葱烧鲨鱼皮

烧烤二品：片皮乳猪、维族烤羊肉，随上薄饼、葱段、甜面酱

膳粥一品：薏仁米粥

水果一品：应时水果拼盘一品

告别香茗：珠兰大方

（三）万寿宴

丽人献茗：庐山云雾

干果四品：奶白枣宝、双色软糖、糖炒大扁、可可桃仁

蜜饯四品：蜜饯菠萝、蜜饯红果、蜜饯葡萄、蜜饯马蹄

饽饽四品：金糕卷、小豆糕、莲子糕、豌豆黄

酱菜四品：桂花辣酱芥、紫香干、什香菜、虾油黄瓜

攒盒一品：龙凤描金攒盒龙盘柱

随后上五香酱鸡、盐水里脊、红油鸭子、麻辣口条、桂花酱鸡、番茄马蹄、油焖草菇、椒油银耳

前菜四品：万字珊瑚白、寿字五香大虾、无字盐水牛肉、疆字红油百叶

膳汤一品：长春鹿鞭汤

御菜四品：玉掌献寿、明珠豆腐、首乌鸡丁、百花鸭舌

饽饽二品：长寿龙须面、百寿桃

御菜四品：参芪炖白凤、龙抱凤蛋、父子同欢、山珍大叶芹

饽饽二品：长春卷、菊花佛手酥

御菜四品：金腿烧圆鱼、巧手烧雁鸢、桃仁山鸡丁、蟹肉双笋丝

饽饽二品：人参果、核桃酪

御菜四品：松树猴头蘑、墨鱼羹、荷叶鸡、牛柳炒白蘑

烧烤二品：挂炉沙板鸡、麻仁鹿肉串

膳粥一品：稀珍黑米粥

水果一品：应时水果拼盘一品

告别香茗：茉莉雀舌毫

（四）千叟宴

丽人献茗：君山银针

干果四品：怪味核桃、水晶软糖、五香腰果、花生粘

蜜饯四品：蜜饯橘子、蜜饯海棠、蜜饯香蕉、蜜饯李子

饽饽四品：花盏龙眼、艾窝窝、果酱金糕、双色马蹄糕

酱菜四品：宫廷小萝葡、蜜汁辣黄瓜、桂花大头菜、酱桃仁

前菜七品：二龙戏珠、陈皮兔肉、怪味鸡条、天香鲍鱼、三丝瓜卷、虾籽冬笋、椒油茭白

膳汤一品：罐焖鱼唇

御菜五品：沙舟踏翠、琵琶大虾、龙凤柔情、香油膳糊肉丁、黄瓜酱

饽饽二品：千层蒸糕、什锦花篮

御菜五品：龙舟鳜鱼、滑溜贝球、酱焖鹌鹑、蚝油牛柳、川汁鸭掌

饽饽二品：凤尾烧麦、五彩抄手

御菜五品：一品豆腐、三仙丸子、金菇掐菜、溜鸡脯、香麻鹿肉饼

饽饽二品：玉兔白菜、四喜饺

烧烤二品：御膳烤鸡、烤鱼扇

野味火锅一品，随上围碟十二品：鹿肉片、飞龙脯、狍子脊、山鸡片、野猪肉、野鸭脯、鱿鱼卷、鲜鱼肉、刺龙牙、大叶芹、刺五加、鲜豆苗

膳粥一品：荷叶膳粥

水果一品：应时水果拼盘一品

告别香茗：杨河春绿

（五）九白宴

丽人献茗：熬乳茶

干果四品：芝麻南糖、冰糖核桃、五香杏仁、菠萝软糖

蜜饯四品：蜜饯龙眼、蜜饯莱阳梨、蜜饯菱角、蜜饯槟子

饽饽四品：糯米凉糕、芸豆卷、鸽子玻璃糕、奶油菠萝冻

酱菜四品：北京辣菜、香辣黄瓜条、甜辣干、雪里蕻

前菜七品：松鹤延年、芥末鸭掌、麻辣鹌鹑、芝麻鱼腰果芹心、油焖鲜蘑、蜜汁番茄

饮食

膳汤一品：蛤什蟆汤

御菜一品：红烧麒麟面

热炒四品：鼓板龙蟹、麻辣蹄筋、乌龙吐珠、三鲜龙凤球

饽饽二品：木犀糕、玉面葫芦

御菜一品：金蟾玉鲍

热炒四品：山珍蕨菜、盐煎肉、香熏狍脊、湖米茭白

饽饽二品：黄金角、水晶梅花包

御菜一品：五彩炒驼峰

热炒四品：野鸭桃仁丁、爆炒鱿鱼、箱子豆腐、酥炸金糕

饽饽二品：大救驾、莲花卷

烧烤二品：持炉珍珠鸡、烤鹿脯

膳粥一品：莲子膳粥

水果一品：应时水果拼盘一品

告别香茗：洞庭碧螺春

（六）节令宴

丽人献茗：福建乌龙

干果四品：奶白杏仁、柿霜软糖、酥炸腰果、糖炒花生

蜜饯四品：蜜饯鸭梨、蜜饯小枣、蜜饯荔枝、蜜饯哈密杏

饽饽四品：鞭蓉糕、豆沙糕、椰子盏、鸳鸯卷

酱菜四品：麻辣乳瓜片、酱小椒、甜酱姜牙、酱甘螺

前菜七品：凤凰展翅、熊猫蟹肉虾、籽冬笋、五丝洋粉、五香鳜鱼、酸辣黄瓜、陈皮牛肉

膳汤一品：罐煨山鸡丝燕窝

御菜五品：原壳鲜鲍鱼、烧鹧鸪、芫爆散丹、鸡丝豆苗、珍珠鱼丸

饽饽二品：重阳花糕、松子海罗干

饮食

御菜五品：猴头蘑扒鱼翅、滑熘鸭脯、素炒鳝丝、腰果鹿丁、扒鱼肚卷

饽饽二品：芙蓉香蕉卷、月饼

御菜五品：清蒸时鲜、炒时蔬、酿冬菇盒、荷叶鸡、山东海参

饽饽二品：时令点心、高汤水饺

烧烤二品：持炉烤鸭、烤山鸡，随上薄饼、甜面酱、葱段、瓜条萝葡条、白糖、蒜泥

膳粥一品：腊八粥

水果一品：应时水果拼盘一品

告别香茗：杨河春绿

清·姚文翰《紫光阁赐宴图》局部 画卷纵45.7厘米，横486.5厘米，乾隆二十五年（1760年），紫光阁修缮完成，乾隆下旨将平定准部、回部的100名功臣画像张悬于四壁。次年正月，乾隆皇帝又在此设庆功宴，王公贵族、文武大臣、蒙古族首领以及西征将士百余人出席。此幅描绘了当时宴庆的宏大场面。图中建筑借助西洋绘画手法而沿用中国画传统的手卷形式来表现。

满汉全席作为最高级别的宫廷宴会，不仅在菜肴，甚至于餐具方面都做到了精益求精。全席过程中，要换“台面”三次，碗盏家什三套。席桌所用餐具均系名瓷，形状规格亦极为考究。大件瓷器须做成鸡、鸭、鱼等各种形状，又称之为“船”。鸡形者盛鸡、鱼形者盛鱼……谓之鸡船、鱼船。盛甜味羹汤等，采用锡制的“水套子”，系内外两层，内层盛羹汤，外层装沸水，以保汤之热度。

应当说，满汉全席的产生，虽然一定程度上是以乾隆为代表的统治阶级好大喜功的心理所致，但从维持当时的社会稳定和促进长远的中华民族饮食发展上来说，其积极因素要明显大于消极因素。首先，满汉全席的出现，促进了满族菜肴和汉族菜肴的进一步融合，各取所长，各去所短，大致奠定了现在中华

美食的基调。其次，满汉全席是中国古代社会经济发展到顶峰在饮食方面的突出表现，而皇室通过这样大规模的宴席，调和了满汉矛盾，使入关以来一直尖锐的民族斗争趋于缓和，这使统治者可以把更多的精力放在发展民生上，反过来促进了社会经济的进一步繁荣。最后，通过菜谱我们可以看到，尽管当时在饮食上并没有明确的区域划分，但各地的美食独具一格，潜移默化中，各地的菜系已经逐步形成，这便是后来我们熟知的八大菜系。所以，满汉全席作为中华饮食历史皇冠上最璀璨的一颗明珠，无论是在当时还是在现代，无论是在中国还是世界上，都闪烁着耀眼的光芒。

满族风味下的特色美食

满族人对于猪肉有浓厚的兴趣。想来也无可厚非：作为起源于东北地区的少数民族，牛羊对于他们来说很宝贵，珍禽异兽又不易得，所以，猪肉对于他们是最好的也是唯一的选择。史载满族“多畜猪，食其肉，衣其皮，涂其脂”。满族人喜食猪肉的习俗不仅在满汉全席多有体现，在今天的东北地方菜中也能体现出来，如酸菜白肉、猪肉炖粉条等东北名菜，都以猪肉为主料。

另外，满汉全席中另一个满族特色的代表便是传统糕点饽饽与萨其玛。饽饽是满族特色食品，是现在中国北方平时和节日的主要食品。饽饽是用黏米做成的，分为豆面饽饽、苏叶饽饽和黏糕饽饽等。豆面饽饽是用大黄米、小黄米磨成细面，再加进豆面蒸制而成。这种饽饽颜色金黄，有黏性，味香可口。苏叶饽饽是用黏高粱面和小豆的豆泥混合拌匀，外面用苏叶包起来蒸熟的，有一种苏叶的特殊香气，别具风味。黏糕饽饽是用大黄米浸泡之后磨成面，在黄米面中间包上一些豆泥蒸熟后则成。这种饽饽用油煎着吃，或蘸着糖吃都行，既香又甜。

萨其玛色、香、味、形俱佳，是满族的传统糕点，深受人们的喜爱。“萨其玛”是满语，原意是“切”和“码”，因为制作最后两道工序是切成方块，然后将其码放起来。萨其玛的前身是一种传统糕点——搓条饽饽。搓条饽饽是昔日满族的重要供品，所以也称为“打糕穆丹条子”，人们又称其为糖蓉糕。清代《御制增订清文鉴》记载：“萨其玛，把白面经芝麻油炸后，于糖稀中掺和”。具体做法如下：先把白面加冰糖、鸡蛋或奶油和好，擀成薄片，再切成细条，放入木炭炉中烤熟，或用油炸熟，再用冰糖或砂糖熬成粮稀拼之，倒入铺有芝麻、青红丝、瓜子仁的木槽里压平，然后切成方块形状，码放进盘子里。萨其玛过去曾经写作“沙其马”“赛利马”等。光绪《顺天府志》解释赛利马时说：“按为喇嘛点心，今市肆为之用面，杂以果品和粮及猪油蒸成，味极美。”

萨其玛名称的由来有一段故事。有一位在广州任职的姓萨的满洲将军，他喜爱骑马打猎，而且每次打猎后都会吃一点点心，还不能重复。有一次萨将军出门打猎前，特别吩咐厨师要“来点新的玩意儿”，若不能令他满意，就准备受罚。负责点心的厨子一听，一个失神，把沾上蛋液的点心炸碎了。偏偏这时将军又催要点心，厨子火大骂了一句：“杀那个骑马的！”才慌慌忙忙地端出点心来。想不到，萨将军吃后相当满意，问这点心叫什么名字。厨子随即回答一句：“杀骑马。”结果萨将军听成了“萨骑马”，因而得名。

萨其玛最初制作时，把蒸熟的米饭放在打糕石上用木锤反复打成面团，蘸黄豆面搓拉成条状，炸后切块，再撒上一层熟黄豆面即成。其色泽米黄，口感酥松绵软，香甜可口，后来成为北京著名京式四季糕点之一。今天，萨其玛已经成为家喻户晓的休闲食品，备受人们喜爱。

南方嘉木耀中华

当今世界有三大饮料，即美洲的咖啡、可可，以及中国的茶。中国人因茶而生出了道，以及与之相关的礼仪、宗教。相比更受西方人垂青的咖啡与可可，中国文化中的茶，真可以称为谦谦君子。清雅、幽香、恬淡……我们可以在短时间内想出太多具有中国色彩的词语来赞美它。

清人爱茶，海外扬名

茶者，南方之嘉木也。南宋时代的吴自牧著《梦粱录》中提到八件事：柴、米、油、盐、酒、酱、醋、茶。由于酒算不上生活必需品，到元代时已被剔除了，只余下七件事，这便是我们常言的开门七件事——柴、米、油、盐、酱、醋、茶，至迟出在宋代人的口语中。这说明，古人在很早之前就认识到茶的重要性。清代的茶，大体仍是红茶、绿茶两大类，如江南各地所产龙井等，皆属绿茶之类，福建武夷山等地所产功夫茶等，概为红茶一类 。

茶在清代一直受到当政者的推崇，不仅从未像烟酒那样受到禁止，而且还受益于当局的推动。江苏无锡太湖所产的名茶碧螺春，就由康熙帝亲自命名。相传，最初无锡洞庭东山碧螺峰石壁上出产一种野茶，当地人每年用竹筐采归，以供日用。有一年，茶叶产量很大，人们所带的竹筐根本装不下，于是有人将茶叶放在怀中。不想，这茶叶得到人体的热气，忽然发出阵阵异香，采茶人争呼“吓杀人香”。“吓杀人香”是当地方言，意思是香死人了，后来这茶就叫“吓杀人香”了。从此以后，每年采茶时节，采茶人家男女老幼都要沐浴更衣，举家前往，所采的茶不用筐装，都放在怀间。当地有个叫朱元正的人，其所制茶叶，因制法精良，在市面上每斤价值三两银子。康熙三十八年（1699 年），康熙帝南巡来到太湖，巡抚宋荦购此茶进献。康熙帝觉得“吓杀人香”这名字不雅，亲自为它改名为“碧螺春”。此后碧螺春名扬天下，也成为当地进贡朝廷的贡品。但据说自从那个制茶人朱元正去世后，他的制茶方法失传，即使是真正产于碧螺峰的茶，味道也差了很多了。

乾隆皇帝下江南的时候，来到了杭州的龙井狮峰山，观看乡民采茶，以体察民情。这一天，他看到几个乡民正在绿茵茵的茶树前采茶，甚是喜欢，也跟着采了起来。谁知刚刚采了一把在手，就有太监来报说：“太后有病，请皇上急速回京。”乾隆皇帝一听，随手将采下的茶叶往袋里一放，便日夜兼程赶回北京。其实太后也没有大病，只是山珍海味吃多了，肝火过旺，并无大碍。此时皇儿来到面前，只闻到一股清香，便问带来了什么好东西。皇帝自己也觉得纳闷，来得匆忙，哪里带有什么好东西？他随手一摸，原来是在狮峰山下采来的一把茶叶，现在已经干了，它发出的气味非常清香。皇帝便命人将茶叶泡好送到太后面前，果然清香扑鼻，喝下一口，顿时神清气爽，茶到病除。太后高兴地说：“杭州龙井的茶叶，真是灵丹妙药。”乾隆皇帝一听，便将狮峰山下胡公庙前的18棵茶树封为御茶，每年采摘进贡给太后。这便是今天杭州龙井狮峰山下的18棵御茶的来历。

茶宴始于唐朝，但清代最为繁盛，其规模远远超过唐宋。据史料记载，乾隆皇帝在重华宫举行“三清茶宴”达到43次之多。并且茶文化开始向民间扩散，其重要表现就是茶馆的兴起。“茶馆”一词最早见于明代张岱《陶庵蒙忆》：“崇祯癸酉，有好事者开茶馆。”但是茶馆真正鼎盛是在清朝，不仅茶馆数量多，而且种类齐全。康乾盛世时杭州有大小茶馆800余家。吴敬梓在《儒林外史》中反映过当时茶馆的繁盛：“庙门口都摆的是茶桌子，这一条街，单是买茶就有三十多处，十分热闹。”

茶叶不仅深受国人喜爱，在清代，中国茶叶也开始远销欧美，迈向世界。这或许与世界历史发展的大潮有关，中国茶开始成为世界的中国茶，被尊称为“神

京城茶馆说书图 在清代，茶馆已经成为普遍的休闲场所。茶馆不仅是人们饮茶品茗之所，还有很多与茶相关的娱乐项目，深受百姓的喜爱。茶馆是北京民众社会、经济、文化生活的一个重要窗口。茶馆文化是京味文化的一个重要方面。老舍先生的话剧《茶馆》，可以帮助人们了解清末民初的北京的社风民情。有时候，人们去茶馆还为了交换信息、洽谈交易。北京茶馆中既有环境优雅的高档茶馆，也有大众化的以大碗茶为主要特征的街头茶棚。

奇的东方树叶”，这也成为今日部分商家炒作的噱头之一。中国人最爱喝绿茶。刚摘的茶树新叶经杀青、揉拧、干燥等工艺制成后，一经开水冲泡，茶汤较多地保存了鲜茶叶的绿色主调。中国有 20 个省（市、自治区）产茶，几乎每个产茶区都可以生产绿茶。绿茶产区可大致划分为：江南产区、江北产区、华南产区和西南产区。

清人尚茶，袁枚第一

清人之中对于饮茶热爱之人，不胜枚举，资深饕客袁枚就爱饮武夷茶。袁枚 70 岁那年，游览了武夷山，对武夷茶产生了特别的兴趣。他先前对武夷茶的印象是“茶味浓苦，有如喝药”，因此向来不喜欢武夷茶。乾隆五十一年（1786 年）他游武夷山，来到曼亭峰天游寺等地后，从此对武夷茶的印象完全改观。袁枚在《随园食单 · 茶酒单》记载了当时的情形：“僧道争以茶献，杯小如胡桃，壶小如香橼，每斟无一两，上口不忍遽咽，先嗅其香，再试其味，徐徐咀嚼而体贴之，果然清芬扑鼻，舌有余甘。一杯以后，再试一二杯，释燥平矜，怡情悦性。始觉龙井虽清，而味薄矣；阳羡虽佳，而韵逊矣。颇有玉与水晶，品格不同之故。故武夷享天下盛名，真乃不忝，且可以瀹至三次，而其味犹未尽。”这位茶叶专家从所用的茶壶、茶具到饮茶的步骤、感觉和武夷茶的特色均作了详细而生动的描写，一杯好茶的确能够抚平烦躁和忧愁，让人心静。

袁枚认为，好茶必须收藏得法才能保存长久；而要泡出一壶好茶，除了要有好的泉水之外，对于火候的控制亦是一门极重要的学问。对此他也有一段精彩的描述："欲治好茶，先藏好水，水求中泠惠泉，人家中何能置驿而办。然天泉水、雪水力能藏之，水新则味辣，陈则味甘。尝尽天下之茶，以武夷山顶所生，冲开白色者为第一。然入贡尚不能多，况民间乎！”

袁枚是按功夫茶品饮的方法喝武夷茶的，而武夷茶本来就“七泡有余香”，当然令常喝味薄浅淡的绿茶的袁才子如获至宝，发出“瀹至三次其味犹未尽”的感叹。事实上，武夷岩茶产于闽北“秀甲东南”的名山武夷，茶树生长在岩缝之中，因此而得名。武夷岩茶具有绿茶之清香，红茶之甘醇，是中国乌龙茶中之极品。他认为，要泡出好茶，需先有好水，在此他再度推崇武夷山所产的茶为天下第一。

清人饮茶，君民同乐

除了袁枚，乾隆皇帝对于饮茶也是一等一的行家。他一生不仅对用茶十分讲究，且对用水更讲求“品第”。每次外出巡游，他都会带着一个特制的银质“小方斗”，命侍从“精量各地泉水”，然后再以精度很高的秤，称其重量。结果，品出京师（北京）西山玉泉山泉水最轻，水质最好，口感甚佳，最适宜泡茶品饮，遂钦定其为“天下第一泉”。对此，乾隆皇帝还亲自撰写了《玉泉山天下第一泉记》的妙文一篇，并立碑刻石。据记载，凡乾隆帝南巡外出，不仅“每载玉泉水以供御用”，还下令沿途官吏专供各地名泉泉水。如规定：在直隶（河北）境内，供用“香山静宜园泉水”；在德州入山东境内，供用“济南珍珠泉水”；过红花埠入江苏境内，供用“镇江金山泉水”；到浙江境内则供用“杭州虎跑泉水”，作为御用品茗饮茶专用的名泉泉水。

事实上，终清一代，红茶似乎比绿茶更受欢迎。满族从山海关入关，爱新觉罗氏入主北京。从关外带来的饮食习惯大多还是东北和内蒙古地区的，马背上的民族以牛羊肉、奶制品为主，喜饮去油腻、助消化的酽茶，红茶、普洱茶正合其意；再者当年北京人都是喝井水，北方的地下水水质很硬，这样的水质来泡龙井、旗枪、瓜片之类的绿茶恐怕不是明智之选；再有，天冷时吃完油腻的东西再喝绿茶可能会导致腹泻。

清人品茶之风极盛，流传的饮茶故事也极多，成就了茶文化中的一段段佳话。相传，清初名妓董小宛极能饮酒，嫁给名士冒襄后，因为冒本人不能饮酒，于是罢酒饮茶。夫妻二人同嗜齐茶，小宛亲自烹茶，“文火细烟、小鼎长泉”，静视对尝，冒氏感慨说自己一生的福分在与小宛一起生活的九年中已享尽了，传为一时佳话。

不独富人喜饮茶，穷人也有好饮茶的。长洲有个叫李客山的穷书生，家境贫寒，忍饥读书，怡然自得。居室简陋，有良友来，则取一钱，一起到茶馆里面，点上好的茶共饮一番。还有一个故事，说的是一个富翁与一个乞丐因茶而成好友的事。清代潮州有一富翁，生来嗜茶。一天，一个乞丐上门来，对富翁说：“听说您家的茶很精，不知能否赏一杯？”富翁冷笑说：“你一个乞丐也懂得茶？”乞丐说：“我过去，也是富人，只因为酷嗜饮茶而败家，现在妻儿还在，靠乞讨过活。”富翁斟了一杯茶给他。乞丐饮后评道：“茶算是好茶了，可惜还不够醇厚，是由于你的茶壶太新了。我有一壶，过去常用的，每次出门必携带，

饮食

现在虽然饥寒，也没舍得出手。”富翁要来乞丐的茶壶一看，但见此壶黝黑精绝，打开盖子则香气清冽袭人，用来泡茶，则味道清醇，与平常茶具大不相同。富翁对此壶爱不释手，提出要买下来，乞丐说：“这壶我不能全卖给你，这壶值3000两，我卖一半给你，你给我1500两，我回去把家事安顿好，就可以时不时来你这里，我们饮茶清谈，共享此壶，如何？”富翁欣然同意。乞丐得了银子回去安排家事，后来果然常常来富翁家，两人烹茶对坐，如同故友。

好茶，好水，好人，三位一体，方能品味茶中所含的无限韵味。当然，似袁枚一般的心境不是我们每个人都能达到的，但静下心来，品一杯香茗，认真思索自己的得失过错，并不是一件难以办到的事。茶味在心中由浓变淡，由淡变浓，唇齿间的幽香便似那淡淡的人生。粗茶中带有平淡，琴箫中蕴涵淡泊。茶叶翻滚，如同在浊世中挣扎的人生；茶叶杯中沉落，犹如繁华落尽，归于平静的结局。

美酒佳酿香天下

中国是世界上最早酿酒的国家之一。江统在《酒诰》中说："酒之所兴，肇自上皇，或云仪狄，一曰杜康。有饭不尽，委余空桑，郁积生味，久蓄气芳，本出于此，不由奇方。"指出了杜康对"饭变酒"这一原始制酒工艺的重大发现，并进行改革，开始将生米蒸熟后酿酒。《战国策》中也载："……仪狄作酒而美，进之禹，禹饮而酣之。"在我国灿烂的饮食文化中，酒文化散发着独特的艺术魅力。

完备齐全的清朝酒

影视剧中古人动不动就喝上几坛子酒，并未见醉成什么样子，不禁让人感慨他们的酒量真是惊人。其实，古代人所饮的酒，与今人所喝的高度白酒还是不同的。当然，也不排除的确有人天赋异禀，能喝善饮。

在清代，中国今天所有的酒类几乎都已经出现了。准确地说，今天中国的名酒，大多在那个时候就已有了，只是那个年代没有今天的媒体传播手段，名气没有今天这么大。清代的小说《镜花缘》，就描绘了不少当时社会生活事项，如第 96 回中就列举了清代的一些酒名："酉水关不远一家小酒店，酒牌子上的酒竟如此齐全，'山西汾酒、江南沛酒、真定煮酒、潮州濒酒、湖南衡酒、饶州米酒、徽州甲酒、陕西灌酒、湖州浔酒、巴县咋酒、贵州苗酒、广西瑶酒、甘肃酒乾、浙江绍兴酒、镇江百花酒、扬州木瓜酒、无锡惠泉酒、苏州福贞酒、杭州三白酒、直隶东路酒、卫辉明流酒、和州苦露酒、大名滴溜酒、济宁金波酒、云南包裹酒、四川潞江酒、湖南砂仁酒、冀州衡水酒、海宁香雪酒、淮安延寿酒、乍浦郁金酒、海州辣黄酒、栾城羊羔酒、河南柿子酒、泰州枯陈酒、福建院香酒、茂州锅疤酒、山西潞安酒、芜湖五毒酒、成都薛涛酒、山阳陈坛酒、清河双辣酒、高邮门荟酒、绍兴女儿酒、琉球白酎酒、楚雄府滴酒、贵筑县夹酒、南通州雪酒、嘉兴十月白酒、盐城草艳浆酒、山东谷辘子酒、广东瓮头春酒、琉球蜜林酎酒、长沙洞庭春色酒、太平府延寿益酒’”，记录的酒名达50余种。书中虽然名为写唐朝的事，但作者生活于清代乾隆至道光时期，所记录的也都是清代出产的酒名。如其中提到的“成都薛涛酒”，就是始于清代嘉庆朝以后的酒。薛涛是唐代名妓，一代才女，传说中她为写诗造小笺纸，用当地井水，明代亦用此井水造纸，清康熙时始命名为“薛涛井”，后来便有了以此井水所酿的“薛涛酒”。当然作者所记的酒还是不全的，如皇宫中千叟宴上用的“玉泉洒”就没有提到。

清代的酒当然还远不止小说中所描述的这些。袁枚《随园食单》之“茶酒单”中，记录了一些酒及对这些酒的评价。他自称生性不近酒，对酒比较挑剔，反而“转能深知酒味”。他所罗列的值得一饮的清代名酒，如金坛于酒、四川郫筒酒、绍兴酒、湖州南浔酒、常州兰陵酒、溧阳乌饭酒、苏州陈三白、金华酒、山西汾酒等。对于自己所推荐的上述酒类，每一种他都作了品评。如，“绍兴酒，如清官廉吏，不掺一毫假，而其味方真。又如名士耆英，长留人间，阅尽世故，而其质愈厚。故绍兴酒，不过五年者不可饮，掺水者亦不能过五年。余尝称绍兴为名士，烧酒为光棍。”以名士与廉吏比之绍酒，而以光棍喻烧酒，颇有意味。

就大体上情况来看，清人所饮之酒类，虽有何山西汾酒烈度相当的“烧酒”，但多数情况下，人们所饮，仍为绍兴酒一类的低度黄酒。清代烧酒，多以高粱等杂粮酿制，“今各地皆有烧酒，而以高粱所酿为最正，北方之沛酒、潞酒、汾酒皆高粱所为，而水味不同，酒力亦因之各判”。无地不产酒，无处不出酒，一般人家均有家酿之酒，道路通衢及山野小店也多自行酿酒以待客。到了清朝末年，从西方引进的啤酒也开始出现在中国市场上，但大规模的生产还要等到民国时期。

清代制酒图 从图中的制酒用具和体现的方法，可见当时酿酒已经具备相当高的水平。清代，酿酒业有了长足的发展，出现了许多名闻遐迩的名酒。乾隆风流倜傥，大臣张照献松苓酒方，他便命人照方酿酒——寻采深山古松，挖至树根，将酒瓮开盖，埋在树根下，使松根的液体被酒吸入，一年后挖出，酒色一如琥珀，味道极美。乾隆常有节制地饮用松苓酒，有益长寿。有人说乾隆寿跻九旬，身体强健，与饮松苓酒有关。

嗜酒成风的清代人

清代的人虽然不像唐朝人那样，只有饮酒才能写出诗歌，但嗜酒如命的人，也不在少数。比如徐珂的《清稗类钞》记载：清代有四位官员——赵味辛司马、洪稚存太史、张船山太守、吴山尊学士一同在京师做官，约定每遇大雪，不用相互邀请招呼，立刻放下手头的事宜，到会集南下洼的陶然亭聚会，饮酒赋诗自然是常备节目，规定迟到的请客。还有一位叫做王懿荣的人，每年春意盎然和秋高气爽的时候，就要与潘祖荫等19个人轮流请客，喝酒吟诗，“壶觞无虚日”，这与李太白“人生得意须尽欢，莫使金樽空对月”的豪迈，又是何其相似。

康熙年间，有个叫顾嗣立的人，被人称作“酒帝”。顾嗣立开了一家酒社，只以酒量论英雄，不比文章的优劣。要想加入他的酒社，可不是一件非常容易的事。阮葵生在《茶余客话》里面记载，顾嗣立在他住的地方办了个酒社。他家里有三个酒杯，是仿照三国时期荆州牧刘表称作“三雅”的大酒杯制成的，大的可以容纳30斤酒，其余两个容量依次递减。想加入酒社的人，必须要先喝尽这“三大杯”，然后才有资格入座。顾嗣立在门口写下了规矩，酒客过门，请到里面喝干三大杯，明早与我相见再比个高下。不是这样的人，就不要来浪费时间了。一般的酒徒，看了这“告白”，都被他的威势震慑屈服，不敢进门。间或有鼓起勇气的，饮了那“三大杯”之后，估计也就全垮了。甚至在《清史列传》也有他的传，说他性轻财，豪于饮。康熙帝不仅欣赏他的酒量，也欣赏他的才学，特赐进士出身，为翰林院庶吉士。然而，他只活了54岁，估计与过量饮酒有关。

袁枚也在文章中介绍了一些酒的文化与风俗：据云溧水风俗，如果生下一名女儿，就要用粳米酿造美酒一坛，等到女儿出嫁时，才将此酒拿出饮用。饮之则“其色黑，其味甘鲜，口不能言其妙”。袁枚对于自己不喜欢的酒也都直呼其名：“此外如苏州之女贞、福贞、元燥，宣州之豆酒，通州之枣儿红，俱不入流品；至不堪者，扬州之木瓜也，上口便俗。”袁枚对清代酒类的品评，虽出自于个人好恶，却也给后世留下了对当时酒的一些认识。

到了清末，海派画家蒲华可以称得上是位嗜酒不顾命的人，最后竟醉死过去。蒲华擅长草书、墨竹及山水。住嘉兴城隍庙内，室内陈设极简陋，绳床断足，仍安然而卧。常与乡邻举杯酒肆，兴致来了就挥笔洒墨，酣畅淋漓，色墨沾污襟袖亦不顾。家贫以曹画自给，过着赏花游山、醉酒吟诗、超然物外、寄情翰墨的生活。曾自作诗一首：“朝霞一抹明城头，大好青山策马游。桂板鞭梢看露拂，命侍同醉酒家楼。”这正是他真实生活的写照。

时有禁酒的清政府

清代酒类林林总总，不一而足。清政府对于酒类的态度，上承历代中央王朝，时有禁令。历代以来，虽然也有鼓励人民多造酒以增加政府税收的做法，但多数时期，封建政府从满足人们基本的粮食需求这一角度出发，往往对酒采取官营、禁卖等措施。到了清代，由于总体上社会经济发展水平还是提高了，所以对酒类的禁令并不严格，一般是在歉收年份、遭灾地区，实行阶段性和区域性的禁酒。

对于社会上饮酒之风的盛行，清廷一般并无禁令，但在农业歉收时，往往会下令禁止。如康熙三十二年（1693 年），因京畿地区遭灾减产，下令：“今当米谷减少之时，着户部速移咨该抚，蒸造烧酒，严行禁止。”康熙三十七年（1698 年），以湖广、江西等地“米价腾贵”，重申禁止酿造酒类的命令。“湖广、江西地方粮米素丰，江南、浙江咸赖此二省之米。今此二省米价腾贵，诚为可虞。酒乃无益之物，耗米甚多。……着令严禁，以裨民食”。政府此类禁令的出发点当然还是要保证一般百姓吃饭的粮食，以维护社会的稳定。但事实上，这一类阶段性和区域性的禁令，往往收效不大，地方官员对于朝廷的此项命令，也各怀已见，不能坚持实行。最典型的如乾隆二年（1737 年），下令严禁烧锅造酒，因政策贯彻不得力，于是将禁止造酒的命令下达到各省，令地方大员们提出意见，结果各地回复的意见与办法大不相同。有人提出应该严禁，有人觉得应该区别丰年与灾年，应该“宽于丰而严于歉”，也有人认为不必禁止，有人建议对于公开大规模造酒应该禁止，对于民间小规模自酿自饮则无须禁止。种种议论，不一而足。无疑，这种情况下的禁酒，当然是一纸空文，毫无实际效果。

对于王朝政府自己的酒类需求，不仅不能禁，而且要优先保证。清代继承历代旧制，宫中专设“良酝署”这样一个机构，专门管理宫廷的酒类供应，下设“酒局房二十四间于西安门内，酒匠六名，酒尉二名”。每年于春秋时节，两次酿造旨酒和黄酒，旨酒是以糯米为主要材料，加京郊玉泉山水等酿造，一石米可造酒 90 斤；糯米一石加井水及辅料可造黄酒 130 斤。此外，宫中各种宴席用酒多少均有一定量的规定。而祭祀、庆典及外国贡使所需乳酒、黄酒、烧酒各项，也由良酝署采办。以此来看，著名的千叟宴所用的玉泉酒，就是宫中所酿的旨酒，大约与今日人们饮用的米酒相类。

清代行酒令图 酒令是酒席上的一种助兴游戏，也是一种有中国特色的酒文化。一般于席间推举一人为令官，余者听令轮流说诗词、联语，违令者或输者会遭罚酒。从图上的官员的表情便可判断当时的场景是十分欢快，不知对于暮气沉沉的清王朝来说是喜是悲。

清代康、乾以降至道、咸之交，200 年间社会安定，一派承平景象，社会上饮酒之风颇盛。晚清时饮酒之风更甚，官场饮宴迨无虚日。从酒具来看，不仅宫廷中的酒具精美绝伦，连清官也有银酒具。清末仁和孙同元收藏有银酒具十副，“系汤文正公、王文简公诸公官宫坊时所制。杯底镌姓名籍贯，各视量之大小以成之”。汤文正就是有名的清官汤斌，王文简即康熙时著名文士王士禛，可见当时饮风之盛。

中国 5000 年历史，离不开酒。李白有举杯邀明月的雅兴，苏轼有把酒问青天的胸怀；欧阳修有酒逢知己千杯少的豪迈，曹操有对酒当歌人生几何的苍凉。然而，尽管“无酒不成席”，纵酒失度也可能招致难以预料的恶果。所以，诸君切记，酒虽美，需饮之有度。

清代名人饮食趣事

清代是我国的最后一个封建王朝。变革时代的中国人才辈出，单从鸦片战争之后，就产生了诸如曾国藩、李鸿章、左宗棠等不世出的人才。有意思的是，这些人不仅在军事上、政治上成就瞩目，在饮食上也做出了特殊的贡献。我们现在熟悉的一些著名菜品，正是由这些看起来忙得废寝忘食的人直接创造的。

北洋大臣无心插柳

作为淮军领袖起家的李鸿章，在后期成为清朝中央政府的核心力量，其在军事和政治上的成就无须过多赘述。作为安徽人，李鸿章还创造了徽菜中的一道名菜——李鸿章杂烩。据说，当时的故事是这样的：

光绪二十二年（1896 年），李鸿章奉旨到俄国参加沙皇尼古拉二世的加冕典礼，顺道访问欧美。一路上吃了两个多月的西餐，胃口都吃倒了，所以一到美国就叫使馆的厨师用中国徽菜宴请美国宾客。因中国菜可口美味，深受欢迎，连吃几个小时洋人还不肯下席。此时总管向他禀告："中堂大人，菜已吃完，怎么办？"李鸿章略加思索后说："把撤下去的残菜混在一起加热，用大盆端上来。"不一会儿，热气腾腾的菜端上桌，洋人尝后连声叫好，便问菜名，李鸿章一时答不上来，只是说："好吃多吃！"岂料歪打正着，"好吃多吃"与英语杂烩（Hotchpotch）发音相近，后来此菜便被命名为"李鸿章杂烩"。

另一种说法是：李鸿章命厨师加菜，但正菜已上完，厨师只好将所剩海鲜等余料混合下锅。菜烧好上桌后，外宾尝后赞不绝口，并询问菜名，李无言以对，只好用合肥话说“杂碎”（即“杂烩”谐音）。此后，“大杂烩”便在美国传开。

李鸿章杂烩是徽菜的代表之一。它的食材并不复杂，主要有鸡肉、海参、熟白鸡肉、鱼肉、熟火腿、油发鱼肚、鱿鱼、水发腐竹、干贝、冬菇、玉兰片。烹制也较容易，将海参、鱼肚、鱿鱼、玉兰片、腐竹、熟火腿切片；猪肚、鸡肉、干贝加葱结、姜片、绍酒蒸透入味，切片；熟白鸡肉、熟火腿切丝；鱼肉制茸上味，粘上干贝丝蒸熟；将干贝球、各种原料和调料下入鸡汤烧烩入味，装碗蒸五分钟，出原汤勾芡，浇在杂烩上即成。此道菜鲜香可口、鲜而不腥、醇香不腻、咸鲜可口，具有补虚填精、健脾胃、活血脉、强筋骨的功效。中国文史馆的张伯驹先生亦曾写过《李鸿章杂烩》一文，称它“驰名国外，凡在欧美的中国餐馆，莫不有此一菜”。

太子少保有心之作

“宫保鸡丁”是川菜中的传统名菜，由鸡丁、干辣椒、花生米等炒制而成，常被人想当然地误写为读音相近的“宫爆鸡丁”。宫保鸡丁不但在国内深受大众欢迎，甚至在英美等西方国家，亦“泛滥成灾”，几成中国菜代名词，其情形类似于意大利菜中的意大利面。关于宫保鸡丁的来历，一般认为和丁宝桢[①]有关。

丁宝桢原籍贵州，清咸丰年间进士，曾任山东巡抚（任上杀了慈禧当时的手下权阉安德海），后任四川总督。他一向很喜欢吃辣椒与猪肉、鸡肉爆炒的菜肴，

① 丁宝桢是贵州省毕节市织金县牛场镇人。他小时不慎落水，巧被桥边一户人家救起，后来他为官后记起此事，遂前去感谢，那户人家就做了这道菜招待，他吃后觉得味道很好，就加以推广，据说这才是这道菜的真实来历（织金县志有相关的记载）。1918 年，留学日本早稻田大学的原贵阳市政协秘书长赵惠民曾将宫保鸡丁传到日本，鸡肉的鲜嫩配合花生的香脆，使其广受大众欢迎。

据说在山东任职时，他就命家厨制作“酱爆鸡丁”等菜，很合胃口，但那时此菜还未出名。调任四川总督后，每遇宴客，他都让家厨用花生米、干辣椒和嫩鸡肉炒制鸡丁，肉嫩味美，很受客人欢迎。

“宫保”其实是丁宝桢的荣誉官衔。明清两代朝中重臣一般都有虚衔，如“太师、少师、太傅、少傅、太保、少保、太子太师、太子少师、太子太傅、太子少傅、太子太保、太子少保”等，这些头衔并不能带来实际的权力，有的还是官员死后追赠的，通称为“宫衔”。在咸丰以后，这几个虚衔不再用“某某师”而多用“某某保”，所以这些最高级的虚衔又有了一个别称——宫保。丁宝桢治蜀十年，为官刚正不阿，多有建树，于光绪十二年（1886 年）死在任上。清廷为了表彰他的功绩，追赠“太子太保”。如上文所说，“太子太保”是“宫保”之一，于是他发明的菜由此得名“宫保鸡丁”。时过境迁，很多人已不知“宫保”为何物，就想当然地把“宫保鸡丁”写成了“宫爆鸡丁”，虽一字之差，但却改变了纪念丁宝桢的初衷。

关于“宫保鸡丁”的来历还有其他两种说法。一种说丁宝桢来四川，大兴水利，百姓感其德，献其喜食的炒鸡丁，名曰“宫保鸡丁”；又或说丁宝桢在四川时，常微服私访，一次在一小肆用餐，吃到以花生米炒的辣子鸡丁，叫家厨仿制，家厨以“宫保鸡丁”名之。另外，还有“宫保鸡丁”起源于山东、贵州之说，这些便是后话了。

然而，也有学者认为，宫保鸡丁的发明和左宗棠有关。在国外，宫保鸡丁甚至被直接翻译成“左宗棠鸡”。笔者曾经尝试问过做厨师的朋友，他们对此并不是非常认可，“左宗棠鸡”是湘菜中的一道菜，类似于辣子鸡。他们认为这有可能是当时在中国的外国人误传所致，毕竟川菜和湘菜虽然都重辣，差别还是很大的。

中兴名臣各有所好

除了上述李鸿章与丁宝桢之外，晚清的名臣似乎都与饮食有着千丝万缕的联系。其中，中兴名臣左宗棠和曾国藩等人可以算做代表。

左宗棠（1812—1885年），是一位因喜食猪肉而闻名的奇人，据说每次吃肉没十斤就吃不饱。他初出征时，路过各地府县，地方官照例准备美食佳肴，遗憾的是并没有能讨得这位总督大人的欢心。府县知道他的喜好后，每回必以猪肉敬奉。后来，左宗棠远征新疆，万里沙漠，吃不上猪肉，所以一班师回兰州，首餐便找猪肉解馋，并对左右说：“我今天真领略到三个月不知道肉味是什么感觉了。”另外，左宗棠任浙江巡抚时，最嗜莼羹。后来朝廷用兵西陲，左宗棠进讨新疆阿古柏之乱。时间一长，左宗棠不免思念当年杭州的莼菜羹。谁知为时不久，左宗棠的餐桌上就出现了莼羹。可是新疆不产莼菜，那么莼菜来自何地呢？原来，大军西征时，所有军需物品皆由浙江巨商胡雪岩置办。胡雪岩是左宗棠的旧交，他知道左宗棠酷嗜莼羹，为了报答左宗棠对他早年的知遇之恩，特地将莼菜夹裹在纺绸之内发往新疆。

身为湖南人，曾国藩一生酷嗜肥辣。一次，有一士兵射得一只狐狸，曾国藩十分高兴，令厨师宰杀，并置办宴席，邀请宾客来赴宴。宾客们大嚼狐狸肉，只觉得味道香美，却不清楚是何种野味。曾国藩笑着说：“此物媚能惑主，其肉本不足食。以我之饕餮，污诸君齿颊，再饭当不再设此。”众人终于明白，所食乃是狐狸。因为唐代诗人骆宾王在讨伐武则天的檄文中，曾大骂武则天“狐媚偏能惑主”。

薛福成是光绪年间的著名文人、外交家，江苏无锡人，早年先后入曾国藩、李鸿章幕府，后来出使英、法、比、意等国。虽然其地位无法与彭玉麟、胡林翼等中兴名臣相比，但受曾国藩等人的影响较深，也为中国外交的近代化做出了杰出贡献。他在无锡时，最喜欢吃的一道美味便是狮子庵尼姑烹调的“石鸭”。

中国家庭的晚餐 这是清代明信片中关于中国家庭晚餐的记录。清朝统治者源于白山黑水间，其饮食习惯是在东北形成的。随着清朝皇室入关，东北满族淳朴的食风、简单的饮食方式也被带到了北京城。正如《清代北京竹枝词》中所写到的一样："关东货始到京城，各路全开狍鹿棚。鹿尾鲤鱼风味别，发祥水土想陪京。"

烹调时，先将宰杀洗净的鸭子放在瓦钵内，再加上黄酒与盐，不加水，将瓦钵封口，置入蒸笼。熟后，但见钵内清汤盈盈，香气扑鼻，食时味道绝佳。

清代是我国古代饮食发展的最高峰，无论是从日趋成熟的饮食思想理论，还是逐渐形成的八大菜系，抑或是旷古烁今的满汉全席，都是中华饮食史上的巨大成就。诚然，由于历史条件所限，当时的许多饮食思想还不够完善，各大菜系之间的界限也没有今天这么明确。但是不可否认的是，从清代开始，中华的饮食已经开始走向了近代化，这对于现代中国的饮食发展无疑具有深远的借鉴意义。

建筑

凝固的音乐

歌德说："音乐是流动的建筑，建筑是凝固的音乐。"此语道出了音乐与建筑之间的密切关系。建筑追求的是音乐般的流动感，充满律动的跳跃却不激越。杰出的建筑，明明是矗立不动的，却能令人感觉出蕴含其中的灵动，若萌发的新芽、灵动的莺歌和激淌的泉流，产生一种聆听一曲荡气回肠的音乐的感觉。它们历经时光的洗礼，静静地伫立在那里，就如帝国未曾远去的片片遗影。

久经岁月雕琢的帝都，像音乐中的低音，深沉而凝重。昔年的繁华消退，落寞地留下黄瓦红墙，但肃穆庄严依旧。广厦千万，九龙飞舞，角楼玄妙，无不透露出磅礴气息。金水桥前，雄狮镇守威严，华表寓意深远，一张一弛堪称绝配。至上无极的太和殿，昔人不再，但处在大殿之上，旧时的余音却依旧绕梁，响彻环宇。

黄罗伞下，没有了曾经的香云缭绕，掩映在苍松翠柏间的唯有寥落的陵墓。清军入关后的皇家陵，几经迁改，以求得天时、应地利、顺人心，然而，还是逃不过命运的安排，终究尘归尘，土归土，辉煌淹没黄土，过往如云烟。

步入园林如游于画中，润在梦泽。皇家园林彰显了皇家的气魄与辉煌。三山五园是皇家园林的精华，将园林的静、秀、壮、美都演绎到极致。私家园林的温婉，也是一种意境。拙政园的古朴、沧浪亭的唱响，都历历在目。浑然天成的大手笔当如西湖、瘦西湖，前者的灵秀、后者的"瘦"，更是如梦似幻，叹为天成。

坛庙是皇室举行敬天保民仪式的表演之所，也是天命下达的地方。天坛祈年殿的唱诵是为祈求五谷丰登；皇穹宇和回音壁是通天的"法宝"；圜丘坛是祭天的歌颂；社稷坛是为保江山永固，国寿永昌；太庙是为彰显至尊无极，敬祖尊崇。总之，祭拜既是在歌颂，也是给自己树立了一面镜子，以便顺成天意，下顾民心。

样式雷和琉璃赵塑造了各自的传奇，设计和装饰堪称建筑史上的仙葩。雷氏家族的设计装点了大清帝国的门楣，紫禁城、天坛、颐和园、清东陵、清西陵无处不有其设计的印记。赵氏家族的装潢美了帝国的建筑，"流光溢彩"也许是对其最恰当的评价。建筑手艺的流传贯穿一代王朝，经典会不断传承，亦是一种帝国血脉的蔓延。

时间带走了帝国的繁华，只留下建筑守望在昔日的土地上。建筑物斑驳的线条是一种无言的记录、一种无声的诉说，也是一种浸入文化基因的信仰。

重拾京城旧时忆

说起天上的星星，自然会想到“北斗七星横夜半”的景致。七星中有一颗极亮的北极星，它是紫微星。古人认为紫微星居于天地之中，代表天帝的住所，所以天宫也就有“紫微正中”之说。自称天子的皇帝自然也要在住所上做一番文章，于是便借紫微星垣来表明皇宫居于天地之中的要位，加上皇宫又属禁地，于是便有“紫禁城”之名。

帝都痴迷“九”情缘

紫禁城始建于明朝永乐年间，前后历时 15 年，花费了大量的人力、物力和财力。紫禁城的许多建筑都与“九”相关，古人认为数字之中“九”最大，皇帝是人间最大的主宰，自然也要用“九”来对应。“九”的谐音为“久”，言外寄托着对江山社稷天长地久的期盼。数不清的“九”，也带来了数不清的关于“九”的传说。

故宫房屋最初有 9999 间半，这个数字的来历取自一段故事：永乐皇帝朱棣为突出威严和气派，决定把宫殿数定为 10000，可是“10000”的数字达到了天宫的房间数，担心会惹玉皇大帝不高兴，为了不惹恼玉帝，也不失皇家气派，便把紫禁城的房间数定成了 9999 间半。紫禁城宫殿门口有 36 个包金大缸，皇宫之内有 72 条地沟，据说这是来自于天上的 36 天罡和 72 地煞，它们下凡的目的是为保卫皇宫。

说到“九”，自然要提九龙壁。九龙壁的建造，讲究多，难度大，必须找技艺高超的工匠才能完成。当初工部大臣选来选去，决定把九龙壁的建造交给一个叫马德春的工匠。马德春是烧制琉璃瓦的好手，烧造技术高超。他花了整整 49 天才完成九龙壁建造所需的琉璃瓦，一切都进行得很顺利，谁知却在安装这天出了问题。那天，一个小工匠不小心打碎了一片琉璃瓦。这可是要命的，要知道，按期交不了皇差是要杀头的。情急之下，马德春只好隐瞒下来，回家后思来想去，悄悄地自制了“琉璃瓦”。交工那天，乾隆皇帝亲自来看，面对金碧辉煌的九龙壁赞不绝口，来回巡视了三遍也没看出什么异样。原来为了补上小工匠摔碎的那片琉璃瓦，马德春费尽心思，用了两天两夜的工夫，硬是把一块上好的楠木雕成琉璃瓦的形状，并在乾隆带着王公大臣前往观看的头一天才匆匆忙忙地安装上。据说，今天再去看这九龙壁，还能在东边数起的第三条白龙身上找到当年马德春的“杰作”呢。

紫禁城的四个城角各有一座角楼，每一座都有九梁十八柱七十二条脊，通通跟九有关，构思巧妙、漂亮美观，可是当初建的时候，却着实让工匠们费了

九龙壁 九龙壁的设计极力体现“九五”之制，壁面以云水为底纹，分饰蓝、绿两色，显示出水天相接的磅礴气势。下为汉白玉石须弥座，壁上以高浮雕手法制成九龙，神态逼真，威风凛然。

一番心思。一日工匠们正在屋内发愁怎么建角楼，忽闻街上叫卖声传来，出去一看，是个卖蝈蝈的白发老人。那蝈蝈笼子做得玲珑剔透，巧夺天工，工匠们看得爱不释手，就买了回去在家把玩。仔细一看，这蝈蝈笼子，九梁十八柱，面面看都是角。工匠们忙追了出去，那卖蝈蝈的老人却早已不见了踪影。大家恍然大悟，这个白发老人一定是他们的祖师爷鲁班，他是特意化身凡人来提点他们的。

紫禁城有关“九”的故事仍在流传，“九”的意义除了代表永恒、威严和高贵，更在于它的历久弥新，就像紫禁城宫门上横竖共九颗的铜门钉，无声诉说着紫禁城昔日的辉煌。

故宫角楼 紫禁城的四个城角，都有一座九梁十八柱七十二条脊的角楼，可谓条条离不开“九”，其造型独特，玲珑多姿，看似三层，玄妙之处则在于内部，没有一根落地的柱子，更没有楼梯、楼层，可谓干净利落。称其为角楼大概是因为它建在宫墙之上。

石狮华表耀扬威

天安门始建于明，最初名为“承天门”，寓意“承天启运”“受命于天”，是紫禁城的正门。清入关后，更名为“天安门”，既有天子承天之意，又有“外安内和，长治久安”的殷切期盼。其坐落于北京城中轴线之上，红墙黄瓦，造型威严，门前有五座汉白玉金水桥，两侧有石狮、华表各一对，堪称中国传统建筑艺术的代表作。

天安门前金水桥南边有两个石狮子，那两个狮子肚子上，都有一道枪扎的深坑，这深坑是闯王李自成的“杰作”。当年，李自成领导的农民起义军打到了北京城下。明朝的最后一个皇帝崇祯见大势已去，最后只好上吊自杀。皇帝死后，群臣作鸟兽散，打开城门迎接李闯王。李自成一马当先，率兵进了城，远远地瞧见一座高大的牌楼，当他得知这是明朝承天门时，便怒不可遏，认为明朝压迫残害百姓的圣旨都是从那里发出的，于是便搭弓射箭，一箭射出，正中牌楼上的“天”字。随后听到身边的士兵大喊桥边的狮子会动，他二话不说，抄起钢枪就刺，火星四溅之下，就看到石狮子上多了一个枪坑，由此可见闯王的勇武。

天安门华表的来历，也有一段传说。当年京城有一种营造厂，专门给皇家修建宫殿、园林、墓碑等，俗名叫木厂子。有一年，皇上下旨，说是要在天安门前立一对华表，工部的大臣接到皇帝的旨意后，便去找营造厂的掌柜，让营造厂承办这个工程。营造厂的掌柜是石匠出身，他一手绝活，不单手艺好，眼光也很独到。办这个差事，简直是“张飞吃豆芽——小菜一碟”。皇上要造的华表，得用上等的大条石料，这就要好好筛选了。他辗转大江南北，终于在山西五台山下找到了一块上等的好石料。光搬运这石料，就用了 800 匹健壮的骡子，费了九牛二虎之力，终于运到了天安门。石料找来了，按说赶紧打造就完了，可是那年月，开厂子承办皇差，有个不成文的规矩，就是得给宫里的监工送钱送礼，否则不但交不了皇差，还会被人鸡蛋里挑骨头。掌柜为人耿直，他不送礼，自然不讨监工的好。于是就有了石料有裂痕的传闻。皇帝知道此事后下旨严查，掌柜无奈之下只有伤心流泪，多亏一个老师傅帮他渡过了难关，通过查验使得监工做出了让步。费尽周折后，这两个华表终于在天安门前立起来了。华表光滑完整，上刻有云龙，在华表的上方还蹲立着一个石犼（一种似狗而吃人的北方野兽）。天安门城楼前后各有一对华表，人们对华表上蹲立的石犼，有“望君出”和“望君归”两种说法：城楼前面北的石犼，叫做“望君归”，它们专门注视皇帝的出巡，如果皇帝久游不归，它们就呼唤皇帝速速回宫，处理政事；城楼后的两只石犼，面北而坐，叫做“望君出”，它们主要监视皇帝在宫中的行为，皇帝如果深居宫闱，不理政事，它们便会催促皇帝出宫，体察下情。

昔日荣光太和殿

紫禁城就像一本厚重的书，它记录了中国2000多年封建社会最后的辉煌和没落，想要读懂它，唯有置身其间。紫禁城的宫殿按中轴线布局，沿着宫门进入紫禁城，肃穆威严的气势直逼身前，看着这些红墙黄瓦的深宅大院，其肃穆威严之感不禁让人为之震撼。中轴线南起永定门，北至钟鼓楼，长约7.8公里，有“北京脊梁”之誉。沿中轴线从南往北依次坐落着永定门、正阳门、天安门、端门、午门、太和门、乾清门、神武门、地安门九座门，沿途还点缀着数十处皇家园林和民宅四合院。中轴线被认为是中原文化和马背文化的融合，梁思成先生曾说：“北京独有的壮美秩序就由这条中轴线的建立而产生。”中轴线上最恢宏壮丽的建筑当数太和殿。

太和殿，俗称“金銮殿”，位于紫禁城南北主轴线的显要位置，明永乐年间建成，称奉天殿。自建成后屡遭焚毁，又多次重建，也多次易名，清入关后

和玺彩画 和玺彩画又称宫殿建筑彩画，是清代建筑彩画中等级最高的一种，主要用于宫殿、坛庙、陵寝。它是在明代晚期官式旋子彩画日趋完善的基础上，为适应皇权需要而产生的新的彩画类型，多用不同的龙、凤图案，间补以花卉，沥粉贴金，金碧辉煌，壮丽异常。

改为“太和殿”。它是紫禁城规模最大、最高的殿宇，宫殿的长宽比例也被精心设计成九比五，代表着帝王九五之尊的地位。相传太和殿建成不足百日便遭雷击起火焚毁，其间又多次遭遇火灾。康熙皇帝时进行了最后一次修缮，因此，我们今天看到的太和殿还保留着康熙年间重建后的形制。

太和殿坐落在汉白玉砌成的工字形基台上，这基台被称为“须弥座”，远望犹如神话中的琼宫仙阙。基台三层重叠，每层台上边缘都装饰有汉白玉雕刻的栏板、望柱和龙头。三台当中有三层石阶雕有蟠龙，衬托以海浪和流云的“御路”。每到雨季，三台雨水逐层由各小洞口下泄，水由龙头流出，千龙喷水，蔚为壮观。其上为重檐庑殿顶，屋脊两端安有大吻①。檐角安放着十个走兽，它突破了皇家建筑中唯“九”独尊的限制，代表着权力的至上无极，这也是现存古建筑中仅有的。

---

① 大吻：殿宇顶上正脊两端的吻兽。吻兽一般为龙头形状，嘴巴大张衔住脊端，故又称吞脊兽。目前国内最大的吞脊兽，在故宫太和殿的殿顶上。

太和殿须弥座 太和殿殿下的汉白玉石雕基座，亦称为“须弥座”。它由佛座演变而来，远观若琼楼玉宇，神圣庄严；近临若步入仙境，圣洁如玉。周围环以栏杆，其上安有排水用的石雕龙头，每逢雨季，可呈现千龙吐水的奇观。

旋子彩画 旋子彩画俗称“学子”“蜈蚣圈”，等级仅次于和玺彩画，其最大的特点是在藻头内使用了带卷涡纹的花瓣。所谓“旋子”，即“旋花”，它是由多层旋转的动感很强的花瓣组成的一种团花纹饰。旋子彩画最早出现于元代，明初即基本定型，清代进一步规范化，是明清官式建筑中运用最为广泛的彩画类型，多用于次要建筑。

太和殿的装饰十分豪华，檐下施以密集的斗拱，室内外梁枋上饰以和玺彩画。彩画是中国古代建筑中的重要装饰，中国古代建筑以木质建筑为主，彩画讲究色彩的分配调和，它的使用不仅美化了建筑，还有利于保护木构件，防止水浸虫蚀。“雕梁画栋”这一成语完美地诠释中国古代建筑雕饰彩画的发达和辉煌，它以其独特的风格和多彩的艺术效果载入建筑艺术史册。清代彩画除了有和玺彩画之外，还有旋子彩画、苏式彩画，其中等级最高的当数和玺彩画。和玺彩画两边轮廓多用“《 》”包裹中间的纹饰，其中多用龙、凤等图案。和玺彩画主要用于皇宫等重要建筑，用以表达皇权、神权的显赫地位。旋子彩画次之，主体图案的团花花瓣以旋涡状的花纹为主。苏式彩画地位次于旋子彩画，多以山水、花鸟、鱼虫、人物故事为主。

清朝的重要典礼都会选择在太和殿举行，如皇帝登基、大婚、册封、命将、

苏式彩画 苏式彩画由江南的包袱彩画演变而来，俗称“苏州片”。苏式彩画等级低于和玺彩画和旋子彩画，画面多为山水、花鸟、鱼虫，富有故事和情节。一般用于园林中的小型建筑，如亭、台、廊、榭以及四合院住宅、垂花门的额枋上。紫禁城内苏式彩画多用于花园、内廷等处，其中北京颐和园长廊是苏式彩画的典型代表。

出征等。然而在这紫禁城的核心宫殿里，却没有过多的装饰，皇帝的宝座是这里唯一的主角，细微的设计中无不透露着皇权的威严。遥想当年皇帝站立其上，目光所及之处，大有“一览众山小”的气势。紫禁城记录了昨日中国曾经的华丽，延续着昔日中国曾经的光辉，然而流年已逝，往昔不再，留下来的只有过往些许的风华。

黄罗伞盖下沉睡中的梦

拨开烟云，寻不见昔日的点滴辉煌，只有松涛伴着清风入耳。在薄雾缭绕的山林间，黄罗伞下的繁荣早已难觅旧时踪影，尽皆寂寞，一片静谧苍茫。在这片曾经被视为禁地的地方，仿佛可以看到林间残留的旧日景象，让我们拨开历史的迷雾，一睹昔日的容颜。

烟云迷雾几重叠

“风萧萧兮易水寒，壮士一去兮不复还”，吟唱着《易水歌》，漫步易水河畔，望着一去不回的款款清流，不禁纵想千百年来的传奇。葱郁的树林掩映着红墙碧瓦，馥郁芬芳，游走于被皇家视为“万年龙虎抱，日夜鬼神朝”的圣洁之地，感慨万千。

清入关前曾在东北龙兴之地修建了关外三陵。清入关以后，陵寝基本沿袭明制，在河北遵化县马兰峪西部昌瑞山开辟了第一座皇家陵园——清东陵。皇家陵园的选址极其讲求风水，关于东陵的选定也有不同版本的故事：当年顺治皇帝曾到此一带打猎，见此地“王气葱郁”，心中大喜，遂取下自己所戴的指环，随意一掷，并认定落下之处即为自己的“万年寿宫”，此谓“环落穴定”说；另一说为“箭落穴定”，女真是马背上的民族，自幼弓马骑射娴熟，顺治皇帝更是如此，当初选址，他一箭定穴，奠定了王族万年吉地的选址。十年后康熙皇帝也把自己的陵墓建在此地，按照子随父葬的制度，第三位皇帝雍正的陵寝也应选在此处，但事实上并非如此。雍正七年（1729 年），雍正帝选定位于直隶（河北）易水河畔、泰宁山下的太平峪为自己的“万年吉地”，并改泰宁山为永宁山。一年后泰陵开始动工修建，自此开辟了清入关后的第二处皇家

孝陵前的小碑楼 顺治皇帝是清入关后的第一个皇帝，他的陵寝孝陵是清东陵中第一座帝陵。相传满族入关前盛行火葬，入关后承袭汉族传统实行土葬。不过顺治皇帝依旧采用了满族传统的入葬方式。

陵园——清西陵。异地建陵，明显与古礼不合，雍正又是康熙儿子当中最孝顺的，他为何不把陵址选在跟祖父顺治、父亲康熙同一处的东陵，而要分开修建，这其中又有什么玄妙之处或难言之隐呢？

中国古代一般在迁都时才会迁移帝王陵墓，而且清东陵所建之处还有很多风水宝地，因此不能说风水不好。关于这个疑问可谓众说纷纭，其中流传最广的一种说法是，雍正继承大统是通过改诏篡位得来的，将本来遗诏上的“传位十四子”篡改成了“传位于四子”，此行见不得光。雍正为改诏篡位、弑兄屠弟的种种作为而感心中有愧，更害怕百年之后在另外一个世界无颜面对自己的父亲。然而，有多种证据可证明此说法站不住脚。

首先，皇室立嗣遗诏有满、汉、蒙三种文字，篡改汉文遗诏显然无法跟满文、蒙文相对应，更何况诏书中用的“于”字当是繁体字“於”，把“於”改成“于”则不太可能。其次，从雍正本人生前的活动来看，以上说法也不可靠。雍正常住京城，相对西陵而言离东陵更近。他在位期间曾先后八次前往清东陵祭祀先祖，可见其并不存在惧祖心理。最后，根据 2009 年 10 月，在台北故宫“雍正——清世宗文物大展”中展出的《康熙遗诏》来看，雍正皇帝改诏篡位一说并不符合史实。

其实在雍正五年（1727 年），他曾派人在清东陵所在地相度万年吉地，认为清东陵范围内的九凤朝阳山是一个不错的地方，随后便采办木材、石块等材料开始营建。然而在破土动工后不久，意外出现了。虽然这里风水环境都不错，但土质不好且多砂石。皇陵的选择关键在于土壤，土质疏松且含水量大，修建陵墓易造成结构不稳，地宫容易渗水。迫于此等原因，雍正皇帝只得再次找人相度，但最终因为格局不全而放弃，只得另觅他处。

雍正为人严谨，万事讲求完美。因此，最终放弃清东陵而另选地址跟其个人性格不无关系。然而，雍正知道，另开建陵之所显然违背了子随父葬的传统，会背上不恪守孝道的骂名，为此不得不下令让大臣出谋划策。大臣们揣测圣意，翻阅古籍，找到了古代帝王没有集中安葬的根据。清东陵和清西陵距离京城都不远，且距离大致相同，共居京城之地，有辅佐神州之意。前朝有先例，距离又不远，更有风水的完美，这些都使雍正钟情于此，于是便一改传统，一箭三雕，何乐而不为？他修建的泰陵严格按照典章制度进行设计、布局、施工、营建，将人与自然融于一体，意蕴不朽。其规模恢宏壮观，质量精美上乘，既体现了皇权的独我至尊，又体现出皇家的气派和威严。

南辕北辙多迁改

清陵分建始于雍正，其子乾隆就面临着万年吉地选在何处的两难之地。按照传统要子随父葬，那就要追随父亲把陵墓建在西陵；但太祖、祖父在东陵，若不顾及，则有冷落不顾祖先之意。乾隆皇帝为了兼顾东西两陵，将自己的万

清西陵·泰陵　泰陵是雍正帝的陵寝，位于距易县 15 公里的永宁山下。泰陵是清西陵中建筑最早、规模最大、体系最完整的一座帝陵。其北倚峰峦叠翠的永宁山，南傍蜿蜒流淌的易水河，数以万计的古松、古柏把这一带装点得清秀葱郁、古朴大方。

年吉地选在了清东陵，并谕示后代“吉地各依昭穆次序，在东西陵界分建”，即一代东陵一代西陵，并指示儿子嘉庆在西陵内选址。但后世皇帝选陵却并未严格按一代东陵一代西陵的祖训执行：嘉庆葬西陵，其子道光应葬东陵，却也葬在了西陵；咸丰葬东陵，其子同治应葬西陵，但却葬在了东陵；末帝溥仪应葬东陵，却葬在西陵。这些皇帝或有意或无意打破了祖训，想来也各有因缘。

道光皇帝即位后按定制选择吉地，修建陵寝，按昭穆之序在东陵选址。起初，一切进展顺利，在东陵内寻觅到一处宝地，并改名“宝华峪”，历经七年得以完工。道光皇帝甚是满意，没承想之后陵寝出现了工程问题，地宫内忘记安装排水设施，导致地宫渗水，甚至将之前安放在地宫内的孝穆皇后的棺椁都浸泡透了。道光皇帝大为光火，革职查办了修建陵寝的官员，拆毁重建不说，甚至还违背祖训把陵墓迁到了西陵。是什么原因导致如此的呢？

古代的施工技术不达标是常有的事，地宫渗水也是陵寝修建中不可避免的状况，这次渗水完全可以采取补救措施，根本不必拆毁重建，况且还要顶着违背祖训的压力，想来其中必有玄妙之处。原来道光皇帝在西陵找到了比东陵宝华峪更为理想的风水宝地龙泉峪，这在他后来的诗作中显露无遗，而且在西陵选址建陵离父母的陵寝更近，死后可以长倚膝下，满足自己的思亲之情。道光皇帝的墓陵是清代所有帝陵中规模最小的一座，虽然他提倡节俭，但在“万年吉地”的选择上也不遗余力，以一个小得不能再小的借口迁陵，实际上陵寝改迁的背后有着一个天文数字。

同治皇帝死后葬于东陵，主要是出于慈禧的意思。咸丰皇帝和慈禧的陵寝都建在了东陵，于理同治皇帝陵寝应该在西陵，但慈禧顾念思子之情，硬是将其陵寝选建在清东陵。末代皇帝溥仪死后，其妻李淑贤根据他生前嘱托将其安葬在清西陵，并且李同溥仪的另一位妻子谭玉玲商定，百年之后三人合葬一处。

清西陵中的崇陵是光绪皇帝的陵寝，是中国历代皇帝中的最后一座陵寝，其时清王朝已被推翻，由逊清皇室继续修建完成。陵园除继承了清代建陵规制，还吸收了古代建筑技术的某些精华，有其独有的特色。仪树中有罕见的罗汉松和银松，地宫中合葬着光绪帝和隆裕皇后。

清东陵和清西陵是帝王的归宿之所，承载了太多太多的期望，帝王们希冀大清日盛一日，万年永昌，可叹世事流水，梦想如落花一般随水而流。走过清东、西二陵，犹如一场梦，黄罗伞盖下的红墙黄瓦，青玉苍翠，都随着时间的流逝而付诸苍烟落照。日升日落，沉睡中的梦不醒，故人旧事皆归于土。

湖山话园景中仙

中国古代园林有“世界园林之母”的美誉，讲求与自然的高度统一，“虽犹人作，宛自天开”。中国园林种类多样：皇家园林面积广大，风华绝代，有郁郁王者之气，好比大家闺秀；私家园林，形制小巧，别有景致，宛如小家碧玉；湖上园林，融和自然，另有旨趣，好似邻家少女。

清·张若澄《西山晴雪》（出自《燕山八景图》） 西山晴雪泛指西山雪景。落雪之后，山上一派银装素裹，空寂寥落，只待旭日初升，洒下金鳞的光泽。素雪晨光，如泛波的湖面，举目望去，倍极壮丽。若身临其境，一草一木，都仿佛伴在身边，景色佳丽，满富诗情画意。

皇家寄予五园情

北京盛景，美在西山。西山的园林精粹，当数“五园”，即静宜园（香山）、静明园、清漪园（颐和园）、畅春园以及圆明园。有清一代，自海淀至香山，鳞次栉比的皇家离宫御苑，花团锦簇，香满溢路。一路纵马轻裘，赏花放歌，实属爽逸。

静宜园位于北京西北郊的香山，取“山以仁为德，秋惟静与宜”之意。康熙时在其旁设行宫，至乾隆时，静宜园建成，共28景，乾隆特赋诗留念。只可惜这座皇家园林没能逃过英法联军和八国联军的劫难，大部分沦为废墟。唯有“西山晴雪”和秋日里的片片红叶还依旧诉说着种种过往。“西山晴雪”之名来自乾隆和刘墉之间的一则趣事。清朝以前，此景名为“西山积雪”。乾隆对雪情有独钟，每每下雪，总是心向往之。一次早朝结束，外面一片银装素裹，乾隆便叫上刘罗锅直奔香山而去。登顶之余，感慨“西山积雪”确实名不虚传，哪想刘墉却在一旁唱起了对台戏，认为积雪毫无美感，把改名这个皮球踢给了乾隆。乾隆不想丢面子，起得太俗肯定要遭刘罗锅笑话，但苦思冥想许久都没个结果。无奈之下，第二天一早又叫上刘墉去了香山，恰好看到太阳当头，于是脱口而出“西山晴雪”四字。“西山晴雪”便得名与此，并成为燕京八景之一。

西山东麓支脉一处为静明园，背山面泉，泉水趵突，温润如玉。此泉原名“玉泉垂虹”，乾隆时改为“玉泉趵突”，并赐“天下第一泉”的美名，也为燕山八景之一。在这泉眼之中，有一对蝴蝶的影子，总是在翩翩起舞，水面之上却看不到蝴蝶。这对蝴蝶的来历，有一段美丽的传说。很久以前，此山无名，此泉无姓，每年的三月十八日西山娘娘的庙会在此举行，青年男女常结伴游弋此间。玉皇大帝的女儿玉妹苦于天宫烦闷，便私自下凡，结识了住在山上伴泉水生活的小伙子泉郎，两人结为夫妇，恩爱有加。不曾想山中出了蛇精，泉郎为救爱妻，奋不顾身深入蛇洞，救了玉妹。两人逃离之时，蛇精在后追赶施法，无奈之下

清·张若澄《玉泉趵突》（出自《燕山八景图》） 玉泉山风景秀丽，泉水清澈，晶莹如玉，山以泉名，故名玉泉。“以兹山之泉，逶迤曲折，蜿蜿然其流若虹”，因而当初定名“玉泉垂虹”，后乾隆皇帝更名为“玉泉趵突”。玉泉水干爽清冽，还曾被定为清宫专用水，溥仪曾收藏此画卷，还专门在其上留有印记。

两人纵身跃入泉水之中，自此后，再也没有出来，而是化作一对蝴蝶，每日在泉底嬉戏。从此，泉水有了名字——玉泉。据说往泉水中扔石块，蝴蝶便会消失，但用不了许久，便会再次看到那对翩翩起舞的蝴蝶。泉喷跃翻涌，如乘波踏浪，白似雪，清似玉，乾隆赋诗赞曰：“不改千秋翻趵突，几曾百丈落云空。”

燕山余脉的万寿山，面临昆明湖，清初曾作宫廷养马的草料场。至乾隆时，在此处建清漪园，清漪园是以万寿山、昆明湖为基址，以杭州西湖风景为蓝本，仿江南园林建筑的设计手法和意境而建成的一座皇家园林。清漪园建成后，清帝可泛舟于昆明湖，游幸山前佳色，感受惠风和畅，以致对它有“何处燕山最畅情，无双风月属昆明”的盛赞。

昆明湖上少不了横桥卧波的景致。有两座桥最有名，一为玉带桥，一为十七孔桥，两桥各有特色，也各有传说。玉带桥亦称仙女桥，相传清漪园建成之初，纪晓岚和和珅陪同乾隆游园，酒醉之后，乾隆梦中梦见仙女下凡，追上前去，不见仙女，只留下一条玉带。梦醒之后，因怀想梦中仙女，便下令修建了此桥。

至于十七孔桥，则体现出皇族对“九”的青睐，从两头数到第九拱，都是桥的最高处。十七孔桥皇家风范自不必说，它的风华不仅是因为有 17 个桥洞和桥上的石狮，更因为有鲁班下凡帮忙修建此桥正中央的龙门石而显得气派非凡。

万寿山的后山多植花木，辟有苏州河，沿河有买卖街，设立店铺，帝后游幸于其中，多有太监宫女装扮成店家顾客，喧闹非凡。此处开辟的苏州河也有一段美妙的故事。相传乾隆第二次下江南时，来到苏州一寺庙进香，无意间看到一个貌美如花的尼姑，心为之一动，回宫后便下诏让这个尼姑进宫伴驾。由于碍于佛门清规，便在昆明湖畔为其专门修建了泉宗庙，后念尼姑思乡心切，乾隆便下令开拓河道仿照江南修建了苏州河，且开辟了苏州街，使北国之中亦有江南。后英法入侵，清漪园遭焚毁。光绪年间，慈禧为庆生，重修此园，并

玉带桥 玉带桥架于颐和园昆明湖上，造型奇特美观，弧形线条流畅，与水中倒影构成一轮透明的圆月，景色动人，又因中间高耸，且用青白石和汉白玉雕砌，形似“玉带”，故名“玉带桥”。当然关于此，还有乾隆皇帝的一段佳梦。

◢ **十七孔桥** 十七孔桥为颐和园内最大的石桥，桥由 17 个孔组成，故名。暗合阳数“九”，从两边数起到中间最高处均是极数，九五之制得以体现，相传桥正中央还有鲁班下凡而建的龙门石，其状若长波卧虹。桥栏望柱上雕有神态各异的狮子，桥边还有为镇压水患而建的铜牛。

改名颐和园，取“颐养太和”之意。当时正值内忧外患之际，慈禧却为了给自己庆祝生日，不惜挪用了北洋海军的军费，以致北洋海军不能够购买新式战舰增强实力，最终在甲午海战中一败涂地。后章太炎专门作一对联讽刺慈禧太后：“今日到南苑，明日到北海，何日再到古长安？叹黎民膏血全枯，只为一人歌有庆。五十割琉球，六十割台湾，而今又割东三省！痛斥县邦圻益蹙，每逢万寿祝疆无。”此对联借祝寿之名，行讽刺之实，一针见血地让慈禧太后的卖国行径表露无遗。

畅春园是康熙南巡归来后在明万历皇帝外祖父李伟的清华园（不同于今清华大学）旧址之上仿江南山水建成的。自其建成后，康熙每年约有一半的时间都在园内居住，直至于园内清溪书屋去世。此处也成为康熙在京第一处“避喧听政”的离宫。畅春园里有一棵松树——俯首松比较奇特，针叶全部向下长，它的来历可不一般。康熙年间三藩作乱，吴三桂的叛军很快占据了长江以南的很多地方，为了营救被关押在狱中的儿子吴应熊，吴三桂对康熙皇帝提出了划江而治的方案。康熙皇帝为了打击叛军的嚣张气焰力主杀掉吴应熊，吴应熊的夫人和硕长公主此时很为难，因为她是康熙的姑姑，为了大清江山按理应该支持杀掉吴应熊，但杀掉自己的夫君又于心不忍，无奈之下便进宫恳求自己的母亲孝庄太皇太后代为求情，但被康熙拒绝了。后来平叛结束，孝庄太皇太后对危急时刻不为大清江山、后代子孙着想，而为吴应熊求情感到愧疚，便从家乡移栽了一棵松树到畅春园内，每天在松树下忏悔过错，或许是时间久了，松树也受了感染，针叶全部向下生长，像是忏悔一般。

被后世称为“万园之园”的圆明园，初为雍亲王赐园，雍正即位后，对其进行全面扩建，模仿江南名胜，东面增建了长春园、绮春园（万春园），从而形成了圆明三园，统称为圆明园。圆明园兼具北国雄奇、南方毓秀的同时还吸

《上下天光》与《万方安和》（出自《圆明园四十景图》） 宫廷画师沈源、唐岱遵照乾隆皇帝旨意，依据圆明园实景绘制《圆明园四十景图》，一景就是一座“园中园”。景图均为绢本彩绘，还配有乾隆御制诗，透过画卷，依稀可见昔日繁华。《圆明园四十景图》收藏于法国国家图书馆。

收了欧洲的建筑形式，将三者融会在一起。圆明园集当时古今中外造园艺术之大成，被世界称为“万园之园”，法国作家雨果曾称它为“理想与艺术的典范”，可最后却毁于英法联军之手，成为废墟，只剩断壁残垣供后人凭吊。正如雨果在信中所写的那样：“有一天，两个强盗闯进了夏宫（圆明园），一个动手抢劫，一个把它付诸一炬。……在将来交付历史审判的时候，有一个强盗就会被人们叫做法兰西，另一个，叫做英吉利。”

“层楼雅号画中游，四面云窗画景收”，是乾隆皇帝用诗句描绘皇家园林的诗句。游园如梦，确实是一种梦境中的诗意美。昔日的风华犹如过眼云烟，人们只能在典籍中寻觅其当时的踪影，在想象中铺陈时代的旧影。

古色生香的温婉

怀古的情思之外，不禁会为皇家园林的宏大气魄所吸引。可园林之中还有私家园林一脉，皇家园林之盛自是私家园林不可比拟的，但私家园林也自有一番风韵情调。

私家园林的翘楚非苏州园林莫属，所谓“咫尺之内再造乾坤”便是对其的盛赞。苏州自古便有“人间天堂”的美誉，素以山水秀丽著称于世，园林也多是在文人墨客“山色因心远，泉声入目凉”的情怀中孕育而生，寓于山水，人为天成。园林成就了“地上的诗文书画”，是因被倾注了太多的情思在其中，或守拙归园田，或寄道畅怀，或知足安乐，或陶然风月……

拙政园为明代王献臣所建，他仕途失意，归隐后买下此园。“拙政”取自西晋潘岳所作的《闲居赋》“是亦拙者之为政也”，以“拙”喻政，将自己的政治抱负倾注到园林上，筑室种树，灌园鬻蔬，逍遥自得，享闲居之乐的同时，也寄托了主人的政治情怀。“人在山林，志存高远”，便是其生活的真实写照。

沧浪亭　沧浪亭为苏州现存诸园中历史最为悠久的园林。建于明朝永乐三年（1405年），因宋代苏舜钦有感于《沧浪歌》而命名。一泓清水贯穿其中，波光倒影，景象万千。沧浪亭外临清池，曲栏回廊，古树苍苍，垒叠湖石，人称“千古沧浪水一涯，沧浪亭者，水之亭园也”。

全园以水为中心，山水萦绕，亭台轩榭，花木繁茂，充满诗情画意，极具江南温婉。拙政园是苏州四大古名园之一，也是苏州园林中最大、最著名的一座，被誉为“中国园林之母”，堪称中国私家园林的经典。

只可惜在王献臣死后，他的儿子好赌，一夜狂赌之后，将此园输给他人，此后几经易主，命途多舛。后来因缘际会，太平天国时期，忠王李秀成进驻苏州，把拙政园改建成忠王府。民间至今还流传着“忠王乘凉放鬼”的故事。说的是一个夏日的夜晚，李秀成在院中纳凉，看到荷花池旁立着一个石刻的经幢[①]，问随从后得知这是为了镇压淹死在池中的鬼魂。李秀成听后叫人移走了经幢，还笑着

① 幢，原是中国古代仪仗中的旌幡，在竿上加丝织物做成，又称“幢幡”。印度佛教传入中国后，人们起先将佛经或佛像印在丝织的幢幡上，后来为更好地保存经文，将其改印在石刻、石柱上，所刻之物主要是《陀罗尼经》，因此称为经幢。

说人活着就是因为不自由才投河自尽，做了鬼魂还要镇压，那才叫不公道，放出来一同纳凉才好，自此放鬼自由的故事便传遍苏州的大街小巷。故事的流传彰显的是拙政园平淡自由的温婉，在于平，在于静，想必这才是拙政园最好的注解。

“沧浪之水清兮，可以濯吾缨；沧浪之水浊兮，可以濯吾足”，古代诗人内心的独白诉说了不屈的传奇，《沧浪歌》的传唱，造就了千年名园沧浪亭。后来，宋代诗人苏舜钦买下此地，筑亭水边，有感于此遂命名为沧浪亭。除却如诗画的园林风景，其中还有这样一个传说。乾隆皇帝南巡，路过苏州住在沧浪亭，听说苏州说书很有名气，便请来当地名角王周士，王周士说书精彩绝伦，乾隆皇帝沉溺其中，乐得自在，便让王周士随驾入宫，身居京城的王周士如同关在笼中的百灵鸟，失去自由也就失去了最初的惬意生活，便称病回到了苏州。故事虽小，却以小见大，暗合了追求质朴生活的真谛。

“景露则境界小，景隐则境界大”，园林在无一笔不曲，无一笔不藏中。漫步其中，可以说是景色步步移，看来要了解其中意，还真的是要醉心于此才行。

湖上园林浑天成

园林之中，还有如杭州西湖、扬州瘦西湖这样的湖上园林。由于宏大，它不如苏州园林般小巧精致，但却是园林之中的大手笔，人为在一旁，大体如天开，融于其中，浑然不觉。

杭州以西湖山水闻名于世，素有“人间天堂”的美誉，“天下西湖三十六，就中最好是杭州”是对西湖的最高赞誉。西湖之妙，在于湖裹于山中，山屏湖外，湖和山相得益彰；西湖的美，在于晴中见潋滟，雨中显空蒙，无论雨雪晴阴都能成景。西湖还有个美丽的神话传说，曾在银河边居住的玉龙和金凤将银河边的一块璞玉磨成了明珠，王母将明珠抢走，玉龙、金凤前去索取，

清·董邦达《三潭印月》（出自《西湖八景图》） 三潭印月被誉为“西湖第一胜境”。岸上金桂摇曳，柳绿花明，与建筑相映成趣，湖中有岛，岛中有湖，堪称幻境。其景致还被印于人民币之上。

清·董邦达《平湖秋月》(出自《西湖八景图》) 平湖秋月，并无固定景址，其实这才是景致的精华所在。泛舟夜湖，舟中赏月，在浩渺烟波中感受西湖的恬淡，洗涤心中的烦扰。素雅的水墨画卷，楼可望，岸可望，水可望。

抢夺间明珠不慎掉落人间，自此变成西湖。“欲把西湖比西子，淡妆浓抹总相宜”便是对西湖最美的比喻。而西子湖畔的灵隐寺则又给唯美的西湖增添了一抹静谧恬淡的气息，当年康熙下江南游玩，在灵隐寺休息，寺里的老和尚向康熙求匾，康熙欣然答应，挥笔疾书，但因饮了酒，情急之下把“灵”（靈）字的上半部分写得太大，这样布局就显得不合理，一时间下不来台，正发愁之际，大学士高江村来到康熙身边，取“云林”二字，解了康熙困局，自此后灵隐寺又名“云林禅寺”。灵隐寺林木耸秀，云烟万状，可谓玄妙之处有禅意。

瘦西湖中的“瘦”字，把扬州的玲珑一语道出，“二十四桥明月夜，玉人何处教吹箫”，烟花垂柳，流萤月光，是温婉，更是温情。瘦西湖因清代诗人汪沆的诗句“也是销金一锅子，故应唤作瘦西湖”而得名。瘦西湖白塔的故事也要提上一提，乾隆南巡之时游览了瘦西湖，感叹少了像京城北海白塔那样的景致，没想到第二天醒来推开窗，便看到了一座白塔巍然耸立，仿佛从天而降。问了原因才明白，这座白塔是当地盐商用盐包为基础，用纸扎成表面，一夜之间赶制而成的一座白塔，虽然只能远观，但还是得到了乾隆皇帝对扬州盐商富甲天下的称赞。

西湖和瘦西湖将园林景致融于无限大的景致中，亲近自然的同时更体现着人的情怀，你中有我，我中有你，湖上园林之美尽在其中。

“山河眺望云天处，台榭参差烟雨中”或许是对中国古代园林的最美写照。湖山话园，如入仙境，亭台楼榭，相映成趣，融于其间，如游画中。

敬天祭拜与神游

古往今来，人多有敬畏。在古代，上至帝王，下至黎民，都对未知世界的超自然力量寄托着无限的敬畏与崇拜。所谓“国之大事，在祀与戎”，可见祭祀在古代社会的地位多么重要。人们用最高规格的礼仪去对待，去敬重，去凸显它。当这种对天地的崇拜和对宇宙的向往延伸到建筑上时，祭祀建筑便应运而生了。

祭祀离不开祭坛和祀庙，设台而不围称坛，设屋进行祭祀称庙。坛庙建筑的修建是为了达到与上天、神灵、精神上的契合。清代皇家祭祀借助坛庙也形成了一套完整的国家坛庙体系。坛庙大体有三类：即“奉天”“法祖”“敬贤”三类。古代帝王参加的祭祀主要有三种：即祭天地、祭社稷、祭宗庙，与之对应的坛庙则分别为天坛、社稷坛、太庙。

五亭桥　横跨扬州瘦西湖的五亭桥，乾隆二十二年（1757 年）扬州盐商为迎奉乾隆皇帝南巡而建。其既有南方之秀，又有北方之雄，堪称中国建桥史上的杰作。中秋之夜，可感受到“面面清波涵月影，头头空洞过云桡，夜听玉人箫”的绝妙佳境。

启运呈祥与天达

天坛始建于15世纪上半叶，坐落在北京城南端，为明、清两朝皇帝祭天、求雨和祈祷丰年的专用祭坛。也是世界上现存规模最大、最完美的古代祭天建筑群。面积之大，将近故宫的四倍。在北京城中，北有地坛祭地，南有天坛祭天，东有日坛祭太阳，西有月坛祭月亮。天坛在其中最为光彩夺目、气宇非凡。它是天子的代表，更是启运呈祥的寄托。

天坛最具代表性的建筑分别是祈年殿、皇穹宇、圜丘坛和斋宫。天坛的主体建筑是祈年殿，始建于明朝永乐十八年（1420年），自建成之初，朝廷多在这里举行盛大的仪式。祈年殿的“年”自有其来历，“年”最初的含义来自农业，谷物的生长周期称为“年”。许慎在《说文解字》中也说道：“年者，谷熟也。”所以祈年殿是皇帝为百姓祈祷风调雨顺、五谷丰登的场所。祈年殿最精巧之处在于它的构造：它是一座三重檐的圆形大殿，顶上用蓝色琉璃瓦铺砌，寓意与天同色。据说，当年皇帝下达建造此殿时的旨意让督办大臣很为难，因为大臣按圣旨所作的设计五花八门，多不切实际，无法应用，着急无奈却一时又想不出其他办法。一日大臣外出，正巧看到一醉汉和一卖蝈蝈的在争吵，不经意间看到蝈蝈笼子的构造，不禁为它的结构精巧所感叹，回去之后稍加修改便设计出了祈年殿的建设方案，这造就了祈年殿建造的艺术传奇。祈年殿的殿檐三层连体，由28根楠木大柱和36块互相衔接的枋、桷支撑着，整个建筑无大梁、长檩、铆钉。这些大柱代表着与五谷生长和天气变化相关的不同意义：中央四柱叫通天柱，代表四季；中间12根金柱，代表12个月；外层12根檐柱，代表12时辰；中外层相加24根，代表24节气；三层相加28根，代表28星宿；加柱顶8根铜柱，代表36天罡。整个建筑宛如天成，暗合吉数，意蕴深远悠长。祈年殿上屋下坛，整体坐落在三层圆形汉白玉台基上，与大殿相呼应，使整个祈年殿有一种高耸入云的感觉。据说后来一位法国的建筑大师在游览了天坛之后发出过这样的感慨：“世界上比祈年殿高的建筑比比皆是，但没有任何一座能跟祈年殿这种高大深邃的感觉相媲美。”跨过祈年殿的大门向南，笔直的甬道延伸开去，门廊重重，极目无穷，若腾云而来。

沿祈年殿前的丹陛桥向南，首先映入眼帘的便是皇穹宇。皇穹宇是存放祭祀神牌的地方，平时会将祭天用的神牌供奉在此处。从北走来，首先会被皇穹宇周围的那一圈覆盖着蓝色琉璃瓦的圆墙所吸引，这也是它最令人叹为观止的设计——回音壁。回音壁历来以声学现象闻名，但是这个奇特的效果，并非人工刻意营造，而是一个意外造就的奇迹。形成的原因也很简单，就是因为墙砌得太圆了。在天坛传说里，发现这一奇迹的是乾隆皇帝。当年，乾隆皇帝来到回音壁，逛了一阵后觉得疲惫不堪，便在西墙根下休息，哪知他刚坐下便听到一声又一声凄惨的蛙叫，下意识地朝北望去，蛙声更加清晰，南边却没有声音。求知欲超强的乾隆不禁开始研究起来，传出这蛙声的青蛙在哪里呢？他派了两个士兵循声找去，这两人很快便发现了蛙声的传出地。原来在回音壁内的东墙下，有一条长达两米多的大蛇正在吞食一只青蛙，两人小声嘀咕着打蛇的法子，可远在西墙根底下的乾隆爷早就听了个一清二楚。乾隆爷充分发挥了“打破砂锅问到底”的精神，其后多次验证，发现面朝北对着墙讲话，即便是窃窃私语，也好比在跟前一样，于是便赐名为“回音壁”。这一奇妙的现象经后人分析发现，产生回音是因为墙壁采用了磨砖对缝工艺，墙面光滑整齐，而且围墙的弧度十分规则，声波不易被墙体吸收，进而产生反射，于是产生如此效果。面朝北有回音而面朝南则没有，则是因为正南方刚好是大门，音波都扩散出去，回声自然也就听不到了。皇穹宇殿前御路的第三块路面石，也有一个特殊的名称——三音石，站在这里朝着皇穹宇正殿拍手，可听到非常洪亮的三声回音，可谓“人间偶语，天闻若雷”。产生这一效果的原因是因为三音石和皇穹宇正殿大门的角度关系。想来几经曲折，实则精思巧妙，身临其境而不觉，或许这就是与上天沟通的最好诠释。

皇穹宇以南，是天坛的另一重要建筑圜丘坛，亦称祭天台、拜天台、祭台。它是一座露天的三层圆形石坛，为皇帝冬至日祭天的地方。圜丘坛分上、中、下三层露天圆台，汉白玉的栏板望柱，艾叶青石坛面，两道外方内圆围墙则象征着“天圆地方”。仔细观察会发现，圜丘坛的各层栏板、望柱以及台阶的数

祈年殿 祈年殿初名“大祁殿”，殿顶覆盖着青、黄、绿三色琉璃顶，寓意天、地、万物，清乾隆时改为三色统一的蓝色金顶，定名“祈年殿”，天坛祈年殿初是帝王祭天祈谷之处，圜丘坛建成后专为祈谷。寓意年年风调雨顺、五谷丰登。

目均是阳数，即九的倍数。阳在古代代表天，所以祭天的圜丘坛涉及的一切数字都是阳数。在坛正中央，有一个圆形石板，叫做天心石。关于天心石有这样一段记载，一位皇帝喜欢摆威风，想要文武百官能对他一呼百应，上通天意。一位溜须拍马的官员告诉他只要找到天心石便可达到目的。这可苦了下面的官吏，找了很久都没有找到。一位官员在路过五台山的途中，看见一位石匠在雕凿一块石头，那石料青中带蓝，还似有云雾缭绕，便上前询问，石匠说是天星石，官员一时听差，误认为便是天心石，便把石匠和石头带回去交差。但圜丘坛修筑之时还是无法达到预期效果，后经那位石匠点拨，才形成了今天的模样。不管是有心还是无意，上达天听的目的是实现了。围绕天心石铺设的是扇形的石板，最内一圈为九块，再一圈为十八块，依次往外递增九块，直至九九八十一块，取意九重天。圜丘坛由外方内圆两重矮墙围绕，象征着天圆地方。东南西北四面，各有四扇门，门上的浮雕装饰和矮墙上的雕刻完美融合在一起，显得庄重肃穆。在圜丘坛的一侧，是由绿色琉璃瓦砌成的焚炉，在祭祀的时候用来燃烧松柏。每当冬至日祭天之时，皇帝便会在松香柏气间，站在天心石上祷告。由于坛面平整光滑，声音沿着地面传播后撞到周围栏杆上又反射回来，前后声音重叠，扩散开去，所以在这里说话，能达到一呼百应的效果，真如同与九天之神对话一般。

祭祀上天是为了与上天沟通，庄重肃穆必不可少，皇帝祭天之前必须沐浴斋戒，而斋宫则是完成沐浴斋戒活动的地方。斋宫由两重宫墙、两道御河围合而成，形成“回”字。四周以回廊163间环绕，东北角有一口太和钟，皇帝祭天时，需在斋宫沐浴斋戒，以示对上天的尊敬。斋宫的正殿红墙绿瓦，分外壮观。屋顶覆盖着绿色琉璃瓦，具有很好的防火功效，用绿色则是为了表示皇帝在此不敢妄自尊大，只可对天称臣。斋宫的正殿是一座无梁柱的建筑，故又称“无梁殿”。皇帝来天坛祈谷、祈天前，首先要到斋宫斋戒沐浴。按照典制规定，皇帝需在祭天的前三日来斋宫斋戒，不沾荤腥葱蒜，不饮酒，不娱乐，不理刑事，不吊祭，不近女人，多洗澡，名为“斋戒”，又称“致斋”。相传雍正即位后担心有人暗算，便不敢独自一人在天坛斋宫独宿三昼夜，但祭天是国家大典，不能废除典制，于是他便想出了一个外斋和内斋相结合的办法，在紫禁城内另建了一座斋宫，即内宫。每逢祭天，先在内宫独宿三昼两夜，即“致内斋”，在祭天前一日的子时才来到天坛斋宫“致外斋”。

天坛是帝王的祭坛，也是祭天文化的结晶，恢宏的建筑所赋予的是对上天的祈盼，承载着的是对王朝兴隆繁昌的祝愿。游走在天坛的苍松翠柏间，不觉便会有一种敬重之情油然而生。如今的祭天文化似乎消逝，但流连其间，这种敬天的朴素遐想仍会唤起人们脑海深处对一个古老民族的记忆。

祭神拜祖祈永昌

祭天之外还要拜神，社稷是中国古代传说中的神，社神管土地，稷神管谷物，祭祀社神和稷神的地方就叫社稷坛。

社稷坛是国家重要的祭祀坛庙。“社”是土地神，“稷”是五谷神，社稷是国家大事，更是立国之基，所以皇帝每年春秋仲月都要前往祭祀土地和五谷，祈求风调雨顺，国富民昌。祭坛依周礼《考工记》“左祖右社”的规定，坐落于皇宫的西面。社稷是“太社”和“太稷”的合称，因而京城的社稷坛称又为“太社太稷坛”。社稷坛始建于明朝永乐十九年（1421 年），是一座三层方坛，四周用汉白玉石铺砌，上坛面铺设着黄、青、红、白、黑五种颜色的土，青、红、白、黑分别象征东、南、西、北四个方向的太皞、炎帝、少皞、颛顼四位神灵，也意喻春、夏、秋、冬，而中间的黄色则象征最高统治者黄帝，这种布局方式暗合阴阳五行。坛上五色土象征全国的土地，即普天之下莫非王土。坛中央有一土龛，立有一石柱，代表社神受祭，其中还有一根同样大小的木柱，代表社神受祭后合二为一，并被称为社主石，又称“江山石”，表“江山永固”之意。

太庙是古代帝王祭祀先祖的地方，象征着皇权世袭，兴旺永昌。太庙的建筑规格甚至超过了紫禁城中的太和殿，它不仅在高度上超过了太和殿，而且它的大柱和主要梁部件全部采用名贵的金丝楠木，以保千年不腐，敬祖尊崇由此得以体现。清代凡遇婚丧、登极、亲政、册立、征战或者重要节日等都要来太庙举行祭祀仪式。

太庙周围柏木森森，映衬着高大的黄瓦红墙，显得庄重肃穆。太庙以古柏著称，据说最古老的一棵柏树已有600余年。太庙西侧的柏树中有一株形状像奔驰回首的梅花鹿，俗称“鹿柏”。鹿柏也有一段不俗的传说。太庙祭祖，需要动物作牺牲，这些动物平时圈养在南苑，祭祖前会被运到太庙，随后屠宰当作祭品供奉。乾隆时一次秋祭，太庙的太监发现运来的一只鹿产崽，下崽见血为不祥之兆，按规定应该上报，但看管梅花鹿的小太监因不忍残害小鹿的性命，于是将它偷偷圈养起来。年底大祭，鼓乐大奏，小鹿受惊吓四处乱跑，御林军奉命捕杀，小鹿跑向了西边的柏树林，慌乱回首之际，一枝利箭向它射去，突然一声巨响，一道金光闪现，小鹿化作一棵柏树不见了，柏树周围落满仙鹤。乾隆皇帝认为鹿化为柏，柏上栖鹤，乃天降祥瑞，随后再三叩拜，并下令悉心养护。太庙之地，得此庇护，也是一美传。

敬天祭拜与神游，祭祀含与上天融合之意，接受上天无尚的祝福和祈愿，寓意呈祥。帝王要做的是要有敬畏之心，日勤谨慎，常怀虔敬。苍天神明或许有所感触，安予百姓，永葆泰安。

巧夺天工得神髓

帝王的喜好往往能催生一批行业的兴起，能工巧匠为此得以一展身手。在建筑领域里，技术精湛的匠人不仅奠定了行业基础，甚至发展形成了家族品牌，造就了一个个建筑传奇，至今绵远悠长。

神工意匠样式雷①

在古代建筑领域里，有句老话叫“上有鲁班，下有长班”。鲁班尽人皆知，

太庙　太庙是根据中国古代“敬天法祖”的传统礼制建造的，为供奉祭拜皇帝先祖而营建的庙宇，后来帝后和功臣的神位也可被供奉其中。太庙规格之高，其高度甚至超过紫禁城的正殿太和殿，可见敬祖地位的重要。

① 样式雷：清代两百多年间主持皇家建筑设计的雷姓世家的誉称。雷氏家族从第一代“样式雷”雷发达起到第八代“样式雷”雷献彩，前后八代均为清代皇家的御用建筑设计师，他们塑造了清代皇家建筑的设计传奇，是清朝建筑设计的龙头世家。

他是木匠的祖师爷，可这长班是谁呢？他就是后来人们所熟知的第一代“样式雷”——雷发达。“样式雷”是清代一个著名建筑世家的总称，从“样式雷”的第一代雷发达到第八代雷献彩，因长期执掌“样式房”而得名，专门负责给皇家建造房子，可以说是皇家御用建筑队。

雷氏家族祖籍江西，康熙时，雷发达和堂弟雷发宣应募来京，参加皇宫的修建。雷发达凭借精湛的技术，受到康熙的青睐，得到封赏并被授予官职。雷家自此逐渐成为皇家的御用建筑班底。老百姓有句俗话是“老猫房上睡，一辈传一辈”，雷家正应了这句话。一连八代都吃着皇粮干着建筑设计这门行当，颇有行业垄断的味道，塑造了一段段不朽的建筑传奇，也形成了家族品牌——样式雷 。

当年康熙重修紫禁城的太和殿，工程结束后，要择定吉日，祭告天地祖宗，梁木合榫，落置安稳才算大功告成。举行“上梁”仪式那天，康熙要亲临太和殿，可就在这节骨眼上却出了岔子，少了一根大梁，无论如何都合不上榫。管理工程的官员急得如热锅上的蚂蚁，情急之下，有人去找到在宫内打杂的雷发达。可是按照规定，普通工匠不能担当如此重任，最起码也要七品官职，万般无奈之下，工部官员让雷发达换上七品官服匆匆出场。没想到，雷发达三下五除二，袖子中装着把小斧头，到顶上“咔咔”几下，就把问题解决了。康熙乐得合不拢嘴，当场就封了他个样式房的长班。长班相当于国家级的建筑师，打那以后，样式房的雷发达就被称为“样式雷”了。此段故事后人还多有人盛赞：“天上巧匠有鲁班，地上能工是长班。紫微星辰照福命，太和殿上封大官。”

不过，还有一说认为真正参与太和殿重修的应该是雷发达的儿子——雷金玉。太和殿重修两次，第一次雷家尚未来京，第二次雷发达去世已有两年。在雷金玉的碑文中还记载着这样一个故事：康熙年间修畅春园，雷金玉参与其中，康熙皇帝发现雷金玉年轻而才思敏捷，技艺超群，就非常欣赏他，封了他个七品官，让其掌管皇家的建筑设计机构——样式房。故事虽然版本不一，但都无不证明了雷家建筑技艺的高超和以此受到皇家青睐并被重用。在康熙皇帝的御制诗当中，还专门记载了怀念雷金玉的心情。雍正皇帝即位后，大力扩建圆明园，适逢雷金玉过七旬正寿，他不仅得到雍正皇帝的褒奖，还得到皇子弘历（即后来的乾隆皇帝）亲笔书写有“古稀”二字的匾额。其死后还得到皇家的赏赐和安抚，充分证明了皇室对雷氏建筑设计的肯定以及褒扬。

三代四代样式雷更是将祖业发扬光大，完成了很多作品，包括乾隆花园、三山五园和扩建避暑山庄。第五代样式雷雷景修生活在道光、咸丰年间，正值国家内忧外患、国势衰颓的当下。圆明园焚毁后，样式房也退出历史舞台了，雷景修从此没有了用武之地。但因缘际会，雷景修由此开始了样式雷图档的收集和保存，把祖上传下来和自己积累的设计图样、烫样[①]模型专门收集起来，并加以精心的保存，继续延续家族辉煌的同时，还使它们成为我国建筑史上的国宝。雷景修的无心促成了有意，倒不失为一段美谈。

样式雷家族的作品中还包括陵寝，雷氏为清廷设计的陵寝也有一段血泪故事。当年为慈禧、慈安设计陵寝的是第六代样式雷雷思起。雷思起按照皇家规制设计，两位太后各用一个地宫，共用一套祭殿。但两位太后都不肯接受，无奈之下只得修改，最后只好把两个陵墓修建得一模一样，这才使两宫太后满意。没承想慈安去世后，慈禧独揽大权，为了体现自己的地位高于慈安，下令重修自己的陵寝。雷思起被迫再次更改设计，虽换来了两个外表看起来一模一样，内部却天壤之别的陵寝，满足了慈禧太后的要求，但雷思起却因此耗尽心血，最后劳累而死。

雷氏家族的光辉在清王朝最后的时光里达到了巅峰，第七代样式雷雷廷昌，主持重建了天坛的祈年殿、紫禁城的太和门等等。但随着清王朝的覆灭，皇家

① 烫样：用纸张、秸秆和木头等加工制作的立体设计建筑模型，因要用特制的小型烙铁熨烫，故名“烫样”。“烫样”是中国古建筑设计中特有的产物，也是样式雷家族所独有的建筑秘诀，其构思精巧，拆装容易，可谓精妙绝伦。

建筑设计也随之退出历史舞台，延续了八代的样式雷也就此终结。乱世的纷扰扯断了样式雷的传承。乱世年华中，雷氏家族迅速败落，为了生计不得不变卖图档珍藏，一代传奇的最后是写不尽的失落。

雷氏家族塑造了清一代的建筑传奇，后来有人曾做过统计，故宫、颐和园、承德避暑山庄、天坛、清东陵和西陵等等这些后来成为世界文化遗产的著名建筑中，多达五分之一，都出自雷氏家族，御用建筑世家可谓实至名归。世界文化遗产评委会对这些建筑都做出了极高的评价和赞誉，“紫禁城是明清时代中国文明无价的历史见证”“颐和园堪称中国风景园林设计中的杰作”“避暑山庄是美学典范，更是罕见的历史遗迹”“天坛则是中国古代宇宙观中的核心，更是体现帝王将相关系的独特承载体”“皇家陵寝则是自然与传统建筑、装饰的完美糅合”。梁思成曾说，在清朝的260多年间，皇家的建筑师倒成了世袭的职位。这职位不是世袭相传的爵位，却能够代代相传，只能说明一点，那就是雷氏家族在建筑设计、规划等多方面不仅技艺高超，而且精妙绝伦，很少有人能超越，才会达到如此地步。

万顷琉璃琥珀光

雷氏家族超群的建筑设计赢得了皇家的称赞，“样式雷”的设计奠定了皇家御用建筑的行业基础，从设计规划到建筑成型可说是一锤定音。建筑设计自然要求美观，于是建筑装饰便应运而生了。古代建筑装饰离不开房顶上的琉璃。琉璃通透流光，多彩纷呈，自古便被定为皇室专用。琉璃地位的荣宠造就了琉璃烧造行业的繁荣，在这个领域里同样有着一个传奇的家族，它就是“琉璃赵”。

离京城不远的门头沟有个琉璃渠村，这个村以烧琉璃而出名。有句俗话说得好：“没有琉璃渠村就没有紫禁城的金碧辉煌”，这话确实不假，“中国皇家琉璃之乡”的美誉可不是吹的，那是实打实“烧”出来的。从元代开始，琉璃渠村就设了琉璃局，专门烧造琉璃。到了乾隆年间，北京城的琉璃厂一股脑儿地迁到了这里。为什么烧琉璃的要选择在这儿扎堆呢？这还得从一个赵姓的家族说起。

元世祖至元四年（1267年），忽必烈定都北京后，决定兴建元大都（北京城），便向全国召集能工巧匠。在山西榆次县的南小赵村有个世代烧造琉璃的家族，在听说了召令后，便在其第17代传人的带领下来到了京城。在京城，赵氏家族专门负责建筑装饰和琉璃窑的管理，打那个时候起皇家琉璃制造的专属权就正式移交给了赵家。“琉璃赵”逐渐成了皇家御用建筑装饰队，负责皇家建筑用的所有琉璃构件的烧造。不过另外一种说法则更具励志色彩。赵氏第17代传人最初来到京城时纯粹是为了谋出路，进到了琉璃局做起了小工，专门学烧造琉璃。赵氏此后祖祖辈辈都干这一行，但始终没有什么太大的起色，直到乾隆年间，到了第26代传人赵邦庆时才迎来了家族勃兴。乾隆皇帝是个不折不扣的琉璃迷，而这时也正值清朝盛世，国家富裕，很多工程项目都在进行。工程量的增加推动了琉璃局的扩大，出于对北京空气质量的考虑，京城的琉璃局就全迁到了门头沟的琉璃渠，也就是在这里，赵邦庆开启了赵氏家族的辉煌。俗话说，教会了徒弟饿死师傅，为了打消师傅的戒心，赵邦庆装起了哑巴，苦心学习烧造琉璃，等到学会了这门绝技之后，便自己挑摊单干了。他的第一单生意就是给香山无梁殿烧造琉璃构件，由于烧造出来的琉璃很得乾隆皇帝的喜爱，自此“琉璃赵”的名声便彻底打响了。打这时候起，赵家便逐渐承包了皇家建筑里所有的琉璃构件。不管这两种说法孰真孰假，“琉璃赵”的传奇都说明了赵氏与琉璃烧造的渊源。乾隆很有眼光，还专门给赵家找了个好搭档——样式雷。雷家设计式样，赵家烧造琉璃，可谓强强联手，相得益彰，这也就有了后来“样式出错找雷氏，装饰出错找赵氏”的说法。同雷氏家族一样，当年的三山五园、故宫、颐和园以及承德避暑山庄等等，所用的琉璃全都由赵家一手包办，“琉璃赵”是当之无愧的御用品牌。

两百多年的建筑传奇，因为有了“样式雷”和“琉璃赵”而显得熠熠生辉。时移世易，“样式雷”和“琉璃赵”犹如流水之上放逐的两盏明灯，水流的浮波渐行渐远，消行之处，留给人们的遐思愈加飘渺。

紫禁城文渊阁 紫禁城文渊阁是清宫的藏书楼，仿天一阁构建设置。外观为上下两层，腰檐之处设有暗层，两山墙青砖砌筑直至屋顶，其上的琉璃瓦颜色为黑色，绿色琉璃瓦剪边，因古代认为黑色主水，水可以压火，以此来确保藏书楼的安全。

交通

阡陌纵横皆通达

随着城市的繁荣和商品经济的发展，到了清代，交通运输成为城市生活的重要环节。在西方交通工具传入前，时人出行方式可略言为：“中国人富而文者善乘舆，富而武者善骑马，降而至稍可之家或从小车，或骑毛驴，量力之有无，各从其便。”随着时代的发展，各种交通运输工具应运而生。

清代对轿子的使用等级规定得十分严格，乘轿的级别成为人身份的象征。“乘官轿”成为清代读书人的人生理想之一。据说他们一生有四大夙愿：“戴上一顶帽、坐上一座轿、刻上一部稿、娶上一房小。”

独轮车是一种既经济又实用的交通运输工具。无论在平原或山地，在双轮车难以通行的地方，人们最广泛采用的运输工具就是独轮车了。人们乘坐独轮车主要因为当时道路状况较差，也与停滞社会中的生活慢节奏相关。

鸦片战争以后，中国的国门被打开，交通工具也随着近代社会的变迁发生了巨大的变化。黄包车传入中国后，因其价格便宜，利于走街串巷，迅速成为市内交通工具的主角。甲午战后，各地广辟租界，兴筑马路，黄包车遂更为普及。

自行车输入加快了中国人的生活节奏，与普通百姓的日常生活结下不解之缘。在马路普及之前，自行车难以流行。甲午战后，来华外国人猛增，随着自行车性能的改进，在外国人集中居住的通商口岸日益常见。

电车是第一种现代城市公共交通工具。它以其载客量大、行驶迅速的特点而成为最佳城市交通工具。从此，以轿子、人力车、马车等为代表的个体交通工具逐渐为电车、公共汽车等现代化、大众化的公共交通工具所代替。

真正代表城市交通革命的无疑是汽车。汽车便以其速度快、灵活方便、运量大的优点获得广泛使用。最早进入上海滩的两辆汽车出自美国通用汽车公司前身厂家。随着北京至巴黎世界汽车大赛的成功举办，加之追求时尚的慈禧太后的大力提倡，中国人对于汽车的观念逐渐发生变化。汽车逐渐代替马车，成为富有之家的出行工具。

常言道：“牛皮不是吹的，火车不是推的。”而中国最早的火车却真的是用骡马拉行的。同治四年(1865年)，英商在北京宣武门外试行小火车，此为我国铁路运输之开始。光绪元年(1875年)，英商在上海修筑淞沪铁路并开始运行。后来在洋务派重臣李鸿章倡导下，清廷开始修筑唐胥铁路。当时很多人观念保守、思想落后，遂出现“马车铁路”的世界奇观。

肩行之车——轿子

清代虽然由满族建立起来的，但是在对待读书的态度上与此前的汉族王朝并无太大差别。据说，当时的读书人一生有四大夙愿："戴上一顶帽、坐上一座轿、刻上一部稿、娶上一房小。"其中乘坐官轿是等级和身份的象征，因此"坐轿子"成为他们的人生理想之一。

"坐上一座轿"

轿子最早由车演化而来。《明史·舆服志》说："轿者，肩行之车。"所以旧时的轿又称"肩舆""平肩舆"。顾名思义，肩舆是指扛在人肩膀上的"车

四人抬的轿子 轿子有双抬、四抬与八抬等形制，其中双抬一般为民轿，官轿则由四到八人抬行。轿子在封建时代具有等级性，反映出乘轿者的身份与地位。

厢”。轿子据说在夏朝就已经出现。从先秦一直到唐朝，这期间轿子还不流行。到了南宋，轿子才开始渐渐流行起来，但真正普及到民间，还是明代中后期的事。明朝中后期时，连中小地主也“人人皆小肩舆，无一骑马者”。明清时期，王公贵族之所以越来越宠爱轿子，是因为坐在这种特殊的交通工具上，无车马劳顿之苦，安稳舒适。清朝文人王渔洋有诗道：“行到前门门未启，轿中安坐吃槟榔。”这时，轿子已成为一种比较普遍的重要代步工具。

清代对轿子的使用和等级规定得最为严格、也最为细致。坐轿者的等级差别是通过轿子的结构、用料、装饰、轿夫人数等方面表现出来的。皇室王公所用的轿子，称为“舆轿”；达官贵人所乘的，叫做“官轿”；人们娶亲所用的那种装饰华丽的轿子，则称为“花轿”。抬轿子的人有多有少，一般二至八人，民间多为二人抬便轿，官员所乘的轿子，则有四人抬和八人抬之分。清人以弓马得天下，清朝初年，为了保持军队的骑射武功，为避免王公大臣乘坐轿子惯

《官轿出行》 此图反映了乾隆五十八年（1793 年）马戛尔尼使团访问中国时，受到清朝礼部官员接待时盛大的迎接场面。它是 19 世纪来华旅游的英国建筑师根据马戛尔尼访华时随团画师的素描稿重新绘制而成的。在外国人看来，中国人乘轿是件非常不人道的事情：驱使苦力，用病弱轿夫的腿脚搬动肥胖官员的躯体。

了而荒废了骑射之术，特规定不论满汉文武，京官一律骑马，不准乘轿。后来，朝廷准许满汉官员乘轿，但对乘轿作了严格的规定。

汉文官乘轿时轿夫人数与乘舆的装饰因官阶、场合不同而不同：一至四品的文职京官，在京城内可以乘坐四人大轿，出京则可以改乘八抬大轿；四品以下的文职京官，在京城内可以乘坐二人小轿，出京则可以改乘四人大轿。外省三品以上的汉人官员，可以乘坐八抬大轿；其余的可以乘坐四人大轿；其他的杂职人员只准乘马。

满人官员乘轿规则比起汉官更为严格：一品文职大臣、军机大臣乘坐四人轿；二品大员要等到年过60，才能乘坐轿子。满人官员中，皇室贵戚所乘的轿子差别也很大：亲王和郡王可以乘坐八抬大轿，但平日里为了方便，也是乘坐四人轿；亲王、郡王、世子的福晋，乘坐轿子的规格、轿上的各种装饰，依身份、场合不同而各有别；贝勒、贝子、镇国公、辅国公，乘坐朱轮车轿；蒙古王公一律不准乘轿。最后一条规定有一个特例：咸丰年间，亲王僧格林沁因镇压太平天国有功，被咸丰特许乘坐轿。这只是满人官员乘轿的一般规则，特殊人物自然要特别对待。乾隆皇帝的母亲崇庆太后过生日的时候，曾经乘坐28个轿夫

八抬椅式肩舆 椅式肩舆简单地说就是将椅子前后加上轿杆后将其抬走。其明显特点是结构简单，易于抬行。黄色的椅垫、朱色的轿凳向人们表明这是清代皇帝在宫中常用的代步工具。

清·张廷《崇庆皇太后万寿盛典图》局部 乾隆帝为其母崇庆太后举60大寿庆典，特命内廷画家绘制盛典图，以描绘当时的隆重场面。此轿属于亭阁式肩舆，由28名轿夫抬行前进。轿围用红缎黄幔，上面装饰有凤纹，具有皇家寿礼的隆重而喜庆的色彩。

抬的大抬。清朝最富丽堂皇的轿子是慈禧太后的“鸾舆”，它以上等紫檀木为架，以黄金装饰轿顶，外罩杏黄色贡缎，上绣九条盘龙，以翡翠为莲花踏脚，出行时，由24名身材一般高、年纪一样大的太监抬着，以显示慈禧太后至高至尊的等级地位。

清朝庶民也可乘轿，官民坐轿式样之别比起满汉官员坐轿的区别，更是有着不可逾越的鸿沟：官员所乘的轿子可以用蓝呢或绿呢作轿帷，所以有“蓝呢官轿”“绿呢官轿”之称。只有官轿才能有起拱轿顶，民间花轿、市轿不准起拱，只能平顶。亲王坐的轿子是银顶、黄盖、红帏的样式。三品以上官员可用银顶，皂色盖帏。四品以下只准乘锡顶、两人抬的小轿。平头百姓乘坐的轿子必须齐头、平顶、黑漆，帷幔也只能用皂色的布。

随着时世的变迁，轿子开始逐渐平民化，官员出巡、士绅办事、郎中出诊、闺秀回娘家，无不靠轿子来代步。晚清时“洋场十里，粉黛三千”的上海青楼女子应客人邀请出堂差，竟也以轿代步，坐着轻快的小轿——飞轿，轻盈气派。一些人死要面子，“家中无米为炊，而犹高坐蓝呢之轿”，以证明自己的价值。

太后与骡驮轿

清时，在车轮行驶不便的山地，人们把骡子与轿子联结在一起，创造出一种奇特的轿子——两头骡子一前一后将轿子驾起并行走的“骡驮轿”，实际上是“骡抬轿”的讹音。

轿子由两匹骡子前后抬着，前面的骡子等于辕骡，是管掌握方向、择选道路的，后面的一个叫跟骡，紧跟辕骡后面，是保持稳定的。轿杆固定在骡背鞍子上，轿夫跟着边走边吆喝。人坐卧其中，大轿可坐三四人。轿外夏包苇席或蒙纱，冬包棉围子。《红楼梦》第59回，贾府的女眷要随祭一位薨逝的老太妃，贾母就是率领众人分乘几只驮轿入朝的。这种驮轿的舒适程度，与贾元春省亲时乘坐的八人抬、金顶、金黄绣凤帷幔的轿子，自然也就无法相提并论了。

由于骡子既有耐力，走起路来又平衡，因此人坐在这种骡驮轿上非常舒适，很受出行的达官贵人的青睐。光绪二十六年（1900年），八国联军攻入北京的第二天清晨，慈禧太后、光绪皇帝及其皇后乔装成汉族百姓，分别乘坐两辆从大街上雇来的骡车，由神武门往北出德胜门仓皇而逃。一位随行的宫女回忆说：“平日夏天里，我们去颐和园常坐的车，叫大鞍车，非常讲究。一律是纱帷子，四外透风……那一尺多长的软绸子，犄角用短棍支起来，像女孩子留着刘海……”而眼下这两辆车，“明眼人一看就知道，这是雇来的趟子车，根本没有车帐子，跨车辕的人就要整个挨日晒雨淋了。车围子、车帘子全是蓝布做的，谈不到通

交通

外国人发行明信片上的骡驮轿
由于骡子既有耐力，走起路来又平衡，因此人坐在这种骡驮轿上非常舒适。八国联军攻占了北京城之后，慈禧率光绪帝等乔装打扮，由神武门出德胜门仓皇西逃。在京城北面交通要道西贯市，大户人家族长李恩涛曾奉献三顶骡驮轿，以供太后、皇帝、皇后乘坐。

风的条件，里面坐车的人会憋得难受。这时候，慈禧正一言不发地坐在车里，车里头奇热，像蒸笼，歪脖太阳几乎把人晒瘪了”。就这样，两部骡车领头前行，后头跟着狼狈不堪的皇亲国戚，一行逃亡队伍踉踉跄跄地往北迤逦而行，在日落时分，进入昌平县境的一座回民村落西贯市村。当晚就住在村内的一所破庙里。次日清晨，村里人知道了这帮人的身份，特意送来了馒头、咸菜、小米粥，并且连夜派人预备了当地在走崎岖山路时常乘坐的三乘骡驮轿，以供太后、皇帝、皇后乘坐，为此还在轿的四周专门围上了黄绸布。为了表示对太后和皇帝的孝敬之意，除了在轿内均放置了新赶制的全新红绸布被褥之外，还命人取来 30 锭大银。每锭大银重 50 两，共计 1500 两，分别在三乘轿内放入 10 锭大银，一来以备太后、皇帝、皇后在沿途路上使用，二来为了避免驮轿在走山路时颠簸晃荡，用来压轿。

这位随行的宫女回忆说：“我无论如何也忘不掉这些新鲜事儿。这都是我没经过和没见过的。所谓‘骡驮轿’并不是骆驼拉着的轿车，与骆驼一点儿关系也没有。说确切一点儿，就是骡子背上驮着的一种轿。只是不用人抬，两匹骡子一前一后，在两个骡子中间的背上搭成的。前面的骡子叫‘辕骡’，是管掌握方向、择选道路的；后面的叫‘跟骡’，紧跟辕骡后面，不许脱节，是保持稳定的。这两个骡子都是老搭档，训练有素。平常没有驯练的骡子是不行的。这种驮轿，没有畜拉轿车那种颠簸之苦，又比人力抬轿走得速度快，能上坡下坡走窄路。最巧妙的是，当头骡拐弯的时候，轿下面有个圆盘，能随着旋转，叫‘转盘’，使驮轿保持平衡。驮轿在西北地方是大户人家的主要交通工具。西贯市街里的大户人家一气奉献给三乘骡轿，是很可观的了，这要有六匹骡子，三个脚夫，当这兵马荒乱的年景，总算是很豪气的了。”老宫女说，慈禧当时很高兴，“自离开宫里以后，居然有人给奉献东西了，怎能不让她老人家欣慰呢！”但从后来的事情来看，她老人家其实并不十分高兴。

贡献这三顶驮轿的大户人家姓李，族长李恩涛在京北要冲的西贯市开了一家镖局，算是当地的头面人物。慈禧回銮后，想起那三顶驮轿的好处，便亲授镖局当家的为新疆伊犁县令。要知道，伊犁是个流放之地，不管是犯官还是罪民，流放伊犁等于比死只差一步而已。当然，谁也琢磨不透慈禧是什么用心。或者她是这么想的：“看在你三顶驮轿份上，我也不亏待你。但是，你又放不下架子在跟前伺服我，连骡子都不给我牵，这么着，到伊犁去吧。”给慈禧牵骡子的，是镖局的一名趟子手，姓杨，慈禧封他“引路侯”。此后，他的镖车上总插着一杆龙旗，上面写着：“引路侯贯市杨得青。”

江北推来独轮车

独轮车是一种既经济又实用的交通运输工具，有人说：“独轮车虽然很简单，却是一种全新的发明。”独轮车中间只有一个车轮，一般只是一个人推动，既可坐人又可载物。无论在平原或山地，在双轮车难以通行的地方，最广泛采用的运输工具就是独轮车。

吸引英国作家的小车

在英国作家描写上海的一部历史小说中，男主角丹顿于光绪二十九年（1903年）来上海淘金时，一上岸就被一辆独轮车吸引住了。他从未见过这样子的车，连连发问：“它叫什么？他们用这个来载人？”来接他的人回答：“那叫独轮车。说来令人难以相信，我亲眼看到过乘坐12个人的大独轮车。”

独轮车，又称小车、手推车、羊角车、江北车，原先普遍在苏北地区的广大农村使用，用来载货，但重心较高，不易掌握。最初，大都客货两用，载客时一般可坐四到六人，载货则一次可载运200多公斤的货物。上海的开埠给许多贫苦的民众带来了工作机会，大约从19世纪60年代初开始，大批苏北的破产农民便涌进上海谋生，他们大都是推着独轮车进入上海城的。有记载云：“上海初辟租界时，仅有江北人所推独轮羊角车，即今所称为二把手车，亦曰小车者。”独轮车引入上海后，因适应在南市的窄街陋巷中行走，也能在郊外的泥泞小道上穿行，因此成为华界地区中下层民众所钟爱的交通工具。尤其在老城厢内，在城墙拆除以前，连马车与人力车都很难施展开来，且规定马车不准进城，唯独这种独轮车一轮着地，行走自如，运送货物是极为便利的。车价也不高，容易被人接受。那时，载客以里算（只是一种估算），一里路每人收车钱四文；

载货则以每石每里二文计。有专家考证认为，这是开埠以后，在上海道路上最早行驶的车辆之一，也是上海“有舟无车”时代终结的一个标志。

最早它只是被用来载运货物，后来，由于独轮车小巧方便、驾资低廉，它很快成为中下层百姓普遍使用的代步工具，尤其是三寸金莲妇女们出行的最佳选择。一部独轮车可以载三四人，有时甚至也能载七八人。《上海县竹枝词》云：“江北东洋两种车，交驶马路展平沙。双轮座位招单客，客坐单轮却倍加。”说明独轮车可坐多人，双轮的黄包车却只能坐一人。载客的价钱十分低廉，据光绪六年（1880 年）的价格表显示，每人每里只需花四文钱，所以一般穷人也能坐车“奢侈”一下。由于收费低廉，一般贫民苦力均乐以独轮车代步或运物。

使用风帆的独轮车 李约瑟曾说：“历史学家们普遍地认为独轮车直到 12 世纪后期才在欧洲出现，而大多数欧洲技术史学家们并不知道，这种简单的车辆在中国第一次出现的时间至少在 3 世纪。”这种独轮车借鉴帆船原理，上插一面“风帆”，车子借助风力可大大节省人力。可谓是独具匠心的应用。

独轮车上的纺织女工

独轮小车是民间盛行的交通工具，当时许多纱厂女工把它作为上下班的代步工具。租界开辟后，在其边缘地段相继建成一些工厂，如缫丝厂，招收的女工很多。由于从她们的住处到厂区上班的距离都较远，一些居住相近的女工往往相约合坐独轮车前往，下班后再由独轮车接回，不费多少钱却带来了方便，并且渐成风气。

由于可供选择的交通工具太少，需求量又很大，因此载客的小车不断增多，据统计，同治十三年（1874 年），英法租界共有独轮车 3000 辆，而到了 1928 年，已经突破 10000 辆了，简直是近代上海一支不容忽视的“出租车队”。纺织女工异常辛苦，坐独轮车上下班那一点时光，或许就是她们生活中最快乐的享受了。有一名外国人曾用诗一般的语言记录下纺织女工坐独轮车的情景：“太阳刚刚照天空，纺织姑娘去上工，她们坐着独轮车，吃吃地笑，怕羞害臊。头上扎着手帕，有淡蓝，有灰白，身边带着竹篮，把这天的饭带满，归来已是黄昏。她们面向家门，年轻的脸上露倦容，独轮车慢慢滚动，竹篮里都已空空，眼睛瞪得好凄楚，你是否看到她们头发上的棉絮？”即使到了 20 世纪 30 年代，独轮小车已经很少用来载人，但在闸北一带，工厂上工、放工的时候，还有少量小车两边坐满了女工，在路上辘辘行驶。朱文炳的《海上竹枝词》中就有这样的描述：“或是缫丝或纺纱，斜阳工散各还家。手提饭盒梳妆盒，七八娃娃一小车。”当然，当时的官吏、商人与小康市民是绝不会坐这种独轮车的，他们出入更愿选择花样百出的轿子。

十里洋场黄包车

20世纪初，当外国人看到中国满街跑的人力车时，都认为它是中国人的发明。实际上，人力车是由美国人在日本发明，由此被称为“东洋车”，并由法国人从日本传到中国。后来经过改良演变成后来通行的样式，成为大都市非常普遍的交通工具。为了与私家包车相区别，将车身漆成黄色，因而有“黄包车”之称。

西洋人发明东洋车

黄包车最早出现于同治七年（1868年）。德国人类学家利普斯（Julius E.Lips，1895—1950年）在其《事物起源》（*The Origin of Things*）中谈到黄包车是美国人发明的。住在横滨的美国传教士果伯（Jonathan Gob1e）妻子有病，医生嘱咐她要在室外做些轻微的锻炼。于是，果伯在一个日本木匠的帮助之下设计了这种车子，他用它载着妻子在花园里散步。该车最早仅是个人在横滨街上使用，很快即在当地流传开来，几年之间就成为日本大城市的重要交通工具。后来日本人对此车几经改造，方成今日之人力车。

同治十二年（1873年），一位叫米拉（Mira）的法国商人从日本来到上海，看到中国的上海市内仍以轿子和独轮车为主，便以“手推车”的名义从日本引进该车300辆。米拉认为黄包车既可载人营业，还可养生健身。他来中国后向法租界公董局呈报了一份计划，要求“在两租界设立手拉小车客运服务机构”，在上海开办了最早的一家洋车行，并申请10年专利经营。后经法租界公董局与公共租界工部局协商，同意由两局发放人力车执照，并批准路程价格。次年元月，黄包车从日本输入上海，上海首家外国小车洋行登报启事：“外国小车租赁”，启事云："今有本行新到洋车，与中华车大不相同，不论天暗下雨，一样可推，车上另有篷帐，下雨不湿衣服，格外奇巧，贵客商欲坐者，请至本行贾可也。"因为它最初的发源地是日本，故沪人称之为"东洋车"。"一辆轻车人力拖，街衢来往疾如梭。见方照会悬厢后，人以东洋两字呼。""东洋车子最轻灵，经过长亭即短亭。人坐便趋飞鸟捷，双轮迅可逐流星。"沪上流传的这两首歌谣，轻轻几笔已活现出黄包车的身世和面貌。

东洋车与独轮车相比，车速快，既平稳又气派；与马车相比，价格又要便宜许多。加上在大街小巷进出自如，输入中国后很快便在上海等大城市中迅速流行起来。不到一年，就有人依式仿造，不再依赖进口，数量也大增。《申报》曾报道说："东洋来之顺利小车，沪上依式置造者已多，租界共约有一千有零。"在如此短的时间内，在洋泾浜这一方寸之地，人力车从无到有，并迅增至1000

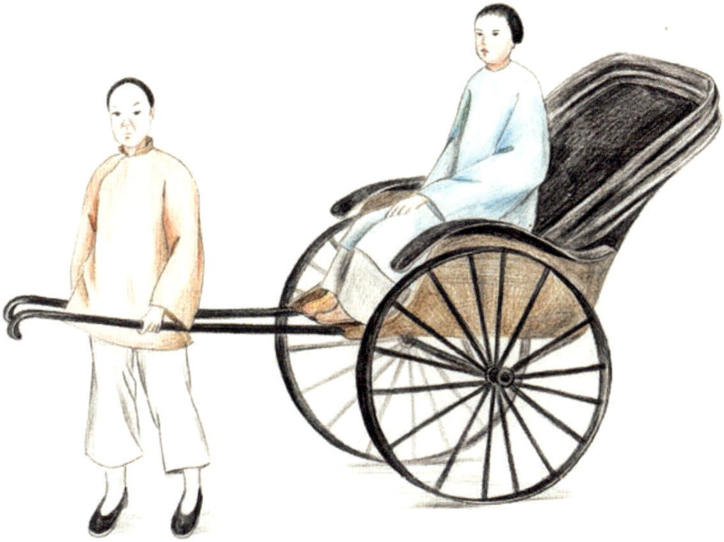

坐人力车的女子 侨居日本的美国人由于偶然的原因发明了人力车，后来由法国人最先将其引进到上海，其后逐渐成为大都市流行的交通工具之一。当时的竹枝词如此描述道："一辆轻车人力拖，街衢来往疾如梭。见方照会悬厢后，人以东洋两字呼。"

多辆，可见其发展之速。人力车的出现，给城市居民们增添了方便快捷的新式代步工具，人力车夫也成了一个迅速发展起来的下层人们谋生的新兴行业。此后人力车在中国流行了大半个世纪，成为城市里最普通的代步工具。

引入人力车同时也造就一大批为生计而不停奔波的人力车夫，老舍笔下的“骆驼祥子”式的背影可谓是近代城市中一道别样的历史景象。黄包车夫拉车很辛苦，不管严寒酷暑，脚上穿单鞋，头戴破草帽，脖子上一条毛巾，夏天擦汗，冬天当围巾。人力车夫花费大量的劳力，但所得扣除租车费用之后，收入甚少。有人在诗中这样咏叹车夫：“三冬风雪夏骄阳，日夕奔波道路长。忍耐饥寒牛马走，一生汗血为人忙。”“两脚奔波未克休，汗流如雨气如牛。伤筋伤骨还伤肺，只为人生衣食求。”黄包车夫除了受苦，还要受尽凌辱。爱狄·密勒（G. E. Miller）在《上海——冒险家的乐园》（*The Paradise of Adventurers*）一书中这样描述道：“神气活现的一丝同情心也没有的洋大人高踞在人力车上，由人力车夫把他向前拖去。有时碰到洋大人受了洋太太的埋怨或者打纸牌输了钱，手杖和皮鞋就代替铜板、角子，做了车钱。”

黄包车流行大都市

人力车的形制先后有过几次变迁。黄包车最大的变化，不是车型，而是车轮。早期东洋车为铁木结构，车轮木质，外包铁皮，所以行驶起来隆隆作响，坐车者则被震动不堪。光绪十八年（1892 年）起采用钢丝轮代替木轮，但未能推广。宣统二年（1910 年）起，英租界鉴于铁箍轮有损路面，吊销所有铁轮车的执照，强行推广橡胶轮车。橡胶轮胎先是实心轮胎，后来出现充气轮胎。充气轮胎行驶时悄然无声，拉跑速度也明显加快。人力车夏天有帆布防雨篷，冬天则挂棉暖篷，可启可合，能挡阳光与风雨，舒适实惠。以后又几度对轮胎粗陋的外观进行改进：将车身改小，改用橡皮轮，用滚珠轴承、钢丝轮盘充作车轴，将把手用铜包起来，装了一个细长脖子的大铜喇叭，还装了一个脚踏铜铃，这样车走的时候会叮叮当当地响。后来，又装上了车灯以利晚间营运。当年的许多商界和文化界人士，最喜欢乘坐黄包车，常常包租一辆供自己或家人使用。据郁达夫的夫人王映霞回忆："郁达夫那时被一批旧时文人包围着，经常去喝酒、打牌、玩乐，他本来就是个风流才子，这种逢场作戏的场合他是安之若素的，于是和红舞女同坐黄包车招摇过市者有之，和甚么姐妹花左一个右一个合拍照相者有之。"

人力车从日本输入初期分双座和单座两种。双座人力车拉挽行驶既笨拙又沉重，极容易发生车厢仰翻事故，使道路堵塞，因而工部局于1879年通令取缔这种人力车，要求车商将所有人力车一律改装成单座。但还有另一种说法，工部局之所以下决心取缔双座人力车，是因为双座车车位宽大，男女在车内杂坐，依偎亲昵，有伤城市风化。有人曾调寄"望江南"说："申江好，男女不防嫌，榻上横陈同倚枕，车中共载不垂帘，一任众观瞻。"正是反映了社会对双座人力车"看不惯"的情绪。

人力车进入上海后，最初的车身都是黑色的，"坐黄包车"反倒是一句用来骂人的话。因为那里的各种车都流行黑色，只有工部局的捉狗车才全身漆成黄色。如果说某人坐黄包车去"吃蛋炒饭"，就是一句连带的骂人话，意思就是坐了狗车去吃屎，因为蛋炒饭与屎的颜色一样。但以后的发展却出乎人们意料，1913年，英租界工部局为了与私人包车区别，便于辨识，规定所有作为公共交通的人力车车身一律须涂上桐油或黄色油漆，于是便正式有了"黄包车"的称号。在此之前，私人的人力包车都漆以黑色。车身涂成黄色也是为了吸引路人注意，招徕生意方便。

最初只有使馆区的洋人才坐黄包车，到19世纪末20世纪初，坐黄包车的人日益增多。黄包车结构简单，容易制造，成本较低，与当时的轿子和马车相比较，具有轻便、迅速、价廉等特点，投入营运后，深受商旅和居民欢迎，“雇乘者日众”，久盛不衰，成为近代城市最常见的客运交通工具。出入宫廷的人也常坐黄包车，甚至连慈禧太后、光绪皇帝也曾丢弃八抬大轿坐过黄包车。在20世纪上半叶的中国，中产阶级出行的首选就是黄包车。据统计，在20世纪初年，公共租界人力车执照数为60915张，法租界为58761张，按当时两租界人口计算，公共租界每5人中就有1部人力车，法租界每2人就有1部人力车，可见当时乘坐人力车是多么普遍。民国初年，黄包车已风靡京、津、沪、汉等大都市。20世纪初以后，在汽车远未普及之前，黄包车逐渐取代轿子、小车和马车而成为上海的交通主角，上海人“即一出门，一里二里之地往往坐东洋车”。到1914年时，仅公共租界就有9178辆的人力车。在20世纪20至30年代，它的数量远超过汽车，达到五六万辆之多，成为上海客运主要工具之一。

人力车车夫，是许多名作家、名画家笔下常见的题材。许多作家和画家每日都是雇乘人力车出行的，他们对人力车夫的生活遭遇有切身的了解，故而在他们的笔下不吝同情和歌颂之词。“我半日没有生意，又寒又饥，你老的好心肠，饱不了我的饿肚皮。”胡适先生用小诗记录了民国初年人力车夫的生活惨状。鲁迅先生写人力车夫虽然贫困，但肇事后并不选择逃避责任：“我这时突然感到一种异样的感觉，觉得他满身灰尘的后影，刹时高大了，而且愈走愈大，须仰视才见。”这篇《一件小事》于1919年发表在当时北京的《晨报》上。老舍的《骆驼祥子》是描写人力车夫的名篇，为我们留下了人力车夫不朽的艺术形象。周乐山的《上海之春》，这样描写人力车夫与印度巡捕——红头阿三的关系：“在十字路口，更可以看见巡捕的威严，巡捕要威风的对象当然是黄包车夫；因为巡捕不对黄包车夫施一种威严，那他除指挥交通外，简直无威严可施。黄包车夫于是向巡捕老爷哀求，哭泣……”不仅作家，许多画家也画过人力车夫的形象，对其歌颂、赞美、同情、怜悯皆有，但绝没有嘲讽的。

“洋马儿”入中国

与人力车、中国传统马车相比，舶来交通工具“脚踏车”在当时较具时尚意味。脚踏车又称自行车，是一种由人力驱动的简便交通工具，它的输入加快了中国人的生活节奏，100 年来与普通百姓的日常生活结下不解之缘，至今仍无其他交通工具可以取代它在寻常家庭中的地位。

勇敢者的游戏

乾隆五十六年（1791 年），法国人西弗拉克发明了最原始的自行车。它只有两个轮子而没有传动装置，人骑在上面，需用两脚登地驱车向前滚动。由于早期自行车运行不便，并未真正成为人们的代步工具。后来才出现了脚板和控制方向的方向舵。道光十九年（1839 年），苏格兰人麦克米伦（Kirkpatrick MacMillan，1812—1878 年）制造出前轮小后轮大，前轮装有脚蹬子的木质自行车，骑者可以双脚离开地面，运行速度大大提高并节省了体力，自行车从此进入生产阶段。同年，麦克米伦又将木质自行车改为铁制自行车。咸丰十一年（1861 年），法国的米肖父子（Pierre and Ernest Michaux）改进了麦克米伦的设计，将脚踏板安装于前轮上并于同治六年（1867 年）在巴黎世博会上亮相。早期自行车用木料制造，车轮不带链条，最重要的是，为提高速度，车的前轮不断被加大。这类设计也为自行车的普及带来了弊端，很多人在骑行过程中摔落在地。那个时候，自行车属于“勇敢者的游戏”。同治十二年（1873 年）维也纳世博会，金属材质的自行车闪亮登场，此后自行车开始在欧洲盛行。

在自行车发明的各个阶段，均有不同类型的自行车传入中国，传入者主要是在华外国人。同治七年（1868 年）十一月，上海首次由欧洲运来几辆自行车，当时人坐车上，两脚踮地引车而走，是仅供业余消遣的娱乐性代步工具。当时的《上海新报》专门报道洋人在上海滩的新鲜事，自行车在其中多次被提及：“兹见上海地方有自行车几辆，乃一人坐于车上，一轮在前，一轮在后，人用两脚尖点地，引轮而走。又一种，人如踏动天平，亦系前后轮，转动如飞，人可省力走路。不独一人见之，想见者多矣。”当时，中国人将这个两个轮子的玩意儿称作“洋马儿”。

由于没有齿轮和链条，踏板每转一圈，车轮也只能转一圈，所以要想车子跑得快，前轮必须尽可能做得大。同治五年（1866 年），斌椿率同文馆学生赴欧洲考察，在巴黎的街头就曾见过这种一个轮子大，一个轮子小的自行车。他在《乘槎笔记》中称这种车“只轮贯轴，两足跨轴端，踏动其机，驶行疾于奔马”。最早将“脚踏车”称为“自行车”的是张德彝，他在《欧美环游记》中，描述同治七年（1868 年）随志刚出使伦敦时见到的自行车，“前后各一轮，一大一小，大者二寸，小者寸半（寸为尺之误），上坐一人，弦上轮转，足动首摇，其手自按机轴，而前推后曳，左右顾视，趣甚”。从张德彝的日记中可以知道，巴黎当时有出租自行车和传授车技的专门业务。当时的高轮自行车很难驾驭，尤其下坡时决不能刹车，否则便会摔得鼻青眼肿。骑车很不安全，所以难以普及。“前后勾联两车轮，不须手挽踏芳尘。辘轳捷足趋当道，一蹶还防笑有人。”这首竹枝词表达了对自行车的好奇之心，盛赞了自行车制作的奇巧，并取笑骑车人常常于转弯之际连人带车一起摔倒，惹得过路人围观大笑。

光绪二年（1876 年）2 月 17 日《申报》刊登《上海行车说》一文，描述说：“更有西人自行车，是一大轮上仅一铁条，人坐其上如骑马然，足踏两铁片，手握一横条，而轮自转，车自行焉，其行亦疾，惟不娴者易车覆而人坠耳。”这是一种独轮的自行车，同年出版的《沪游杂记》也介绍了脚踏车，形容为“车式前后两轮，中嵌坐垫。前轮两旁设铁条踏镫一，上置扶手横木一。若用时，骑坐其中，以两足脚镫，运转如飞。两手握横木，使两臂撑起，如挑沙袋走索之状，不致倾跌……"这是一种前轮大后轮小的自行车。据说，早期的脚踏车既没有刹车，也没有响铃，因此往往要在行进中大声吆喝，叫人避让。而且也没有撑脚架，车子不用时就靠在墙壁，或索性"躺倒"在地。这种必须掌握娴熟技巧才能骑的车，最晚在光绪初年已经传到我国。夏元煦在《沪游杂记》中说，骑车"两手握横木，使两臂撑起，如挑沙袋走索之状"。由于骑车难，"非练习两三月不能纯熟"，所以当时上海骑车的人很少。

创刊于光绪十年（1884 年）的《点石斋画报》曾对脚踏车作过多次报道，其中《西妇善御》一文叙述上海交通，"以小车、东洋车、马车为多，间有华人乘西人所创之独轮脚踏车者"，指的就是这种前轮特大的自行车。《点石斋画报》还报道过光绪二十三年（1897 年）李鸿章访美时，在纽约遇见一位骑高轮自行车的女孩，这位洋务派的领袖人物特意邀请她到旅馆相见，可见女子骑车在李鸿章的眼里也是很新鲜的事。

飞入寻常百姓家

自行车要普及必须使它变得既快捷又安全。光绪十一年（1885 年）英国人斯塔利（John Kemp Starley，1854—1901 年）发明了自行车链条传动装置，造成了自行车的革命。自行车开始在欧洲流行，这种自行车与今天的已无大区别。光绪十二年（1886 年）英国人詹姆斯（James Starley，1831—1881 年）把自行车前后轮改得大小相同，并增加了链条，使其车型与现代自行车基本相同。光绪十四午（1888）年，自行车又做出了一次重要改变。苏格兰人邓洛普（John-Boyd Dunlop，1840—1921 年）用橡胶制造出内胎，用皮革制造出外胎，以此作为自行车的充气轮胎。从此，基本奠定了现代自行车的雏形。光绪十五年（1889 年），装上了胶胎的自行车在巴黎世博会上引起轰动，自行车成了欧洲大陆最

十里洋场老上海　清末上海各种交通工具并行。当时传入中国的自行车也有多个花样，既有链式自行车还有两个人同骑的双运自行车。

热门的交通工具。历史上将该时期称作"自行车的黄金时代"。

链式传动自行车发明不久就传到了中国，首先使用脚踏车的是租界里的洋人。竹枝词描述了骑自行车的情景："两轮前后快盘旋，中制皮鞍软似毡。手执机头司转折，全凭足力得争先。""脚踏车儿最自如，飘然来去似凌虚。西洋女子尤能手，窈窕芳姿十五余。"19 世纪末有 3 名平均年龄只有 20 岁的西方青年，骑着刚发明的新款自行车进行环球旅行。他们从英国出发，历时 532 天，行程 14322 英里来到上海，成为本地轰动一时的新闻。三位青年旅行家抵达上海的那天，前去迎接的外国侨民 100 多人，也都骑了自行车，可见这时上海的自行车已经不少。光绪十三年（1897 年），上海租界为庆贺英国女王维多利亚（Alexandrina Victoria，1819—1901 年）登基 60 周年，还在赛马场举办了一次自行车比赛。《点石斋画报》描述这场史无前例的赛事说："车则钢丝如雪，轮则机括维灵，一升一降，不疾不徐，如鹘之飞，如鹰之隼，瞬息数里，操纵在两足之间。"然而中国的传统道德讲究"斯文"和"循规蹈矩"，所以一般人对骑自行车都感到"有失体统"，开始大多避而远之。上海滩较早使用自行车的，一种是倜傥不羁的富家子弟，一种是与洋人周旋做生意的"跑街先生"。沪上流传的竹枝词中曾这样描述这两种人："冶游子弟尽时装，脚踏车飞马路旁。草帽戴头烟咬口，金丝眼镜看娇娘。”“踏车飞走似乘风，各国言谈意义通。消息最灵机最捷，千金一诺即成功。”

“东洋车不能方斯迅疾，马车亦无此轻扬”的链式自行车经过报纸的反复宣传，渐渐地被喜静而不好动的士大夫接受，到公园游乐场去尝试骑自行车的乐趣，成了他们下海的第一步。孙宝暄《忘山庐日记》光绪二十四年（1898 年）三月二十七日云：“晡至张园，观诸人试足踏车。”看来作者只是一个在岸上观潮的人。从桃花坞木刻年画《上海四马路洋场胜景图》可知，当时传入的链式脚踏车还有同时骑两个人的双运脚踏车。

上海第一个拥有脚踏车的华人，据埃米莉·哈恩（Emily Hahn，1905—1997 年）《宋氏家族》（*The Soong Sisters*）说，是宋氏三姐妹的父亲宋耀如。宋耀如 7 岁时被送到叔叔在波士顿开的杂货铺做学徒，到光绪十二年（1886 年）回国时，已经 20 岁，成为一名牧师。斯塔利发明链条式自行车就是在他回国前一年。据说宋耀如很喜欢骑车，光绪二十六年（1900 年），他的长女霭龄过 10 岁生日时，得到的生日礼物便是一辆自行车。哈恩说，霭龄是当时中国所有女孩当中第一个拥有脚踏车的女孩，还说这个 10 岁的小女孩经常随父亲骑车

上海滩较早的自行车 喜欢穿长袍马褂的男子骑自行车很不方便。不过，如果能骑上一辆自行车上街那绝对是时尚的标志。在旁观者看来，骑车人的架势令人羡慕。当时有竹枝词如此描述道：“臀高肩耸目无斜，大似鞠躬敬有加。噶叭一声人急避，后边来了自行车。”

出游，并喜欢“作弄环绕街上的警察”。但从英国驻沪领事馆的贸易报告来看，我们对这一记载不免有疑问。早在光绪二十三年（1897 年）自行车和自行车零配件的进口，已经开始被列入了当年的统计资料中。报告还说，首先来到本市场的是美国产的自行车，但是现在已有几家出名的英国商行在这里开设了代理处。报告的编制人、代理总领事满思礼（Robert William Mansfield，1855—1921 年）认为很多中国人已开始骑车，因而看来随着内地交通的改善，最后很可能会产生大量的自行车贸易。想来到辛亥革命之后警察恐怕就更加不会害怕骑自行车的小女孩。

20 世纪初年，自行车在许多大城市中，已成为人们熟知的交通工具。在工业发展较为滞后的年代，自行车成了中国人出行的最优选择。骑自行车游玩的青年“前后单轮脚踏车，如飞行走爱平沙。朝朝驰骋斜阳里，飒飒声来静不哗。”

妇女亦乘脚踏车之敏捷 这是当时《图画日报》20 世纪初一则妇女骑行自行车的图文报道。脚踏车风行上海后，最初只是青年男子骑行。后来出现女子骑车的身影，“每当马路人迹略稀之地，时有女郎三五，试车飞行，燕掠莺梢，衩飞鬓颤，颇堪入画”。而那些女子骑车的曼妙身影，更是引领了很多家境殷实的妇女也开始学骑自行车。

据史料记载，中国历史上第一位自行车发烧友就是清朝末代皇帝溥仪。溥仪结婚那天，他堂兄送了他一辆自行车作礼品。随从见后，大骂溥仪堂兄混账，竟然“送给皇帝这么危险的东西”。不过，喜好洋货、戴着洋眼镜的溥仪很快就迷上了自行车。据称，为了顺利骑行，溥仪将皇宫里所有的门槛都给拆了。

在上海早期的图画报上，包括月份牌上，自行车是与时髦女郎联系在一起的，也与运动、健身等观念发生关联。中国女性在接受自行车的历史进程中，其间虽然也存在着这样那样的争议，然而至少在城市之中，在知识分子精英控制的大众传媒话语里，中国人对于“女性与自行车”议题持有相当积极、正面的姿态，自行车甚至被认为是一项女子“最适当的运动”。

20 世纪初自行车在大城市尚未普及时，为了给一般市民提供骑车的机会，上海也曾出现过巴黎那种专门出租自行车的车行。提到中国自行车，不能不提“凤凰”牌自行车。光绪二十七年（1901 年）在当时英租界出现了第一家中国人办的脚踏车行，名叫“同昌车行”。最初车行里出售的都是英国品牌，如三枪、大炮、台顿和飞利浦等。辛亥革命前夕，德国造的自行车以价廉物美挤进了中国市场。到第一次世界大战期间，车行里充斥的又都是日本货了。直到 1930 年，同昌车行的老板才在上海的安远路上办起了一家装配小厂，生产出了第一批国产的自行车。

中国第一家自行车商行同昌车行的自行车广告
光绪二十三年（1897 年）创设于上海市南京路 604 号的同昌车行，专门经营自行车及零配件，是我国第一家自行车商行及当时最著名的自行车企业。后来该厂生产出中国第一批国产的自行车。1959 年 1 月创建的“凤凰”牌自行车厂的前身就是同昌车行。

大众的情人——电车

电车为近代城市开辟了一个新的交通领域。在汽车发明不久，使用尚不普及的情况下，电车以其载客量大、行驶迅速、乘坐舒适、价格低廉等明显优势，逐渐成为上海等市民日常出行的主要交通工具，被誉为“大众的情人”。

电车其实并不带电

光绪二十五年（1899 年），北京城南马家铺（也称马家堡）至永定门的电车轨道筑成并通车，全线 9.4 公里，这是中国首次通行电车。之后光绪三十一年（1905 年）香港电车通车，次年天津电车通行。但是对近代影响最大的还是上海市的电车。光绪三十四年（1908 年）三月，由上海英商电车公司经营的第一条有轨电车线路正式通车，意味着上海现代公共交通的起步，同时将为上海的经济社会发展带来深远影响。5 日凌晨 5 点 30 分，上海第一辆带小辫子的有轨电车，从起始点静安寺出发，沿愚园路、赫德路（今常德路）、爱文义路（今北京路）、卡德路（今石门二路）、静安寺路（今南京西路）向东行驶，穿过南京路（今南京东路），终点设在外滩英国总会门口，全程 6.04 公里。当年意大利著名摄影师阿 · 劳罗（A.E.Louros）来到中国，恰逢上海开通电车，他特意在上海街头拍了 10 多分钟的《上海第一辆电车行驶》，并在今海宁路四川北路口的维多利亚影戏院连续放映几个月，深受观众欢迎。

这不仅意味着上海现代公共交通的起步，也说明上海人就此搭上了城市现代化的快车。作为一种全新的交通工具，电车的问世，即使在上海这样一个开放的城市也引起前所未有的轰动。有轨电车还在试车阶段，光绪三十四年（1908

年）二月，法国记者在《中法新汇报》中报道：“静安寺附近，一群人在观看一辆鲜艳的红色电车，这种电车既看不见蒸汽，又看不见机器，但却能自动……围观者议论纷纭，或曰电车之开，势必与人力车有一番竞争，或曰发展电车将给上海公众带来福利。”这种疑惑几乎是所有第一次见到电车的人都有的。同年三月，《字林西报》报道说：“路上立着许多人，张大眼睛和嘴巴惊奇地看着电车。有时发现轨道里有几块小石头，这可能是中国顽童的恶作剧。”

电车的牵引力是由电动机将架空线网的电能转化为机械能来提供的，电动机则靠直流牵引。上海电车营运之初，曾闹出不少笑话。当时不少人相信，“电车有电，乘电车时，身边不可携带铜钿用品，以防触电危险”。有一首竹枝词，讲的是国人最初见到电车出现时的情形：“铁线纵横铁轨铺，几如地网与天罗。电车初试人都怕，说是将来肇祸多。”为了解除市民的疑虑，不让刚刚起步的电车夭折，英商上海电车公司几次试车时，都大张旗鼓进行宣传。在盛大的通车典礼上，电车公司特地邀请社会名流虞洽卿、朱葆三等人，以及电车公司中外董事们共二三十人，乘坐第一班电车，从静安寺出发到外滩。电车上漆有“大

上海首次试行有轨电车
1908年1月31日，英商上海电车公司试行有轨电车。《字林西报》说：“有19辆电车在南京路上行驶，车上沿途招揽路上行人登车，免费乘坐。”《申报》说：“电车在爱文义路开车试行，道旁观者颇为拥挤云。”

众可坐、稳快价廉”字样，以资号召。电车行驶时，窗户大开，沿途的人都能看见他们在车厢内谈笑风生，还不时依窗扶栏，向车窗外招手致意呢！新闻记者拍了照，登载在第二天的报纸上，轰动一时。近代上海处于社会转型时期，任何一件新式事物的引进，上海人或许都有过惧怕、抵制，但更多的是刺激、羡慕，等到其显示了巨大的优越性，如实用、高效、便捷、舒适之后，人们才会由最初的排斥态度向接触、接受的回应方式转变。为诱使市民乘坐电车，电车公司还专门雇用了一批失业者当专业坐车人，每日发给工资，让他们乘车示范，并向愿意尝试的市民发放花露水、牙粉、香皂等礼物，以示奖励。经过一个短暂的怀疑观望后，有轨电车因其快速、准时、舒适等优点，以及比马车和人力车更低廉的费用，成为上海市民日常出行的主要交通工具，被誉为“大众的情人”。据测算，每辆有轨电车的输送能力，相当于73部人力车；而每辆电车所占面积，仅合73部人力车所占面积的1/26。

最初的电车车身为木壳，外包钢片，漆深绿色，车身两侧有六扇大窗，光线明亮。车厢内长条椅子沿侧横放，乘客相对而坐。电车初行时，因乘客稀少，车门没有后来的铁栅护栏，便于乘客上下，一些年轻人自恃胆大，常在电车行驶途中，飞车上下。后因乘客多了，为防止乘客掉落车下，才在驾驶台和车门设拉闸、护栏。著名文化人曹聚仁也是“飞车好手”，他回忆这一段有趣的经历时说：“电车开头并不设闸门，沿途可飞车而上，飞车而下。我也自负飞车能手，有一回摔了一跤，就此不敢再试了。其后装了闸门，谁也飞不成了。”

到后来，巨大的人流充塞着每一节车厢，上班的职员、游玩的行人、跑单帮的生意人，全赖电车把他们发送到城市的各个角落，尤其在上下班时，人满为患。女作家苏青写挤车的经历，生动逼真：“先是车子不来，好久之后总算来了，却又不是你盼望的车，当然还得等。于是第二辆不是，第三辆又不是，第四辆……第四辆总算是了，然而人挤得很，头等里铁门不开，立了半晌，情知恳求无用，还是省些铜钱到三等去试试吧。可是，真了不得，三等车门虽开着，却是轧得要命。你扳牢了铁柱，一时还是跨不上去。好容易看看机会来了，卖票的人却又不容情，嚷着要关铁门，不是你放手得快，准被轧伤手指。”

伴人入眠的电车铃声

密布的架空电线，地上铮亮的车轨，铛铛的电车铃声，匆匆登上电车的人流，是上海繁华都市形象的象征，是喜欢听市声的市民们每天晚上枕着入睡的伴奏声，就像女作家张爱玲说的：“比我较有诗意的人在枕上听松涛，听海啸，我是非得听见电车响才睡得着觉的。”

上海第一条有轨电车线路正式通车营业，意味着上海现代公共交通工具的起步。从此，叮当叮当的电车铃声，是上海繁华都市中一道移动的风景。中国的有轨电车最早出现在北京，但是在文人笔下出现最多的却是上海的电车。上海首次出现电车没有多久，作于宣统元年（1909 年）的社会小说《新上海》中就开始出现对电车的描写，青浦人梅伯来到上海，与朋友雨香同游大马路（即现在的南京东路）。“转弯向南行不几步，见一乘电车如飞而来”，使梅伯不禁大开眼界，赞叹道：“这东西好便利，比马车、人力车强多了。”书中还写到，小滑头刁邦之自张园与梅伯、仲芬分别后，赶到电车站等候电车。“好容易等了三分钟，方听得‘叮当！叮当！’一阵的警铃声音，知是电车到了，忙着走上。只见一乘黄尾绿头、绘着双龙的新式电车‘蚩蚩蚩！蚩蚩蚩！’一阵风似的如飞而来，‘叮’的一响，车就停了。”

作家之中以喜欢听电车声的张爱玲最具代表性，电车铃声几乎是她每天晚上枕着入睡的伴奏声。张爱玲居住在静安寺附近的常德公寓，公寓边上有一家电车场。半夜里，她写作晚了，就踱到阳台上，居高临下看“电车回家”，等到它们全部进场了，才睡得安稳。张爱玲写电车，带有深深的感情，即使从单纯文字的角度来说，恐怕也没有人写得比她更多更好的了。出于对电车的钟爱，在张爱玲的笔下，就连电车进场这样的事也写得很有诗意：“我们的公寓邻近电车厂，可是我始终没有弄清楚电车是几点钟回家。‘电车回家’这句子仿佛不很合适——大家公认电车为没有灵魂的机械，而‘回家’两个字有着无数的情感洋溢的联系。但是你没看见过电车进厂的特殊情形罢？一辆衔接一辆，像排了队的小孩，嘈杂、叫嚣、愉快地打着哑嗓子的铃，‘克林，克赖，克赖，克赖！’吵闹之中又带着一点由疲乏而生的驯服，是快上床的孩子，等着母亲来刷洗他们。车里灯点得雪亮。专做下班售票员的生意的小贩们兜售着面包。有时候，电车全进了厂了，单剩下一辆，神秘地，像被遗弃了似的，停在街心。从上面望下去，只见它在半夜的月光中裸露着白肚皮。”

要说张爱玲小说中写电车写得最精彩的，还数《封锁》。《封锁》中，日本士兵封锁了上海部分地区，搜查区内的人，一部行驶中的电车因而停下来，小说聚焦于这封锁的时间与空间，以零碎的可视化镜头写电车内各人物的动静，特别是一对互不相识的男女，在这暂停的时空内，忽然调起情来。至封锁解除，一切又复归平常，什么都没有发生似的。她甚至对电车轨道都观察得细致入微：“开电车的人开电车。在大太阳底下，电车轨道像两条光莹莹的，水里钻出来的曲蟮，抽长了，又缩短了；抽长了，又缩短了，就这么样往前移——柔滑的，老长老长的曲蟮，没有完，没有完……开电车的人眼睛盯住了这两条蠕蠕的车轨，然而他不发疯。如果不碰到封锁，电车的进行是永远不会断的。封锁了。摇铃了。‘叮玲玲玲玲玲’每一个‘玲’字是冷冷的一小点，一点一点连成了一条虚线，切断了时间与空间……”

在张爱玲以写上海风情出名的小说中，有好几篇是以电车为场景展开的，如《有女同车》《封锁》等，电车为故事的发生提供了特有的空间条件，一下子就把读者拉进了上海这样的城市里去。电车是上海人的舞台，各不相干的人匆匆登场，又匆匆下场，只是戏份展不开，观众不过瘾，只留下淡而纷繁的印象。

电车也给张爱玲提供了一个观察社会和人世的窗口："坐在电车上，抬头看面前立着的人，尽多相貌堂堂，一表非俗的，可是鼻孔里很少是干净的。所以有这句话，'没有谁能够在他的底下人跟前充英雄。'"（《童言无忌》）在电车上，她看到有人用指甲在车窗的黑漆上刮出几个字："公婆有理，男女平权"，由此看出上海人身上一种"由疲乏而产生的放任"，引发出她的一段感慨："上海人是传统的中国人加上近代高压生活的磨炼、新旧文化种种畸形产物的交流，结果也许是不甚健康的，但是这里有一种奇异的智慧。"（《到底是上海人》）女人喜欢在电车里拉家常。在《有女同车》中，她倾听电车一头两个洋装女子交谈，谈的是那个"肿眼泡"女人与她男人闹别扭的家长里短；倾听电车那一头一个女人的高谈阔论，则是在埋怨儿子的如何不成材。张爱玲不禁感叹："电车上的女人使我悲怆。女人……女人一辈子讲的是男人，念的是男人，怨的是男人，永远永远。"

电车是一些作家的偏爱，又是另一些作家嘲讽的对象，他们视之为旧上海特有的城市病的表现。他们讽刺售票员揩油，记述驾驶员辱骂乘客或路人，讨厌他们自以为高人一等。赞颂人力车夫的作者，常常就是较具现代化形象的司售人员的讽刺者。郁达夫在《春风沉醉的晚上》中就写到"我"在上海大马路上散步时，被肥胖的司机怒骂的情景，事后一直愤愤不平。鲁迅先生大概也有过亲身的经历，说："如果一身旧衣服，公共电车的车掌会不照你的话停车。"沈从文 1922 年住在会馆的时候就抱怨北京的电车噪声让人烦恼。

早期电车稳定性差，在开辟不久的马路行走，险象环生，事故频发，光绪三十四年（1908 年）上海电车仅行驶数月，辗者相望，夷伤者不可胜计。人命关天，怨声载道，有一阕《哀电车》唱道："电车过兮如风驰，交衢铁轨之密布兮成蛛丝。铜线兮四达，作光兮陆离。忽焉来兮，依稀银弹之走飞鸟；倏焉去兮，仿佛急浪之腾蛟螭。路傍行人兮，身不及旋而目不及展；嗟何不幸兮，已作横陈之朽尸……"那时候的电车行如蛟龙，行人稍不留神即遇不测，本来便利的交通工具变成了马路杀手。竹枝词忠实地记录了电车的情状和民众最初面对电车的态度，以及使用电车中的问题，交通繁忙时常常人满为患，因此就有首竹枝词记录的电车扒手的情况："大家当心点，上下车中一刹那，每闻卖票打招呼。大家须要当心点，只为人丛胠箧多。"同年在胡适主编的上海《竞业旬报》有一首《电车词》："欢家住城西，侬家住城北，一日十往还，电气车儿速。电气车儿速，欢亦勿常来，车行易杀人，人命等尘埃。尘埃卷地起，瞥眼电车驰。轧轧电车轮，何似双鸣机。铛铛电车铃，欢行须避远……"年青男女，各住一隅，电车往来，方便快捷。但车道危险，步步惊心，女子既想对方常来探望，却担心其遭车祸，矛盾心情，跃然纸上。

汽车开辟高速时代

真正代表城市交通革命的无疑是被称为“交通骄子”的汽车。近代汽车是由德国人本茨（Karl Friedrich Benz，1844—1929 年）于光绪十一年（1885 年）发明的。自德国第一辆奔驰牌汽车问世以后，汽车便以其速度快、灵活方便、运量大的优点获得广泛使用。后来被西方人带到中国，逐渐成为上流社会出行的必备品。

通用汽车走进中国

出演“汽车进入中国”一幕的舞台还是在上海。据史料记载，中国第一部小汽车是光绪二十七年（1901 年）由外国侨民引进到上海的。这一年匈牙利人李恩时（Leinz）从欧洲输入两辆外形与敞篷马车相似的汽车，成为上海出现汽车之嚆矢，使十里洋场破天荒地出现了这一机器发动的“钢铁怪物”。其样式为：前排驾驶员单座，后排双人客座，车前无挡风玻璃，木制轮辐，配以橡胶轮胎。其中一辆是凉篷车顶，另一辆为折叠软篷车顶。20 世纪初，最早进入上海的汽车出自美国通用汽车公司前身厂家之一——奥兹公司，最早闯入上海滩的这两辆汽车都是奥尔治摩别尔牌（又译作“奥兹莫比尔 ”[①]）。这两辆最初的汽车十分简单、呆笨，四个轮子、一个发动机加一个箱子般的后座，不似如今的小汽车是流线型地浑然一体。在当时的中国人中间，尽管上海人算是最有见识、眼界最广的，初见这一怪物也感到惊愕不已。据美国人霍塞在《出卖上海滩》一

① 奥兹莫比尔（Oldsmobile）是当时通用汽车公司旗下的品牌之一。“奥兹”既是汽车公司，也是公司创始人的名字；“莫比尔”是英文“机动车”的译音。汽车第一次出现在上海时，中国人看见这种车子都很害怕，遇到它时，都远远地逃开。

书中所述，汽车第一次出现在上海时，“中国人看见这种车子都很害怕，遇到它时，都远远地逃开”。这两辆汽车在上海出现后，尽管没有对上海社会产生太大影响，但却使上海成为真正意义上中国最早出现小汽车的城市。

光绪二十八年（1902 年），侨居上海一位外国医生又带进一辆汽车，并在上海街头行驶，引起上海市民的惊奇。在此之前，上海“虽到过二辆，未见功效。至是始渐行矣”。汽车落户上海后，输入日渐增多，并成为高级交通工具。有外侨陆续携汽车来上海，或从国外订购汽车。受西风熏陶的华人也开始成为汽车的主顾。汽车样式奇异，速度飞快，路人为之惊讶不已，租界当局也不知如何对其征税。工部局开会讨论通过了为上海第一辆汽车颁发牌照的决定，不过因从未征过汽车税，无例可循，遂按马车规格征税，每月捐银两元。

光绪二十九年（1903 年），上海报纸开始报道国外的汽车拉力赛，不过报道侧重于比赛中车毁人亡的情景，这既说明当时汽车的不完善，更表明中国人对汽车这种奔驰如飞的最新交通工具的怀疑和恐惧心理。《上海洋场竹枝词》里写道：“往来如织密如麻，满眼汽车与电车；谁说中华生命重，噬人虎口日增加。”“欲保安全维秩序，认明红绿两边灯。”随着汽车在世界各地的推广，中国人对汽车的观念发生了很大变化。汽车在中国的流行，还要等到光绪三十三年（1907 年）举行的北京至巴黎的世界汽车大赛召开。这次世界汽车大赛，是国际早期汽车运动的壮举。它不仅距离长，而且首次借助汽车这种新式交通工具，将东西方两个著名古都连到一起，在当时引起了世界和中国的极大兴趣。据统计，光绪二十八年（1902 年）上海仅有 8 辆小汽车，宣统三年（1911 年）则发展到 300 多辆，1912 年，全市已有汽车 1400 辆，汽车逐渐代替了马车，成了有钱有势之人的出行工具。高级官员、富商、资本家、名医，纷纷雇司机，购置自备小汽车。甚至红妓女出堂差，也以自备汽车表示阔绰。

太后引领汽车潮流

慈禧太后这位讲究品位、时尚的“老佛爷”，率先接触并享受到了西方传入的现代物质文明。她的意识形态在不断更新，思维方式也在不断变化，而这也增加了她对“西洋物件儿”的喜爱，以至于其在颐和园内还引领了一股西洋风。而这股西洋时尚风最终刮出了颐和园，吹向了北京城乃至全中国。她享用电灯、乘坐汽车、喜欢摄影和巴黎香水……

位于颐和园东大门不远处的“德和园”是昔日帝后妃嫔看戏的戏园子，这里举办过“清朝帝后用品展览”。其中有一件堪称稀世珍宝的“老爷车”，这件文物至今已有100多年的历史。车厢内设有两排座位。前排座位是司机席，后排座位则是乘客席，前排只能乘坐一人，后排可以乘坐两人。在车厢的上方撑有一顶由四根立柱支起的车篷，车篷的四周缀有黄色的丝穗。发动机则被巧妙地装置在乘客席座位下面。经专家考证，这是一台横置式气缸、十马力的汽油发动机。外观与其说是汽车，不如说它更酷似昔日的一辆游览四轮马车。这辆在今天看起来依然“拉风”的敞开式古典汽车是中国进口的第一辆汽车，慈禧太后是和这辆汽车结下不解之缘的第一人。据说，慈禧太后喜欢游览，经常乘坐她的豪华大轿和马车去颐和园、西山游玩。光绪二十八年（1902年），直隶总督兼北洋大臣袁世凯为了讨好慈禧，用一万两白银引进了中国第一辆小汽车，这是一辆德国产的杜伊亚牌轿车，袁世凯把它作为祝寿贡品献给了慈禧。据《大公报》载“呈献皇太后电汽车17辆，特由外洋定购运至天津招商局修理妥备，又经公易洋行装潢整齐”，其中有两辆漆成杏黄色，其余漆成红色，运京呈进。这种车比火车小，每辆可乘6人，皆可远行。

慈禧太后一生享尽富贵却从没有见过这种先进的洋玩意儿，看后心中大喜。该车输入北京后，先在紫禁城，后在颐和园，供慈禧太后游览乘坐。不料，太后仅坐一次便弃之不用了。原来，汽车解决不了“尊卑”问题，司机不跪且坐，

慈禧太后乘坐的汽车 光绪二十八年（1902年），直隶总督袁世凯为了讨好慈禧太后，花费一万两白银进口了第一辆小汽车——杜伊亚牌轿车，这是作为祝寿贡品献给慈禧太后的德产小汽车。据说慈禧坐过一次便弃之不用，原因是司机坐着而非跪着，且坐在太后前面。

还坐在慈禧的前面！第一次乘坐汽车去颐和园游览，汽车驶出紫禁城后，慈禧太后发现原来的马车夫孙富龄成了汽车司机，不仅坐着还坐在自己前面，心里非常恼火，当即责令他跪着开车。司机只好跪着驾驶，但手不能代替脚踩油门和刹车，险些酿成大祸，这可吓坏了当时的王公大臣，他们纷纷下跪乞求慈禧太后不要冒这个险。慈禧太后于是无奈地被人搀扶下车，中途又换上她的16抬大轿。因为不能容忍司机坐在面前开车，慈禧太后渐渐对汽车失去了兴趣，因此这辆车被弃置一旁。后来，此车作为皇宫遗物在紫禁城闲置。好端端的一辆车后来便成为弃物，被扔进皇宫的废料堆里，就此“终了一生”。现代文明的种子能够存活，需要有合适的土壤，帝王之都显然不适宜汽车的生存。辛亥革命后，这辆汽车又从紫禁城移到颐和园，至今仍摆放在那里。据鉴定，这是中国进口的第一辆汽车，距今已100多年。历经战乱保存到今天，不能不说是个奇迹。

近代铁路的灰色记忆

常言道："牛皮不是吹的，火车不是推的。"而中国最早的火车却真的是用骡马拉行的，因此被人戏称为"马车铁路"。具有讽刺意味的是，清廷最初怕修铁路，担心震动祖陵，影响维护统治。辛亥年间，却因铁路问题而激化矛盾最终导致垮台，这在世界史上也是不多见的。

绝版"马车铁路"

自鸦片战争以后，很多人也曾梦想过在中国铺设铁路。同治四年（1865 年），英国商人杜兰德（Durand）在北京宣武门外修建了一条长约 0.5 公里的展览铁路，试行小火车，广为宣传。有记载云："英人杜兰德于同治乙丑七月，以长可里许之小铁路一条，敷于京师永宁门外之平地，以小汽车驶其上，迅疾如飞，京人诧为妖物。旋经步军统领饬令拆卸，群疑姑息。"当时的中国人根据日本的译法将火车称之为"汽车"，人们从未见过火车，便视其为妖物。由于火车引起了极大的惊诧和猜疑，最后的命运是很快被京师步军统领拆除。与此同时，上海、广州等地的西人也在酝酿修建铁路，但均遭到清政府的拒绝。

光绪二年（1876 年）六月，英国怡和洋行采取欺骗手段在上海擅自建成由吴淞到上海的窄轨铁路，葛元煦在《沪游杂记》中记道："路旁围竹篱，中以五尺许方木横排。相离二尺许，上打铁条二，接连不断"；写火车时说，"车用四轮，轮边中空外实。衔条以行，不致旁越"。该路长 14.5 公里，轨距 762 毫米，轨重每米 13 公斤，是中国最早出现的一条营运铁路，中国人第一次听到了火车的汽笛声。参加通车典礼的一位记者在《申报》上写文章说："火车为华人素未经见，不知其危险安妥，而（乘客中）妇女及小孩竟居其大半"，"先闻摇铃之声”，“又继以气筒数声，而即闻哱哱作响声者，车即由渐而快驶矣。坐车者面带喜色，旁观者亦皆喝彩，注目凝视”。当火车驶过农田时，乡民“面对铁路，停工而呆视也”，或有老妇扶杖而张口延望者，或有少年倚坐而痴立，或有弱女子观之而嬉笑者；至于小孩或惧怯而依于长老前者，仅见数处，则或牵牛惊看，似作逃避之状者，“然究未有一人不面带喜色也”。吴淞铁路其实还只是一种小型铁路，车轨只有标准轨距的一半，火车头和客货车厢也都是小型的，牵引的客车只有八九辆，每辆约能坐 30 人。该铁路经营一年多时间，后被清政府以 28.5 万两白银赎回并拆除。

光绪六年（1880 年）七月，唐山煤矿开始出煤，因唐山至胥各庄间地形不宜开凿运河，煤运不出，次年李鸿章为把开平矿务局大量的煤运至天津，多次请求在唐山至胥各庄建一条运煤铁路，从而揭开了中国自主修建铁路的序幕。这条铁路是为了开发开平煤矿，李鸿章任命英国人金达（Claude William Kinder，1852—1936 年）为总工程师，采用 1.435 米的标准轨距，每米 15 公斤重的钢轨，这条长 9.7 公里的铁路于光绪七年（1881 年）十一月建成通车。但清廷很快又以机车震动清帝陵墓东陵为借口，只准用骡马在铁轨上拖拉，一时间竟出现了马车铁路的怪现象。人们看到这样滑稽的情形：几匹骡马，艰难地拖拽着运煤车在铁道上行走。对于这件事，英国人肯德（P.H.Kent，）在他的《中国铁路发展史》（*Railway Enterprise in China*）中写道：“凡是人的才智所能设想出来的种种可笑的理由，都在清政府权贵的看法下产生了，他们以此来反对这个（修铁路的）计划。”但这毕竟是条铁路，是中国人自主修建的第一条铁路，因此是一个艰难而又了不起的进步。

当时中国朝野上下对于铁路修筑的阻力相当大，认为“火轮车路一举，为害于国”。所持理由主要有：一、认为铁路“失事之常闻”，行车不安全；二、认为“火车迅捷，行人路遇难于趋避”，易致伤人夺命；三、认为铁路一开，“货有凑至太捷之虞”，对中国商贾无益；四、认为铁路一开，“船业等必致失事，将有百万人之失业者”。曾经出使英、德两国，对西方国家有切身了解的通政使参议刘锡鸿，总结铁路“不可行者八，无利者八，有害者九”，得到反对修筑铁路者如李鸿藻、翁同龢、额裕等人的激赏。其出使西方的经历，大大增强了其反对意见的权重。在刘锡鸿看来，四书五经所规范的意识形态，是胜过任何实体火车的“精神火车”，实实在在的火车会扰乱帝国的秩序，唯有这列“精神火车”能给清帝国带来和谐。在刘锡鸿自鸣得意的同时，一位英国绅士却在《泰晤士报》撰文尖锐地讽刺他：“中国阻止进益之党，不作他事，只以禁止改变为务。毁弃铁路主议者何人？不得而知，闻共有七人，史册内载，历来开创有七个圣人，似此可编为‘七愚’姓名，传之后世。年来论及吴淞铁路，嬉笑怒骂，兼而有之……

上海火车站 鸦片战争后，西方印刷技术的引入与普及使桃花坞传统的手工业印刷不断受到排挤和挑战，桃花坞年画逐步退出城市市场被迫转入农村。为改变这一现状，19 世纪初的桃花坞年画出现了反映当时重大事件和新鲜事物的年画，上海火车站即是其中的代表作之一，图中再现了清末上海火车站人声鼎沸的景象。

毙于车下（出自《点石斋画报》） 天津铁路公司一辆火车由芦台开往塘沽，火车已经开动，站台上飞奔过来一个来晚了的乘客。他急着上火车，拉着车门扶手。但是由于火车冲力太大，他的手没有抓牢，一下子坠落到轨道上，大腿被车轮碾过。司机停车发现人已奄奄一息，不久便死去了。

不料与郭（嵩焘）同来之柏林公使（刘锡鸿），同观、同想而不同心，谓电报、铁路虽于不慊于心之夷鬼有用，于汉人全不相宜……从前中国有个皇帝，恐民智之日滋，因而焚书坑儒，至今传以为笑。阻止铁路之人，亦必贻笑后代无疑也。”

禁苑行驶火轮车

除了反复上书条陈建设铁路的重要意义外，洋务派人士还挖空心思让清廷最高统治者看到真实的铁路，亲身体验乘坐火车的乐趣。经过深思熟虑之后，光绪十四年（1888 年），李鸿章利用重修北海、中海、南海的机会，建议在西苑三海安设铁轨，以引起清朝最高统治者对于铁路事业的兴趣。很快在北海到中海之间，清宫中的第一条铁路修建完毕，这是当时国内已铺设的第四条铁路。这条“超短裙”式的铁路，分成了两期进行建设。第一期从中海的瀛秀园门外修通到紫光阁、时应宫一带，称“紫光阁铁路”；第二期则继续向北延伸，穿福华门（中南海北门），入北海的阳泽门（北海西南门），再沿北海西岸北行至极乐世界转向东，又自龙泽亭以北，经阐福寺、浴兰轩、大西天，至终点站镜清斋，称“北海铁路”。全路长约 4 华里，统称“西苑铁路”。

紫光阁段铁轨铺完，是光绪十四年（1888 年）左右的事情。直隶总督兼北洋大臣李鸿章将火车运抵北京，进献慈禧，请示是否可以试车。这列火车原是天津海关道周馥、候补道潘骏德向法国新盛公司德威尼订购的。档案记载，其中包括列车厢 6 节，丹特火车头 1 台，铁轨 7 里多。车辆运到北京后，经过海军衙门验实，“上等级好车一辆，上等坐车二辆，陈设华美，制作精工中等坐车二辆，行李车一辆，亦俱材质光洁”，分别用黄、红、蓝三色绸缎装饰。慈禧的车厢是黄绸窗帷，宗室、外戚的车厢是红绸窗帷，王公大臣的车厢则是蓝绸窗帷。

就在朝廷上下为铁路争得头破血流时，慈禧太后移居西苑中海。西苑铁路大大扩大了慈禧的活动范围，她以仪銮殿为寝宫，到勤政殿开殿议政，中午散朝回瀛秀园海宴楼更便服、进茶点，领着光绪帝及王公大臣乘火车到北海静清斋吃午饭、午休，于是，乘火车成了她平日生活的乐趣所在。差不多每天都要乘坐一趟小火车，往返于仪銮殿和镜清斋之间，便捷舒适。但是由于慈禧迷信风水，害怕火车机车鸣笛“吼叫”会破坏皇城气脉，所以小火轮车行驶不用机车牵引，而是“每车以内监四人贯绳曳之”。每次行驶，都有许多太监手执黄缎幡旗在黄帷车前的铁轨两旁，列队导引。时人有诗曰：“宫奴左右引黄幡，轨道直铺瀛秀园，日午御餐传北海，飙轮直过福华门。”

在宫廷禁苑行驶火轮车，是西苑三海的特大“奇闻”，它的重要性远远超过了直接的经济价值。它是清政府在京师正式修建的第一条铁路。清廷最高统治者乘坐火轮车，往返于宫廷禁苑这件事，为中国铁路事业的发展起到了巨大的推动作用。慈禧太后做了回“铁路的代言人”，其收获便是大清国从此不再为“是否”修建铁路而争论，转移到为“如何”修建铁路而吵闹了。在安设紫光阁铁路的同时，慈禧太后就批准了上年冬天李鸿章关于“兴修津通铁路”的奏请。第二年秋天，慈禧又批准了“兴建卢汉铁路”的奏请。随后，津通铁路、津浦铁路、京奉铁路、京张铁路相继兴工。从此，中国铁路事业的发展进入了一个新时期。但这条铁路仅存在了12年，光绪二十六年（1900年）八国联军侵占北京时，这条铁路被拆。此后一直未能修复，实乃大清帝国的悲哀。

光绪二十九年（1903年），慈禧由北京南下谒西陵，盛宣怀又特派道员陶兰泉临时改装了一辆供太后乘坐的花车。据陶兰泉日记记载，花车共分两节车厢，第一节车厢内，登车门后，是一道玻璃屏风，旁开一门，大门正中设宝座，四周设长桌，上加黄缎绣龙桌围。壁缦黄色丝绒，内衬白毡，地上铺五色洋毡，车中陈设，华丽非凡，古玩、玉器、书法、名画一应俱全。宝座后有一门即改装的卧室，即为第二节车厢。进入卧室，首先映入眼帘的是一架横摆的西洋铁床。使用西洋铁床，是经李莲英格外指点的。原来慈禧这时已吸鸦片成瘾，西洋床用席梦思，躺下比较舒服。铁床又有一门，内设“如意桶”供慈禧解手之用。桶内下铺黄沙，上注水银，“水银泻地，无孔不入”，所以排便之物一落，即没入无形。盛宣怀仅为装饰慈禧这两节车厢就报销了14万两银子，这种开销恐怕连和慈禧同时的英国女王维多利亚听了也会咋舌罢！

信仰

超越时空的执着

中国古代宗教文化是绚烂的，甚至可以说，在古代中国，上至帝王下至黎民，几乎人人都有着一份超越时空的执着。清代信仰的内容更加广泛，除了原有的佛教和道教信仰外，满人的萨满崇拜显得尤为神秘，再加上灵魂崇拜和自然崇拜，清人的精神生活实在很丰富。

崇尚佛法的人，渴望聆听菩提的禅音，抛下世俗的观念，一生伴随在观音圣像左右，出离红尘。他们在佛家庙堂里，远离世间的喧嚣，怀抱着寂寞和虚无。“一花一世界，一叶一菩提”，佛家世界让朝觐之人心怀敬畏。他们希望得到菩萨的指引，以通往佛家圣地。

白山黑水之地，满洲八旗的铁蹄之师驰骋南北、横贯东西，用杀戮和血腥成就了“女真满族万不可敌”的标签。而佛法中让人后怕的因果报应论，使得念经礼佛成为满人为自己和后代子孙“消业”的一种必修课，佛教里大慈大悲的菩萨形象更是被统治者加以修饰，成为标榜自己的工具。

道教是中华民族传统文化的继承者，是中国古代圣贤的教言与智慧的结晶，那些教言与智慧在5000年的长歌当中一直与我们华夏子孙相伴。道教的神秘色彩让人趋之若鹜，特别是其神仙方术，更是让包括清代皇帝在内的大多数人苦苦追寻，一时间宫内高炉烟起，金丹百出，给了天子们的希望，也毁了天骄们的身体。

作为满人最初的宗教信仰，萨满教更多地被蒙上了神秘的色彩。萨满们绚丽夺目的神裙光彩、粗犷豪放的野性舞姿，配合着那激越昂扬、响彻数里的铃鼓声音和悠远古老的萨满神曲，使人仿佛置身幻境。满人对这种神秘莫测的萨满教的狂热崇拜以及那种令人惊叹不已的神事活动，同世代都在虔诚信仰本民族的宗教神威的北方诸民族一样，让人感到既敬畏又好奇。

除佛教、道教和萨满教外，清代还存在一些其他的传统民间宗教。它们在一定程度上融合了中国政治、哲学、道德、文艺、民俗等传统元素，对清代社会产生了细致入微的影响。

东方的极乐世界

清代诸多帝后对佛教崇尚有加，顺治、康熙、雍正、乾隆、嘉庆、慈禧无一例外。佛教之所以受到统治者极大的支持与拥护，概因统治者也有解决不了的问题，需要寻求心灵上的寄托，聊以慰藉；还因佛教去欲望、修来世的教义有利于统治者对国家的治理。清朝皇帝的崇佛活动各有渊源，各有特色。

爱江山更爱美人

清代帝王崇佛首推顺治，民间盛传“顺治出家”。生于皇室的顺治，也有贵族子弟的年少轻狂。相传，其年少时好色淫逸，整天寻花问柳，后宫佳丽更是有两后、十五妃。但是自从遇到董鄂氏后，顺治便性情大变，涤除了恶习，专宠董鄂氏一人，视她为掌中宝。董鄂氏可谓集三千宠爱于一身，根据《清实录》记载，顺治十三年（1656年）八月二十二日董鄂氏被立为“贤妃”，九月

顺治帝问佛图 顺治皇帝是一位佛法素养很高的皇帝，同时也是一位虔诚的佛教信徒，经常与佛教高僧谈经说法，多次有出家为僧的念头，曾自叹：“黄金白玉非为贵，惟有袈裟披肩难；百年三万六千日，不及僧家半日闲。黄袍换得紫袈裟，只为当年一念差；我本西方一衲子，为何生在帝王家？”其座右铭更是大书“莫到老来方觉道，孤坟尽是少年人”。其向佛之心，为一般人所不及。

二十九日又被册封为“皇贵妃”，其晋升之速真是羡煞后宫众人。不仅如此，其册封典礼还极其隆重，册封之日大赦天下，这是在清代历史上绝无仅有。时人感叹：“长信宫中，三千第一；昭阳殿里，八百无双。”

据传教士汤若望在《汤若望回忆录》记载：“顺治皇帝对于一位满籍军人之夫人，起了一种火热爱恋，当这军人因此申斥他的夫人时，竟被对于他这申斥有所闻知的天子，亲手打了一个极怪异的耳掴，这位军人于是乃因怨愤致死，或许竟是自杀而死。皇帝遂将这位军人的未亡人收入宫中，封为贵妃。”后来陈垣先生在《汤若望与木陈忞》中详细进行考证，这名满籍军人便是顺治帝的弟弟博穆博果尔，博穆博果尔于顺治十三年（1656年）七月十三日卒，年仅16岁，27天服满，因此于八月即册立董鄂氏为贤妃，九月晋为皇贵妃。《清史稿》卷也称董鄂氏“年十八入侍，上眷之特厚，宠冠后宫”。按照清代选秀要求，一般为八旗官员13至17岁的少女，超过17岁便失去选秀权利。而董鄂氏18岁才入宫，本身便存在诸多疑点。清初有宗室及命妇轮番入侍后妃制度，作为襄亲王福晋的董鄂氏当然有机会进宫见到顺治帝。可能在此时顺治帝对她产生了好感，于是才有《汤若望回忆录》中所载之事。

可是好景不长，自古红颜多薄命，结婚才三年，董鄂妃就撒手人寰，离顺治而去。原来董鄂妃自小体弱多病，再加上亲生子不到百天就夭折，这对初为人母的她打击很大，从此一病不起，年仅22岁就离开了人世。此事让顺治痛不欲生，他连续五天没上早朝，不理朝政，大办丧事，并赐死宫女、太监30人作为陪葬。同时还让全国为董鄂妃服丧，官员服丧一月，百姓三日。为表哀思，顺治让文人学士为董鄂妃撰写祭文。文人张宸写了一份祭文上达天听，祭文催人泪下，将董鄂氏的嘉言懿行、贤良慧德历数于言。顺治读着读着，竟痛哭流涕。失去了最心爱的人，他开始悲观厌世，太后为防其自杀，派人昼夜看护。后来，顺治沉迷于佛法，希望遁入空门，以求得精神上的安慰。他曾让僧人为其削发剃度，决意出家。皇太后百般劝解，可无济于事。太后急忙让高僧玉林琇进宫劝说，原来为皇帝剃度的僧人是玉林琇的弟子。玉林琇进宫后痛骂弟子所作所为，并告诫弟子，如若皇帝出家，必将其烧死。顺治也有悲天悯人之心，得知此事，万般无奈之下，答应蓄发留辫。可是出家修行的念想迟迟难以放下，于是他让自己身边亲信的太监做替身，进寺庙修行。顺治最终难以在青灯古佛前了其余生，终日抑郁难解。身体本来就虚弱的他在郁郁寡欢中慢慢消瘦，年仅 24 岁就追随爱妃去了，只留下一段风流天子爱美人的佳话。

“老佛爷”有来头

观音在民间被尊称为“大慈大悲救苦救难观世音菩萨”，要说拜观音像还容易理解，但要说扮观音就显得过于矫揉造作了，不过一向自诩有“大慈大悲心肠”的慈禧太后不仅扮上了，而且还拍了下来了。清末，随着开放程度越来越高，一些西洋玩意就悄悄地“走”进了紫禁城内。慈禧太后从西安返回北京后，对西洋玩意的态度来了个 180 度大转变，对西洋机器很感兴趣，对照相机更是爱不释手。

有了这新奇玩意后，慈禧曾对跟前女官德龄说：“有了这西洋相机，我就可扮成观音模样来照相了，等有时间可以让这些宫女太监扮成观音的侍者。前段时间我都将观音的服饰给定制好了，就等着试穿了。等照了观音像，没事的时候拿出来看看，遇上什么不顺心的事，想发怒的时候，还能使我平静下来，这样就很符合大慈大悲的观音形象了。我得跟你说，照这张照片对我很有意义，可以不断地提醒我，作为一位大慈大悲的观音菩萨，是不可以发怒的。”慈禧就在自己七十大寿的那一天，把自己打扮成观音模样，为了能够照出观音菩萨的效果，还特意请了年轻的宫廷摄影师裕勋龄。裕勋龄在西方专门学过摄影，回国立马就成了慈禧太后的专职摄影师。这一天，太后兴致相当高，一连在荷

清·佚名《慈禧扮观音像》 这幅画像中，慈禧端坐在莲花台上，头戴天冠，身着观音服，右手扶仙石，左手放在膝盖上。在她身前有盛开的鲜花，背后有丛竹、仙桃为伴，身下有侍者仰拜，俨然一位“活观音”。

花丛中照了四张或立或坐的、侍者不同的观音大士相。慈禧扮观音时头戴毗罗帽，帽上有五佛冠，冠上五个莲瓣都绣着佛像，代表五方五佛。佛冠两侧，各垂一条长飘带，上面写着观音六字真言。太后身后的布景布绘着丛竹山石，中间悬挂着一块云头牌匾，写着“普陀山观音大士”。太后右手持佛珠，左手持净水瓶，身穿佛袍，端立于横幅前的莲花台上，神态和蔼端庄，表情宁静神圣，颇似观音。近侍女官四格格身穿莲花衣，手捧着一册书，站立于太后右侧，装扮成观音的童子善财；大总管李莲英头戴武夫帽，身穿蟒服，双手合掌与胸前，两肘上托着金刚杵，扮成韦陀天尊立在老太后的左后方，距离稍远。慈禧对此照片极为重视，将其悬挂于宫内。

慈禧扮观音的照片多在晚年拍摄，流传下来的也很多。慈禧如此喜爱扮观音，宫人便以“老佛爷”相称。有清宫词《慈禧照相》为证：“垂帘余暇参禅寂，妙相庄严入画图。一自善财成异宠，都将老佛当嵩呼。”慈禧本人对“老佛爷”这个称呼也是很满意的。

土生土长的精神家园

鲁迅先生在致好友的信中曾说："前曾言中国根柢全在道教，此说近颇广行。以此读史，有许多问题可以迎刃而解。"鲁迅肯定了道教在中国传统文化中的地位和作用。英国科学家李约瑟（Joseph Terence Montgomery Needham，1900—1995年）先生也曾经说过类似的话："中国人的特性很多，最吸引人的地方，都来自道家传统。中国如果没有道教，就像大树没有根一样。"之所以称道教为中华民族的根底，是因为道教是中国土生土长的宗教，它所追求的自然和谐、国家太平、社会安定、家庭和睦，代表了中华民族的终极理想，也描摹了中华民族追求的精神家园。清朝帝王大臣在这条精神之路上也印下了属于自己的足迹。

雍正的神仙美梦

道教的神仙方术吸引了大批的"粉丝"，特别是道士们炼出的"仙丹"，号称谁吃了都能够长生不老，有谁不想同神仙般长生不老呢？清朝皇帝之中对炼丹最为痴狂的，恐怕非雍正皇帝莫属了。

雍正还是皇子的时候，就对丹药很感兴趣。他曾写过一首诗，名叫《烧丹》："铅砂和药物，松柏绕云坛。炉运阴阳火，功兼内外丹。"由此可以看出，雍正早年便对丹药有相当的研究和兴趣。雍正登极后，极力推崇金丹派的南宗祖师张伯端，封他为"紫阳真人"。他亲自用朱笔书写数份密折，谕令一些地方心腹要员："留心观察那些能够修养性命之人或道士。如果能够找到，一定要宽以待人，不可强迫还要安顿好他们的家人。对其本人更要优厚礼遇，并速派车护送来京，朕自有用处，望诸爱卿竭力为朕寻找。”为了消除大臣们的疑虑，他又说：“即使送来的人没有本领，朕也不怪罪，朕自有试用的方法。”各级大臣接到谕令后，自然不敢怠慢，尽其所能引荐道士。

雍正在位中期得了一场大病，他颁布手谕，要求地方大员们推荐名医和术士速到皇宫给他治病。于是道士贾士芳就这样来到了京城。治病期间，贾道士大显身手，疗效甚好。雍正非常高兴，对自己的亲腹说：“朕体欠安，幸得贾异人调治有效。”哪知到了九月份，皇帝突然将其下了大牢，十月就处死了他。原来这贾道士在给雍正治病时，边用手按摩，边口诵经咒，念道：“天地听我主持，神鬼听我驱使。”雍正一听到这话，很是不高兴，心想：“我身为九五之尊，是老天的骄子，也要听命于天地神祇，你小小一个道士，竟要天地神鬼听你摆布，这不比我还大吗！岂能容你！”虽然贾士芳令人不满，雍正并没失去对道士的信任，对炼丹炼药更是痴心不改。后又来了两个大道士，一叫张太虚，另一叫王定乾，他们到了宫里给雍正炼了许多丹药，传授给他道术。据第一历史档案馆的《活计档》记载，雍正皇帝曾在五年之中，运送炼丹所需物品达157次，炼出了一炉又一炉所谓的不死之丹。雍正吃了丹药后感觉不错，还拿出一些赏赐给宠臣，他曾将济丹赏赐给心腹鄂尔泰和田文镜，并说济丹是“经过精心炼制，不论寒热温凉，效果殊异，确是一种有益无害的良药，尽管放胆服用，不必有所怀疑。”没想到的是，经常服食仙丹的雍正只活了58岁便驾崩了。之后就有人相传，雍正皇帝长期吃的丹药可能含有铅、汞、硒等重金属，从而导致中毒而毙命。所以在雍正驾崩后，乾隆就下令将张太虚、王定乾等人赶出皇宫，给他们安了个“市井无赖之徒，最好造谣出事”的罪名。同时，为了不让太后心烦，乾隆警告下人不许说闲话。雍正皇帝刚死，能有什么闲话让皇太后心烦呢？这样看来，不得不让人怀疑雍正皇帝真是死于有毒的丹药。

雍正像 雍正十三年(1735)八月，雍正在圆明园阖然长逝，其死因众说纷纭。主流说法是因过量服丹而导致铅中毒。早在雍正七年（1729年），雍正大病后曾给心腹密旨，延请道士张太虚等，到圆明园炼丹，以求长生不老。园内的紫碧山房、深柳读书堂、别有洞天等处都炼过丹，档案记载，这些地方无论寒暑都要大量的煤、白炭、矿银、硫磺等炼丹所需之物。雍正死后三天，新君乾隆就下令驱逐张太虚等，并严谕他们不许透露宫中只言片语。这种严厉的态度可能就同雍正食丹药而死有关。

道教神仙入凡尘

周作人曾说过：“影响中国社会力量最大的不是孔子和老子，不是纯文学，而是道教和通俗文学。”道教作为中国土生土长的宗教，在形成和发展过程中不断汲取中华文化的各种特质，形成后，在社会生活的各个方面又不断地发挥其作用。文学被认为是意识形态的反映，自然或多或少地受到了道教的影响。民间通俗文学中关于道教神仙的传说有很多，其中最为流行的要数道教“八仙”，而“八仙”中又以吕洞宾最具代表性。

吕洞宾像 吕洞宾，道号纯阳子，是全真派祖师北五祖之一。唐宋以后，他与铁拐李、汉钟离、蓝采和、张果老、何仙姑、韩湘子、曹国舅并称“八洞神仙”。在民间信仰中，他是八仙中最有名、留下的传说最多的一位。

康熙年间，济南人都比较崇敬吕祖。一天恰逢吕洞宾的诞辰日，一个德高望重的济南人华可宗，带领一群年轻人到吕祖洞进行祭拜。祭拜结束，大家看着天朗气清，也不急于回家，就到洞前的亭子中饮酒闲谈。闲谈的内容无非是感慨人生。其中有一位小伙子说："在这个太平盛世，有些人就是不知道知足，欲望无止境，一味地想掠取更多。其实自己已经是个大财主了，家里的东西怎么用也用不完，山珍海味怎么吃也吃不完，可还是一个劲地想得到更多。"旁边的另一个小伙子接着说："是呀，有的家财万贯，妻妾成群，可还是不知道满足。"华可宗接过话说："我说那些文人也是不知道满足的，不分昼夜地苦读，呕心沥血，考上秀才还不行，还要考举人、进士，当了进士也还不知足，还拼命想当状元，争个进士、状元耗尽一生的时间和精力，也真是太累了。"众人纷纷摇头，叹息说："人这短暂的一生到底是为了什么？为名为利真是太累了！还不如做个普普通通的老百姓呢！"

大家在议论纷纷之时，忽然走进来一位老者，老者满面红光、神采飞扬，大笑着对众人说："你们谈得好，谈得好，我刚才碰巧听到了你们的谈话。如此良辰美景，就让我在这亭壁上题首诗，为大家助助兴吧！"说完挥笔写下："生在儒家遇太平，悬缨垂带布衣轻。谁能世上争名利，臣事玉皇归上清。"诗写完，笔一落，旁边的小伙子忙给老者上茶，忽然一股轻烟飘走，写诗的老者不见了。小伙子见状，吓了一跳，手中的茶壶"噗通"落在了地上。奇怪的是，茶壶落地却未碎，只是旁边碰了两个小孔，像特意雕凿的一般。众人也惊呆了，转念一想，才恍然大悟："二孔即二口，二口为吕字，原来是纯阳帝君来了。"大家连忙拈香叩拜，以表歉意，以为是他们的闲谈打扰了吕祖的清修。拜后，还是德高望重的华可宗领悟了吕祖诗的意思，他语重心长地对众人说："大家不要慌，吕祖不是来指责我们的，而是来给我们指点迷津的。你们看这诗，吕祖想要告诉我们还是做个悬缨垂带的布衣好，一生无忧无虑，落得轻松。"

马背上的萨满

喜欢中国现代文学的人，都知道鲁迅是极力反对萨满教的。在他的《谈虎集》中，有一篇谈“萨满教的礼教思想”，上面写道：“中国据说是以礼教立国，是尊奉至圣先师的儒教国，然而实际上国民的思想全是萨满教的。”他希望用一神教把这种多神教——萨满教给打倒。萨满教是一种多神教，相信万物有灵，故被鲁迅称为“拜物教”，是北方许多民族信仰的宗教。萨满教中“萨满”扮演着主要角色，信徒认为其能沟通人和神，为人神中介。

背灯祭俗代代传

信奉萨满教的满族人，一般在春耕之前或秋收之后都要举行家祭，俗称“春秋大祭”，2007 年吉林与黑龙江两省相继将满族家祭列入省级非物质文化遗产名录。满族家祭中最为神秘的当数夜晚的“背灯祭”，这是萨满教独有的祭式，举行仪式时要将屋内的灯火熄灭，这是为了祭祀“万历妈妈”，她在救老汗王（努尔哈赤）时被杀，死时未穿衣服。

努尔哈赤少时家境破落，无奈之下就逃奔到明辽东总兵李成梁部下，当了一名小差。努尔哈赤聪明伶俐，深得李总兵喜欢，留在了他的帐中当亲兵。有一天，李总兵接到万历皇帝的圣旨，说是天象异常，紫微星突降人间，东北方向大有天子之息，皇帝很着急，命他赶紧搜寻此人。半年过去了，李成梁也没抓住这冒天子之气的人。一天，努尔哈赤给李总兵洗脚时，李掰开脚掌，对努尔哈赤说：“小子，看我脚上长了三个黑痣，多亏了它们，我才能当上总兵啊。”努尔哈赤听了就无心地回了一句：“这有啥稀奇的，不瞒帅爷，我脚上还有七个红痣呢！”

真命天子 俗语云："脚踏一星，能掌千兵；脚踏七星，能掌天下兵。"七颗星如果排成了勺状，成为北斗七星，那就是帝王之相，一生贵不可言。传说中，中国古代脚踩北斗七星的帝王有汉高祖刘邦、明太祖朱元璋及清太祖努尔哈赤。

李总兵一听，大吃一惊，心想："这不就是我苦心寻找的'未来天子'嘛！"

李成梁支走了努尔哈赤，高兴地走进卧室，立马吩咐他的爱妾喜兰，说："赶紧让人准备囚车，这皇上叫我捉拿的人原来就在我们身边，这回可是大功一件啊！"喜兰没明白郎君的意思，急问缘由。李成梁便把刚才发生的事又对喜兰细说了一遍。喜兰心地善良，觉得努尔哈赤年纪轻轻就被砍头太可惜了，表面上答应了李成梁，可私下里却想如何解救努尔哈赤。这天夜里，她见李成梁熟睡，悄悄起来，把努尔哈赤叫醒，将李总兵要把他押解上京师一事告诉了他。努尔哈赤听后吓得不轻，回过神来后，赶忙跪地感激道："夫人有如我再生父母，得夫人相救，他日定当报答。"说完喜兰催他赶紧离开，努尔哈赤牵上一匹大青马，快马加鞭，仓惶向长白山驰去。

第二天，李成梁起来没看见努尔哈赤，到后院一看，大吃一惊，自己的爱妾喜兰已自缢在柳树之下，顿时明白因果，勃然大怒。李成梁不管夫妻情分，叫人将其解下来，全身脱光，重打了40大板，以解心头之恨。在喜兰的帮助下，努尔哈赤摆脱了危险，于是在其成大业后，命令上到王公贵族下至平民百姓都要祭拜喜兰夫人。又因喜兰死于万历年间，所以她又被称为"万历妈妈"。自此，"万历妈妈"就成了萨满教供奉的祖先之一。

祭祀"万历妈妈"当天，满族人家须在房屋的正房西墙外，立上"万历妈妈"的神位以纪念喜兰夫人。民间流传的背灯祭祀祝词中说："其居平营出征，骑双骥强壮，占马行走，各处太平。昼走千里，夜行八百，紧急而去遥远，神主宽容……"描绘出当年努尔哈赤出逃的紧张场景。据说喜兰夫人放跑努尔哈赤后上吊的那一天，正是满族每年黄米熟了的日子，这一天家家户户都会在门前插上柳枝，从而表达对拯救他们祖先努尔哈赤的喜兰夫人的敬意。此外，满族人民在祭扫时，得要先灭灯祭扫，相传就是因为喜兰夫人死的时候赤身裸体，为了遮羞熄灯祭扫，所以称为"背灯祭"，乾隆十二年（1747年）定其仪节，清人震钧在《天咫偶闻》中曾详细记载京城满族背灯祭礼的情况。

敬犬之风为哪般

满族人崇奉萨满教，也继承了先人很多习俗，如不杀狗，不吃狗肉，不用狗皮做衣服等等，对狗相当敬畏。如果外族人要是到满族人家去做客，也得入乡随俗，不能戴狗皮帽子或者穿狗皮衣服，如果“一意孤行”的话，是很不受主人欢迎的，严重的还会被主人赶出门。那满族人敬狗的风俗究竟是怎么来的呢?

相传，努尔哈赤被喜兰救出军营后，骑着大青马，带着自己心爱的黄狗，跑了一天一夜。此时人困了，马儿狗儿也乏了，于是努尔哈赤就想下马休息一下。没承想，他刚下马，就听见后面一片马奔声，其心想肯定是追兵来了，遂只得骑上大青马，继续逃跑。这大青马刚开始体力好，跑得如风驰电掣般，到了后来体力下降，喘着大口的粗气，跑得也慢了，不久竟活活累死在地。努尔哈赤见此，无不惋伤地说：“如果日后能得天下，决忘不了‘大青’！”后来，努尔哈赤死去，其子皇太极即位，遵照努尔哈赤的生前诺言，将国号改为“大清”，也算实现了努尔哈赤对大青马的承诺。大青马累死后，努尔哈赤只好徒步逃跑，但是李成梁的兵马对他仍穷追不舍。人走路远不及马快，眼看就要被追上时，努尔哈赤急中生智，钻进了路旁的草甸子里。一帮追兵看着前方一望无际的草甸子，一时间也不知道如何是好。后来他们想出一个办法，准备用火烧掉这一片草甸子，这样努尔哈赤必被大火烧死，回去就可以交差了。此时的努尔哈赤已跑得精疲力竭了，躺在草地上，不知不觉地就睡着了，浑然不知都快火烧眉毛了。当他醒来时，发觉自己莫名其妙地在水泊中躺着。站起来一看，周围的草都烧光了，心爱的老黄狗也死了。他明白过来，一定是黄狗跳到水里将身子弄湿，再将自己的衣服和周边的草弄湿，才使自己大难不死，可是黄狗却活活累死了。此景此情，让努尔哈赤感动得痛哭流涕。念及黄狗的深情厚意，努尔哈赤便命令子孙永远不许杀狗，吃狗肉和穿戴狗皮帽子和衣服。自此，信仰萨满教的满族人有了“敬犬之风”，如要有人戴着狗皮帽子到满族人家祖宗神位前，就会以侮辱祖先罪论处。

庭前植立索罗杆

清末曾在东北当官的刘兆褆创作了《吉林纪事诗》并流传下来，其中有这样一首：“植立庭前木一根，祭天祀祖百神存。禳祈祸福凭义勇，切肉同餐俎上豚。”诗中所咏之物就是旧时满族人宅院中所立的“索罗杆”。索罗杆是满族人的“圣物”，人们对它很崇敬，不能往杆座前扔倒污物，不得踩、坐或用脚踢踹杆座，也不许在神杆下口出污言秽语，否则便会被天神责罚。

索罗杆的来历还得从努尔哈赤说起。努尔哈赤当初起兵打天下时，要啥没啥，只有八个结拜的弟兄。他们九个人相依为命，赤手空拳怎么能打天下呢？他们急得团团转。一天，从石头后面蹿出来一只白额老虎，长啸一声，震得树叶子哗哗直响。九个弟兄纷纷把帽子扔在地上，老虎在九顶帽子中间转呀转，最后，一口把努尔哈赤的帽子叼在了嘴里，大摇大摆地走了。按照山里人的规矩，遇到老虎，谁的帽子被叼走谁就得跟着老虎让它吃。努尔哈赤跟八个兄弟告别后就跟着老虎走了，他们走过了九座山，又过了九条河。最后在一块大石壁前，老虎站住了，它蹿到了大石壁顶上，长啸一声，山呼谷应，然后，就一动不动地定在了山尖上，变成了一尊石虎。努尔哈赤抬头向它拜了三拜，拾起自个儿的帽子来。随后眼前一片火红，仔细一瞅，原来满山遍野长着半人高的人参，他狂喜地跑回去找来八个兄弟。正在抱头痛哭的八位兄弟，猛地听到努尔哈赤在召唤他们，立马跑了过去。在努尔哈赤的带领下，九个人挖起人参来，不一会儿，挖的人参堆成了小山。努尔哈赤就靠着挖来的人参和明朝的商人做起了买卖。他换来了铁器、布匹，不断招兵买马，变得兵多将广了。知恩不报非君子，努尔哈赤不是忘恩负义的人，他坐享天下后，为了纪念创业之艰难，就下令凡八旗人家都要在院子里竖立一根挖人参的工具——索罗杆。清入关后，在紫禁城内坤宁宫前东南立了一根索罗杆，今沈阳故宫帝后居所的清宁宫前东侧亦立有一根索罗杆。

索罗杆 索罗杆又称“神杆、得胜杆、祖宗杆、妈妈杆”等。满族人家中皆立“索罗杆”，立杆的位置一般在正房前庭院中的东南侧，下为高一二尺的石座，杆长一丈左右，下粗上细，顶端尖锐。接近杆顶之处，套一锡斗。相传努尔哈赤起家时，就是用“索罗杆”挖来的人参逐渐强大起来，建立基业。

满人每逢祭祀时，一般都是在立有神杆的院子里举行（妇女在室内）。照例都要杀猪献牲，并由主持祭祀的“萨满”在杆前念诵祭词，众人向竿子磕头。通常每次大祭时都要使用新的索罗杆，并用杆尖蘸猪血，把猪的喉骨套在尖上，还要放猪内脏等碎肉在竿顶的锡碗里。要是用树枝和秸秆作杆，则把肉捆缚在竿上，这些肉都是用来喂乌鸦的，因为在民间传说中乌鸦是曾经救过努尔哈赤的神鸟。每逢祭天大典，操办得都很隆重，许多家族还有萨满跳神仪式，参加仪式的族人可以分食祭肉和用小米加肉末做成的“小肉饭”（俗称“达子粥”）。村里的异姓人或者路过的陌生人，只要在索罗杆前磕个头，就可以进院吃肉，吃得越多主人就越高兴。客人临走时不许向主人道谢，只要向杆子叩头即可。因为这些肉和饭是天神所赐，所以应该谢神才对，这体现了满族人信仰的淳朴。

永恒不灭的灵魂

生死是人类永恒的话题，满族也和其他民族一样，很早就在不断地探索人的生死起源问题。他们认为人的肉体能够呼吸，有生命，有活力，其原因就是人的肉体内存在着“灵魂”。在满人看来，灵魂是由生魂、游魂和转生魂三部分组成。由此所构成的灵魂体系对满人的生活产生了深刻的影响，是萨满信仰中灵魂观的主要组成部分。这种“三位一体”的灵魂观，统治着整个萨满信仰的灵魂崇拜，并在实际生活中发挥作用。

生魂入梦托嘱咐

与死者的鬼魂相比，生魂是从将死之人身体出离的魂魄。据纪晓岚的《阅微草堂笔记》记载，阳气比较旺是生魂的一个最大特点，它不太怕活人的阳气，因此阎王爷通常会派不怕阳气的“冥差”走无常去勾将死之人生魂，将其带出家门，再由其他鬼差将它押往地府。

纪晓岚之所以对生魂的理解如此通透，这与他自身的一段经历有关。据史书记载，纪晓岚有一位夫人和六房妾室。纪晓岚的侍姬中沈明玕得他的笔墨最多。《槐西杂志》里对沈氏作了介绍。沈氏认为“女子当以四十以前死，人犹悼惜。青裙白发，作孤雏腐鼠，吾不愿也”。书中还有她的一首小诗：“三十年来梦一场，遗容手付女收藏。他时话我生平事，认取姑苏沈五娘。”相传沈氏临死前其生魂还跑到纪晓岚的住处探望了他，可见沈氏与纪晓岚夫妻之情深。沈氏死后，纪晓岚在她的遗像上题了一首诗：“几分相似几分非，可是香魂月下归。春梦无痕时一瞥，最关情处在依稀”，以寄相思之情。

《红楼梦》中也提到了秦可卿临死时生魂向凤姐托梦一事。一夜，凤姐正睡眼惺忪，梦见秦氏从门外走来，笑道："婶子睡得好啊！我今日要走，舍不得婶子，所以来跟你道别。另外还有一件心愿未了。"凤姐听后，问道："有何心愿？你只管托给我就行了。"秦氏说道："婶婶，常言'月满则亏，水满则溢'，如今我们家数百年来，一直是家大业大，但俗语有云'树倒猢狲散'，保不准世道没落，家道衰败，岂不枉称了一世的诗书大族了！"凤姐听后，觉得十分有道理，忙问道："你考虑的极是，但有什么方法可以永保无虞？"秦氏冷笑道："婶子怎么还不明白的，自古否极泰来，荣辱周而复始，单单靠人力是保不了的，倘若能够未雨绸缪，就可以常保永全了，所以要想在世道衰败之时衣食无忧，就得办妥两件事。"凤姐便问何事。秦氏道："目前来看，我们家春夏秋冬都祭祀祖坟，需要一定数量的钱财；二来，我们开馆设学，也得需要一定的供给。如今这是盛时，所以我们不缺祭祀和供给之物，但如果将来败落了，这二项钱粮从哪里出呢？依我之见，趁着今日富贵之时，将祖坟附近多置办一些田庄房舍和地亩，以备以后不时之需……如果只见眼前繁荣，不思以后，始终不是长久之策……我与婶子毕竟关系较好，临别赠你两句话，你要谨记。"念道："三春过后诸芳尽，各自须寻各自门"。凤姐想欲再问时，只听门外敲门声连连，将凤姐惊醒。门外人回了句："东府蓉大奶奶没了。"凤姐闻听，吓了一身冷汗，心想："莫不是秦氏的生魂找上俺了？"

只待游魂归来时

游魂是三魂中最值得一提的了。首先得说说游魂的来历。生魂离体后如果"走丢"了，没回"家"，就会成为游魂，我们常说的游魂野鬼也就是这个意思。满族人认为，游魂是不"安分"的，经常趁人们睡着的时候，离开肉体跑出去"遛弯"。

古人认为游魂并不是虚无缥缈的，大多数游魂化身为小动物脱离人体。民间也有段传说与其相关。相传有一对父子进山去采人参，半路老父亲觉得累了就倚着一棵桦树睡着了。在父亲沉睡的时候，守在一旁的儿子惊奇地发现一条长虫从父亲的口里跑了出来，然后又钻入鼻孔，后来又从鼻孔中跑出来蹿进了草丛中。儿子吓坏了，怕再有什么蛇钻到父亲鼻孔，于是就从树上扒下一块树皮盖在父亲的脸上。但没过多久，那长虫又爬了回来，在树皮上转来转去，好像在找什么东西。儿子马上把树皮拿掉了，小长虫就迅速钻入父亲的鼻孔然后就消失了。父亲醒来后，说自己做了一个很累的梦，先是糊里糊涂地走进了一片大森林，不断地走走跑跑，突然间发现了一棵五品叶的人参，于是兴奋地往家跑，但就快到家的时候，却怎么也找不到自家的大门，后来不知怎的登上了一只大桦木船，船下的风呼啦啦地吹个不停，后来大船突然飞走了，自己就掉了下来，梦也就醒了。

游魂虽不安分，但也并不都是主动离“家”出走的，一来外面的世界太精彩了，太具诱惑力；二来还时不时有其他神灵的“勾引”或者“恐吓”。满族人大多认为人的灵魂一旦受到惊吓会游离体外，受到惊吓的人的魂迷失在离自己住所很远的地方，一时半会儿回不来，那么怎样才能找回丢失的游魂呢？这就是萨满的工作之——招魂。萨满招魂需要举行一个仪式，会召集一大帮人出席，如果失魂者是个老人，就要找一帮老人前来；若是小孩那么就得找他的玩伴们，还要在供桌上摆一些玩具，孩子的母亲要把乳房露在外面，以引诱小儿魂归。待一切准备就绪后，萨满就开始向诸神和失魂者的祖先求助。在这期间，如果失魂者发起了高烧并且不停地哭叫，就说明招魂起到了效果，这时候出席仪式的全体人员也都要落泪。萨满也要开始高唱招魂词，词曲内容丰富，语言动人，催人泪下，招魂词唱出了亲人们的相思之情，全村老少的祈望，马思牛想犬呼号，万年的火不灭，这一切都为等待游魂的归来。这样一个完整的招魂仪式需要在一天之内重复三次，一直等到失魂者恢复正常为止。

转生路上有孟婆

转生魂，顾名思义是指人死后离开人体的灵魂。据说转生魂具有再次投胎转世的能力，但得在黄泉路上走上一遭。相传在黄泉路上，忘川河边有块三生石，记录着你的前世和今生。河上有座奈何桥，走过奈何桥会看见望乡台，望乡台边有个老妇人在卖孟婆汤，孟婆汤能让你忘记一切，投胎转世。

相传奈何桥边的孟婆专职熬汤给投胎的人，她熬的孟婆汤相传做工独特，首先得取在阴间被判定转世投胎的鬼魂，加上采自人世间的药材，最后还得调制成酸、咸、苦、辣、甘五种口味，甚是难喝。这些转世投胎的鬼魂都得喝下这孟婆汤，稍有不从，就得强行灌喂。

清人王有光在《吴下谚联》中就有段关于鬼魂被灌孟婆汤的描写。书中记载：相传一人死后，其魂魄得先经过孟婆住的庄子。然后这魂魄随即被鬼差押解到阎王殿，由阎王来审定功过。将功过审定记录在案后，被判转世投胎的魂魄，须经孟婆的庄子回去。这时就可以远远看见一个老婆婆在庄口处招呼所来之人。庄内布置精致，雕栏玉砌，亭台楼阁，待人入庄后，只见服侍孟婆的三位婢女，分别叫孟姜、孟庸与孟戈，香气袭人而来，个个长得如花似玉，让人怜惜。看座、递茶，让人实难拒绝，此人接过清茶，不禁低头细抿一口，待抬头时哪知，惜时貌美如花的佳人、热情的老婆婆，猛然间化成一堆白骨。来人大惊，急出庄外，再一看，之前山庄的富丽堂皇已然一片朽木。然后再看这魂魄，已然投身于郊荒野外，转世为婴儿，啼声不断。

清人沈起凤在《谐铎》中也有段关于孟婆庄和孟婆汤的故事：有个叫兰蕊的歌妓，有个如花似玉的妹妹，名玉蕊。玉蕊姑娘长大后，和一个叫葛生的书生爱得死去活来，但妓院的老鸨索要高额的聘金，这葛生家境贫寒，无法给佳人以归宿。兰蕊心疼妹妹，将自己辛苦所得多赠予葛生，望日后他能给妹妹幸福。后来兰蕊病逝，葛生无人接济，穷困潦倒，无颜上门提亲，为此郁郁寡欢，不久殉命。葛生死后，来到阴间，阎罗王见他死得无辜，就改判他去投胎。葛生听后，就准备去投生为人。慢悠悠地走着，忽然看见前头男男女女围着一棚子，争先恐后地抢瓢舀水喝。葛生此时也觉得身困体乏、口渴难耐，思量着上前盛水来喝。正在此时，一女子突然从棚子后面蹿出来，葛生一看，居然是爱人的姐姐兰蕊。在诉说完来此的缘由后，兰蕊便悄悄地贴耳说："你难道不知这是孟婆庄？幸亏今天孟婆给人家祝寿去了，由我暂时掌管着瓢杓。如果你和别人一样，喝了这瓢里迷汤，你就是天大的好运，也是返生无路。"葛生听闻吓了一跳，庆幸之余，在兰蕊指点下，他悄悄寻得旧路，返回了阳世。

天生万物皆有灵

人类的生存发展离不开自然界的动植物，万物的德泽与光辉促进了人类的繁衍生息。在古代，人类认识自然与改造自然的能力较弱，对自然依赖性极强。人们认为万物有灵，赋予它们神性，并在实践中形成了种类繁多的崇拜仪式以祈求庇佑。清代满族人在长期生活实践中也形成了特定的动物或植物崇拜，其崇拜的对象与崇拜的仪式均体现出本民族的历史渊源与特色。

燕子飞来人相敬

满族人的习俗中忌吃狗肉，忌打乌鸦和喜鹊，还不准打燕子。每当冬去春来，万物复苏的时候，燕子成群结队地飞来，在满族人们的房檐下筑巢。望着自由自在飞翔的燕子，老人们就会叮嘱家里的小孩子不准打小燕子，谁要打了燕子眼睛就会瞎掉。

相传，在努尔哈赤与敌军进行的一场凶险的战斗中，敌方的城池屡攻不下，努尔哈赤急了，自己跳上房子亲自指挥。他刚上去不久，突然不知从何处飞来一箭，正中他左臂，顿时血流如注，他的手下赶忙过来掩护，也被射死了。努尔哈赤看清敌人的位置后，猛一拉弓，射死了敌军的副将。一位护卫亲兵劝努尔哈赤下来，他就是不肯，一定要把对方主将射死才肯善罢甘休。他怒气冲天，忍着臂痛，一连射死几十个敌人。顷刻间，对面敌人的房上已是箭矢如雨。突然从远处飞来一只小燕子，对努尔哈赤唱着说：“努尔哈赤，努尔哈赤，危险！危险！在房上射敌王，快下房，免受伤。”小燕子叽叽喳喳地说了一通，努尔哈赤猛然一听有点懵。随即灵光一闪，终于听懂了小燕子的话语，接着他又挥臂搭弓连发数箭，射死了好多敌人，正准备下房，抬头一看，敌人主将正向他射来一箭，他迅速歪身，箭恰好偏过努尔哈赤的咽喉射在了他的锁骨上，幸运的是他穿了保护锁骨的盔甲。虽然有甲抵挡了一下，可是由于敌人距离太近，锁骨保护甲还是被射穿了一个孔，努尔哈赤又一处受伤。他怒火中烧，回头“嗖”的一箭射死了敌军主将。在今天的沈阳故宫的展览大厅中，就摆放着那件努尔哈赤穿过的锁骨保护甲。后来，努尔哈赤亲自与敌人搏杀，激起了将士们的士气，他们个个奋勇争先，一鼓作气杀了全部敌人。随军打仗的大夫给努尔哈赤包扎好了伤口。努尔哈赤对将士们说：“今天一仗多亏了燕子，蒙燕子救驾，朕才免于一死。燕子是朕的恩人，从今以后我满族子民不得随意伤害燕子，要好好保护它，敬重它。”努尔哈赤身边的随军师爷接上话说：“今后谁要打燕子，必要他眼睛全瞎。”从那以后，满族人不但不打燕子，还将它视为神灵供奉。

满族祀燕 满族先人长期在与动物打交道的过程中，形成了“动物皆有灵”的思想，认为动物是神灵的化身，对其大加祭拜。满族人的敬燕之风也是源于燕同满族始祖千丝万缕的联系。当年神燕救祖的故事，更是让清人感恩戴德。每每在庭院中立索罗杆，杆顶斗中盛放食物，待燕来食，以祀燕雀。

通天灵物柳崇拜

清人除了对自然界中的某些动物有着特殊的崇拜外，还对某些植物有着执着的信仰。清代特别推崇柳树，崇柳、敬柳的习俗普遍而广泛。满族民谚有“前不栽杨，后不栽柳”，宅前向阳，仅有柳树才能栽在院前，可见柳树在满族人心目中是多么重要。

萨满神话中，有柳枝繁衍人类的故事，所以柳叶就成了女性生殖崇拜的象征。北方民族有射柳习俗，射柳有男女交媾之意。这一习俗的形成和满族人的祖先完颜阿骨打有关。在阿骨打青年时期，父亲让其到女真各部落去号召大家联合

射柳 满族人把柳称作“佛多妈妈”，是始母神。在萨满神话中，长期流传着柳枝繁衍人类的故事，满族民间也有“有心栽花花不活，无心插柳柳成荫”的谚语。到了清代，衍生而来的射柳风俗，不仅是单纯的竞技运动，更多的是对女性生殖的崇拜。射中了柳，寓意生命拥有了蓬勃旺盛的力量，子孙众多。阳春三月，桃红柳绿，射柳活动正在此时举行。

起来反抗大辽的统治。有一次，他来到一个部落，见众人都在河边观看射箭比赛。只见河边的一棵老树上已经密密麻麻地插满了箭。那些比箭的人正在大声争论着谁输谁赢，阿骨打站出来说："我来出个招，大家再射一次怎么样？"说完，阿骨打拿来三根柳枝，将柳枝正中间削去一块皮，露出一个小小的白点，说："如果谁能骑马在50步外，穿过这白点且射断柳枝，那么谁就是今天的冠军。"大家觉得新奇，都愿意一试。柳枝倒射断了不少，可就是没有人达到阿骨打提出的要求。有人说是柳枝让风刮得摇摇晃晃，太难了。阿骨打上前说："我来试试吧！"说完，阿骨打翻身上马跑到百步开外的地方，拉起弓箭，"嗖！嗖！嗖！"三箭，全部都从柳枝小白点那穿过去，三条柳枝当即被射断。众人惊呆了，纷纷鼓掌喝彩。阿骨打正要离去时，一位老者上前挽留说："这位英雄，今天是我们部落祭天的大喜日子，留下来和我们痛饮一宿吧！"阿骨打看天色已晚，便没有推辞。夜幕降临，大伙围着火堆跳起舞，阿骨打和老者一边饮酒一边吃着香气扑鼻的烤猪。喝了几个轮回后，老者叹了一口气，说道："我们部落要有像你这样的英雄就不会受害了。"阿骨打一听，心想大伙肯定有什么困难，便问是怎么回事。老者告诉他："部落东面的山最近出现一只恶虎，伤害了部落里好几个人。这虎是牛角抹油——又奸（尖）又滑，它见一群人去围捕它，就一溜烟跑走了，人少又吃它的亏。"阿骨打听了沉思良久，突然灵光一闪，大喊："我有招了！"第二天，阿骨打把狗灌醉扔在了那只老虎经常出没的路上。过了半天，众人听到狗的惨叫声，立马赶来，那虎正摇摇摆摆地往山里走。老虎听见后面有人，回头大吼一声，众人吓得都往村子里跑。只有阿骨打站在那儿一动不动，只见那只虎歪歪斜斜站立不住，"噗通"跌倒了又爬起来，阿骨打知道那虎已经醉了，便拉开弓箭，"嗖"的一箭，正中脑门，老虎倒下再也动弹不得。部落的人十分感激阿骨打为他们除了心头大患，硬要阿骨打留下做他们的首领。阿骨打告诉了大家此次来意，众人听了都愿意和阿骨打反抗辽的暴政，并推举阿骨打为女真人的首领。阿骨打后来每到一个部落，就教那儿的人练习射柳。

自此，许多女真部落祭天后，都要进行射柳比赛。后来，阿骨打建立了金朝，下了一道圣旨，无论朝廷还是民间，祭完天，都要进行射柳比赛。久而久之满族人也继承了射柳的习俗。

此外，清代汉族人也将柳树看作是女性生殖器的象征，如汉语成语中的“柳信花情”“柳巷花街”“寻花问柳”“眠花宿柳”等均含此意。柳树还与祭祖活动有关，顺治年间，每年的清明之日，男女老幼均手持柳枝，前往祖先坟前祭扫，还为之添土，并以柳枝挂纸钱插于坟上。清明节是祭祖节，祭祖实际上也是生殖崇拜。

天地幻象仰自然

山河、湖海、日月、星辰、雷电等变幻莫测，在古代人眼中它们构成了一幅幅五彩斑斓的神秘幻景。人们对它们捉摸不透又征服不了，在畏惧感的支配下便把它们当作神灵来膜拜。在自然信仰里，清代人的情感和想象力也得到了充分的宣泄。

千秋万代启于山

巍巍长白山，傲峙天地间，襟三江领五脉，绵亘千里，逶迤磅礴，势雄寥廓，藏天然之秘，蕴万古之灵。长白山是满族的发源地，是满族文化的摇篮。满族人视长白山为发祥福地，将民族根脉系于长白山中，奉长白山为其神，倍加尊崇，与祭祖相融合，岁时奉祀。正所谓："发祥长白始，根本启皇清。"

为什么说长白山是满族的发源地呢？这源于一个关于满族祖先的传说。《满洲实录》图文并茂地记载此事。相传，在一个风和日丽的上午，长白山布库里湖的上空飘下了三位美丽的仙女。她们宽衣解带，飘然入水，朗朗的笑声引来百鸟齐鸣。三仙女沐浴完毕后，正准备更衣。忽然看到远处飞来一只嘴里衔着红色仙果的吉祥鸟，果子落在三妹佛库伦的衣裙上。佛库伦非常高兴，见仙果红艳水润，放到嘴里，还没品味，那果便自动咽了下去，顷刻间便觉得腹中有胎动。恩古伦、正古伦两位姐姐忙对三妹说："天宫有意让你受孕，将来必有重托。你还是不违天命，等到仙果成人再回天宫不迟。"说完，两位姐姐辞了三妹飞回天宫。两位姐姐走后，在百鸟的呵护下，佛库伦在湖边的深林里住了下来。之后，佛库伦生下了一个男孩。男孩一落地，就可以在湖边奔跑玩耍，而且会说话，三天能抡拳打熊，几天就出落成了大小伙子了。佛库伦见儿子长大了就把身世告诉了他，并说："孩子，你是天宫的儿子，你叫爱新觉罗·布库里雍顺，你来到世上就是为了平一方争乱，保一方平安，让百姓安居乐业。哪里有难你就到哪里去吧！”这个爱新觉罗·布库里雍顺也就是努尔哈赤的先祖。

清朝帝王特别注重祭祖，认为满族的崛起和长白山密不可分，对长白山神尊崇有加。康熙十六年（1677 年），康熙皇帝颁旨：“长白山发祥重地，奇迹甚多，山灵宜加封号，永著祀典，以昭国家茂膺神贶之意。”令大臣代替祭祀。望祭殿建成后，每年的春分和秋分，吉林将军率领众官员代表皇帝，备好三牲（山鹿 20 只，青牛 20 头，肥猪 20 头），举行望祭长白山之神大典。康熙、乾隆、嘉庆三位皇帝都曾亲自祭祀过长白山。康熙二十一年（1682 年），皇帝东巡至吉林松花江畔，他率随行的王公贵戚、文武百官向数百里外的长白山，行三拜九叩的大礼。这样的祭拜，虽不在长白山下，却也在长白山范围之内，其规格之高，场面之隆重令人称叹。康熙遥望这祖先发祥的神山，感触万千，挥毫写下了诗文《望祀长白山》，诗云：“名山钟灵秀，二水发真源。翠蔼笼天窟，红云拥地根。千秋佳兆启，一代典仪尊。翘首瞻灵昊，岧峣逼帝阍。”表达了他对根基之地的深情。雍正十一年（1733 年），皇帝命人在吉林西南温德亨山（即小白山）建望祭殿，殿内立着“长白山之神”的满汉双文牌位。乾隆十九年（1754 年），乾隆亲自来到小白山，在望祭殿祭祀长白山，并下旨封禁长白山，以保护祖宗发祥之圣地。

遥望北极双膝跪

满人除了对山河崇拜外，还把日月星辰纳入到自己的信仰体系中，尤其是对北极星格外崇拜。“星祭”在秋季九月以后的午夜里天上的星星出全了的时候举行，一般是在居室西窗以外的烟囱后面摆起祭桌，陈放七个香碟、七盅米酒、七盏油灯碗儿（这个数字各氏族之间有区别）。祭桌之外，另设一个小桌放祭猪，口噙五谷，头朝北斗。举行“星祭”时，全宗族的人按照辈分面向北斗排列。

满族星祭习俗规模很大，据《吉林通志》记载：“祭祀典礼，满洲最重：一祭星，一祭祖。”这源于一个神话传说。相传，在宁古塔有个部落，部落长是位年过八旬的老人，叫乌苏里汗。乌苏里汗无儿无女，慈眉善目，待部落里的人如同自己的亲骨肉。他每天除管理部落的事外，还帮人放牧牛羊。牧场是一片草原，草原上有一眼清泉。一天，一头小牛到泉眼边喝水，“哞——哞——”叫唤个不停。乌苏里汗老人不知怎么回事，走到泉边一看，原来是泉水干了。泉眼里面有只小泥鳅，在太阳的炙烤下皮都打褶了，奄奄一息。老人看着小泥鳅可怜，就将它捧起放进一个小河沟子里。小泥鳅在水里喝了两口水，眼睛慢慢睁开，瞧了瞧老人，摇着尾巴游走了。第二天老人像往常一样在草原上放牧。突然从远处来了个小伙子，走到老人面前，“噗通”跪地，说：“老爷爷，您是我的救命恩人，我今天是来报答您的。”老人疑惑不解地说：“年轻人，你认错人啦！我从来没救过你呀！”小伙子解释说：“老爷爷，我就是您昨天救的小泥鳅啊。”小伙子非说要报答他，问老人想要什么。老人说：“这只是举手之劳，你不必记于心。何况我们这儿的人是从来不收人礼物的。”不管老人如何拒绝，小伙子都要报答老人。无奈之下，老人就说：“这样吧，我们部落家家都没盆子，你给我们一家一口盆吧！”小伙子答应了，第二天，果然家家门口都有一口盆。这盆还有特异功能，盛水喝不了，盛米用不完。半个月过去了，小伙子都没有出现过。这天，小伙子气喘吁吁地跑来告诉老人：“老爷爷，赶快跑吧！这儿要发生大灾了，三个时辰之内，洪水就会淹没整个村庄，您快逃吧！这是天机，不可泄露，你千万别告诉任何人，否则自己就会化为青烟。”乌苏里汗老人赶忙跑回家中，收拾好行李，就偷偷地离开了部落。他走着走着，总觉得心里不踏实，心想：“若是洪水来了，部落的人全都被淹死了，自己活下来又有什么意思呢？如果能救全部落人的命，自己化为青烟又算什么呢！”老人转身跑回部落，敲起小伙子送的盆，把部落里的人都集中了起来，告诉了大家小伙子说的话，让大家快跑。人们拖家带口刚刚跑到山顶，回头一看洪水就淹没了整个部落。这时，众人怎么也找不到乌苏里汗老人的去向了。人们往村头一看，只见一缕青烟冲上云霄，化作一颗闪闪发亮的星星，如同老人慈祥的眼睛关注着大伙。人们知道这星星就是乌苏里汗老人。于是，部落所有人都在山头上双膝跪下遥拜起来。自此，满族人在祭祖的时候都要祭星。因这颗星在天空的北方，又称作“北极星”。

清代满族的星祭也是相当有特色的。一般都会选在月落之后，那时灯烛熄灭，万籁俱静，繁星当空。在屋子的北炕上摆上一个方凳，点根香烛，祭星人必须穿上黄颜色的衣服，手里端着装血的盆子，握着尖刀，然后对着离祖宗牌位不远的地方，杀掉祭猪。完事后，听到祭星人的咳嗽声，屋内才点灯开门。然后将猪肢解掉，再将其抬回原地，祭拜繁星，此时屋内需再次熄灯。祭毕，将猪

萨满的日、月、星辰神偶

抬回屋内，但得回避灶火。相传，熄灯避光可以缩短人神之间的距离，人能跟神交流，也可体现人们的诚心。此外，满人的星祭往往还带有祛病除灾的愿望。如果有人病了，萨满就把剪的纸人挂起来，对着天上的七星祷告，期盼借七星神的力量，把附在病人身上的妖魔鬼怪驱赶出去，把病转嫁给纸人，使病人身体好起来。

萨满野祭神服 胸前两侧各六个铜镜，意为女人乳房；小喇叭状的铁铃，是招神的法器；绣有美丽图案的六个小布兜，为神灵降临的地方。

萨满野祭神帽 帽顶之鹰象征萨满魂魄翔天的能力，鹿角的多少，象征萨满神力的高低。

节日

时空以外的时空

在绵延不断的历史长河中，古人设立了一个个时间节点，这些节点便是节日。古代中国以农为本，设立节日的目的往往是为了顺应四季变化，安排农事。人们在节日中或寄托对祖先的哀思，或庆祝丰收的喜悦。不同的节日有着不同的纪念方式、不同的礼仪规范。多彩烂漫的节俗画卷铺陈开来，绘制成了一幅饱满而生动的文化长卷。

清代民间传统节日数不胜数，但最受人重视的当数元宵节、端午节、中秋节、元旦和冬至节。热闹非凡的节日气氛点燃了人们的激情，在这些传统节日中人们创造了多姿多彩的文化氛围和喜庆祥和的气息。

正月十五元宵节，这天晚上街头热闹非凡。人们赏花灯、放烟花、猜灯谜、吃元宵，一派歌舞升平的景象。除了各式各样的花灯表演外，还有舞火把、火球、火雨等助兴活动。有诗云："海鳌云凤巧玲珑，归德门明列彩屏，市火蛮宾余物力，长年羊德复仙灵。月能彻夜春光满，人似探花马未停；是说瀛洲双客到，书窗更有万灯青。"

五月初五端午节，人们吃粽子，赛龙舟。满街中国结，将红彤彤的幸福传递到家家户户。节期正值春夏之交，万物一新，人们会在这时走出家门，去亲近自然。清代端午节习俗已从古代朱索桃印、艾人、五彩缕、赤灵符中演绎出了更多更新的民俗，如悬天师符、挂彩葫芦、染指甲等，以此驱邪祈福。

八月十五中秋节，家人相聚吃月饼，赏明月。清代中秋节在沿袭旧俗基础上，还形成了拜月、烧斗香、走月亮、放天灯等风俗。当然，中秋夜最具特色的当数"偷"俗，它甚至把深居闺阁的女子都"鼓动"了起来。

正月初一元旦，人们贴春联，送祝福。大街小巷到处买卖春联的人，一片红红火火的热闹气氛。皇帝赐福的故事一直为世人津津乐道。与欢快的节奏相比，"镜听"习俗更给节日增添了别样的乐趣。

二十四节气的冬至，人们吃馄饨、煮饺子。清代的冬至节少了些欢快多了些肃杀气氛。清代的祭天大典、秋后处决往往在这天进行，这寒冷的节日不免让人感受到阵阵凉意。当然，在这特殊的节日里，清人自然也有消寒的绝技。

中国民间传统节日之所以能够源远流长，经久不衰，是因为它们承载着中华民族久远的民族心理和民俗文化。中华民族素以家庭和睦、尊老爱幼著称于世，而这些美好的品德和文化正在传统的民俗节日上体现了出来。

正月中旬动帝京

“千门开锁万灯明，正月中旬动帝京。三百内人连袖舞，一时天上著词声。”唐代诗人张祜笔下赞美元宵节的诗句，如今读来仍让人回味无穷。正月是农历的元月，古人唤夜为“宵”，所以正月十五又名“元宵”。正月十五是一年中第一个月圆之夜，又是一元复始、大地回春之时，人们为此大加庆祝，共度元宵佳节。

月色灯山满帝都

俗话说“三十的火，十五的灯”，元宵节是中国年的压轴戏。节日那天，放灯、赏灯是最主要的活动，因而元宵节又被称为“灯节”。“火树银花不夜天，游人元宵多留连。灯山星桥笙歌满，金吾放禁任狂欢。”这是唐朝诗人苏味道描写元宵放灯的经典之作。元宵放灯的习俗起自汉朝，到了清代，元宵节放灯已成盛况，北京城元宵节当晚更是节夜如昼。据史书记载，当晚北京最繁华的地方有东西四牌楼、地安门、鼓楼、正阳门等。有诗赞曰：“一曲笙歌春如海，千门灯火夜似昼。”元宵夜，圆明园里的亭台楼阁、画舫游艇，都被五光十色的彩灯装饰一新，法国传教士王致诚在欣赏完圆明园里盛大的灯会后，不禁在致友人的信中写道：“在这一天，全中国都被照亮了，而最明亮的地方就在皇帝的宫殿里；没有一处楼阁、殿堂或门廊的天花板上没有挂上几盏灯笼。在所有溪流、河道和湖泽上，也都会放上几盏制作成小船形状的灯笼，浮在水上来回漂荡。在所有山丘、桥梁和几乎全部树上，都挂上一些灯笼，这些灯笼制作得极其漂亮，有鱼、鸟、兽、花瓶、水果、花卉和船等大小不一的各种造型。有些灯笼是用丝绸制成，有些则是利用兽角、玻璃、贝壳以及其他上千种材料。

与之相比，我们的灯笼就显得穷酸与贫乏。”

相传，乾隆十五年（1750 年）元宵节，乾隆和刘墉等一行来到紫禁城楼观灯。登台凭眺，只见城内灯火辉煌处，人头攒动，紫禁城大街小巷被围得水泄不通。乾隆想考考刘墉便问他：“你看下面的人有多少？”刘墉随口答道：“陛下，

清院本《十二月令图轴》之一月 此图为清代画院画家所作，现藏于台北故宫博物院。纵 175.0 厘米，横 97.0 厘米，绢本，描绘的是圆明园 12 个月的景色。这幅画表现的是正月十五闹元宵的夜景。图中到处悬灯结彩，人们赏灯饮酒，燃放烟火，儿童在灯架下嬉戏。整幅画将节日里喜庆祥和的场面表现得淋漓尽致。

城楼下就二人啊！”乾隆心想：“明明是人山人海，为何你偏说是二人？”刘墉忙解释道：“陛下，你看这拥挤的人不都是男人和女人组成的嘛。”乾隆听后恍然大悟。

《红楼梦》中也描述过元宵节的盛况，不过这种盛况却造成了书中人物英莲悲剧命运的开始。“真是闲处光阴易过，倏忽又是元宵佳节。士隐令家人霍启抱了英莲，去看社火花灯①，半夜中，霍启因要小解，便将英莲放在一家门槛上坐着。待他小解完了来抱时，哪有英莲的踪影？”曹雪芹描写“社火花灯”一幕，着墨甚少，但元宵节的热闹非凡仍很自然地流露了出来。

各种色彩缤纷的花灯汇聚了一场灯会宴，灯会的繁华又给文人骚客提供了卖点——猜灯谜。猜灯谜是元宵节衍生出来的文字游戏，亦称“灯虎”，出现于宋朝。元宵灯节，帝城不夜，诗迷书于灯，映于烛，列于街市，任人猜度，故称“灯谜”。

有一年元宵节，乾隆皇帝不经意在文华殿的一盏大宫灯上，看见了一副十分奇怪的灯谜联：“黑不是，白不是，红黄更不是，和狐狸猫狗仿佛，既非家畜，又非野兽；诗也有，词也有，论语中也有，对东西南北模糊，虽是短品，却是妙文。”旁边注明了上下联要求——各打一字。乾隆深思许久，也没能猜出谜底，便转身问身后的纪晓岚：“纪爱卿，你看这是什么？”纪晓岚回答说：“皇上，这是猜谜！”乾隆说：“朕知道这是猜谜，朕现在问你谜底是什么。”纪晓岚仍然回答“是猜谜”。乾隆一听就怒了，脸一沉，正想发作，这纪晓岚倒也知趣，赶紧笑着解释说：“皇上，这谜底就是‘猜谜’两字。黑白红黄都不是，便是青，和狐狼猫狗仿佛，非家畜野兽，则是犬旁，反犬旁与青字合起来，是‘猜’字；诗词论语都有的是言字，东西南北模糊是迷字，言字与迷字合起来便是‘谜’字，上下联合起来，就是‘猜谜’两字。”灯谜虽是不登大雅之堂的小玩艺，却叫

① 元宵节点花灯始自汉武帝时期。在佛教自印度传入中国后，佛教的燃灯礼佛逐渐加入了中国道教元素。每到正月十五夜，城乡灯火通明，士族庶民，一律挂灯。清代花灯制作更为讲究，有绘花卉的、绘人物的、绘飞禽走禽的，颜色亮丽，妙态传真，大小、方圆、高矮各异。京城地安门外更有别出心裁者可把冰雕成神佛（如八仙、弥勒）、龙虎鱼鸟、戏剧人物的形象，内燃灯蚀，制作而成的冰灯可谓“华而不奢，朴而不俗”。

人搔首拈须，其意甚妙！其实，这条灯谜原本就是纪晓岚写上去的，见乾隆听得连连点头，趁着高兴说道：“万岁已知是‘猜谜’两字，还要面试微臣，意在君臣同乐耳！”乾隆皇帝听着这溜须拍马的话，快慰极了，顿时龙颜大悦。

元宵观灯是我国人民的传统习俗。古往今来，不仅有大量益智的灯谜，而且还留下了无数情趣盎然的元宵吟灯联。清代安徽桐城人张英和张廷玉，以能诗善对出名，世人称其为“父子双学士，老小二宰相”。有一年元宵节，张府张灯结彩，燃放鞭炮。老宰相出了一联考儿子“高烧红烛映长天，亮，光铺满

猜灯谜 据《武林旧事》记载，元宵佳节，帝城不夜。赏灯之时，百戏杂陈。谜语书于灯，映于烛，陈列于市，由人猜度，故称灯谜。更有好谜者组织谜社，如光绪年间的射虎社、竹西后社等。文人骚客以茶馆酒肆，或自家屋宅作为灯谜活动场所，研究探讨，或张灯悬谜，招引猜射。猜中者揭签，获小礼品赠送。清代有诗云：“弹壁灯贴三面题，摩肩搭背来猜谜。本似前朝射覆事，文思机敏方解疑。”

地。”小宰相思索时突然听到门外一声花炮响，才思敏捷的他顿时领悟，对曰：“低点花炮震大地，响，气吐冲天。”对仗极其工整，可谓天衣无缝，堪称妙对。红灯谜语，上起天文，下至地理，包罗无疑，若无一定的文化素养，很难猜出，而其奥妙诙谐，可以抒怀遣兴，实属可益智的娱乐活动，玩味无穷。

赏完花灯、猜完灯谜，想必人也倦了累了，此刻要是来上一碗热腾腾的元宵，真是吃在嘴里，暖在心里。吃元宵为元宵节的一项重要习俗。吃元宵的习俗和一位叫“元宵”的姑娘有关。汉武帝身边有个宠臣名叫东方朔，为人善良，机智聪慧。一天，东方朔在御花园中遇见一宫女欲投井，赶忙上前搭救，并询问了她自杀的缘由。宫女名叫“元宵”，她说自己入宫之后思念家人，恐日后再也无缘与家人相见，愿一死了之。东方朔听后，深表同情，答应帮助她实现愿望。这天，东方朔在街市上摆了一个占卜摊。前来占卜求卦之人不少，但每人所抽到的都是同一个签语：“正月十六火焚身。”东方朔告诉众人这是玉帝的旨意，令火神在正月十五晚上放火烧城。一时人心惶恐，东方朔出主意让大家找当今天子想办法解决，并赠予自己亲手所写之帖。帖子传至汉武帝之手，上面写道：“长安在劫，火焚帝阙，十五天火，焰红宵夜。”武帝惊慌，连忙派人请来足智多谋的东方朔。东方朔出主意说：“民间传说火神甚爱汤圆，宫女元宵做的汤圆不是很美味吗？正月十五晚上可让元宵做汤圆供奉火神，并让家家户户都效仿，一齐来供奉火神。再传旨让百姓在那天晚上门口张灯，燃鞭炮，作满城失火之势，这样定能瞒过玉帝。”武帝觉此意可行，下旨照办。正月十五的晚上，宫女元宵的父母也来城里观灯，他们看到了“元宵”字样的宫灯，忙走过去，果真看到了自己的女儿元宵。元宵终于和家人团聚了。这就是正月十五吃元宵的来历。

吃元宵最早记载于宋代，元宵时称“浮圆子”，商人美其名曰“元宝”。元宵在出现之初，价格昂贵，有诗云：“贵客钩帘看御街，市中珍品一时来。帘前花架无路行，不得金钱不得回。”元宵以白糖、芝麻、豆沙、果仁等为馅，用糯米粉包成圆形，可荤可素，风味多样。到了康熙年间又盛行“八宝元宵”“马思远元宵”。皇宫御膳房所制的“八宝元宵”，在康熙年间为朝野所传闻。名剧《桃花扇》的作者孔尚任对八宝元宵作过这样的诗句：“紫云茶社斟丹露，八宝元宵效内做。”至民国初年，“元宵”又称“汤圆”，其圆形寓意团圆，故深受欢迎。

元宵得名“汤圆”和袁世凯有关。相传，袁世凯篡夺辛亥革命果实后，圆了总统梦，可他还想当皇帝，这遭到全国人民的反对，他心里堵得慌。一天，他的一个小老婆说想吃元宵，话刚出口，就被袁打了一个耳光。多疑的袁世凯认为“元宵”有“袁（元）世凯被消（宵）灭”之意。一气之下还下了道“圣旨”，通令全国一律改元宵叫汤圆。时人因袁的做法作了一首儿歌讽刺他：“袁世凯，立洪宪，正月十五称上元。大总统，真圣贤，元宵改名叫汤圆。”

佳人笑赏闹元宵

最盼望过元宵节的莫过于女子了，因为古代的女子平日是不能轻易出门的，元宵节则为她们提供了上街的机会。元宵节那天，年轻的男女可以借着这个大好机缘演绎出动人的爱情故事，这让原本热闹的元宵节又添了几分浪漫的色彩。毫不夸张地说，元宵灯夜可以说是清朝女性狂欢的派对。

清代元宵夜有“走百病，摸门钉”的习俗。“走百病”又称“遛百病”“散百病”等。这项通过游览散步方式消除百病的健身运动，明朝时就已在华北民间盛行了。不过，此活动最初仅限于妇女。由于古时妇女平日大门不出二门不迈，整日操持家务，故身体劳累易生病。她们选择在元宵夜出门四处游走，以求将家里病邪驱散。清代康熙年间《天津卫志》的“岁时民俗”中有言：“上元日，通衢张灯结彩，放花炬。妇女群游，曰走百病。”元宵节的晚上，妇女们三五成群，邀伴出游，一边赏花灯，一边遛弯儿“走百病”。清人冯文洵在《丙寅天津竹枝词》

摸门钉 指妇女们在正月十五或十六的夜里结伴去摸城门上门钉的习俗。传说此举“宜生男”，即“利于生男孩”。摸门钉习俗反映了古代生殖崇拜的遗风。因“钉”谐音“丁”，人们借此期望家族人丁兴旺，后继有人。

中所写的“窄窄弓鞋步步娇，银花火树过元宵。出门不为寻亲友，一走能将百病消”词句，就是对这个活动的描述。

“元宵雪衬一灯红，走百病后摸门钉。但愿来年生贵子，不枉今番寒夜行。”对于那些已经结婚尚未怀孕的妇女，如果走百病时来到城门、庙门前，就会摸摸大门上的门钉，或到庙中上香祈福，此种风俗被称为“摸门钉”。由于“钉”和“丁”谐音，“丁”又有男人之意，而“门”又音近“问”，于是“门钉”

就意味“问丁”，即祈求生儿子的意思。

一年元宵节的晚上，乾隆、和珅与纪晓岚一行来到正阳门前，只见一群妇人争着去摸洞内两扇大门上的铜钉。乾隆很是好奇，便问：“你们看，这些夫人数门钉干什么？”和珅立马上前答道：“启禀皇上，她们这不是数门钉，而是在摸门钉，此乃京城中的一种习俗，叫做‘走桥摸钉’。每当正月十五的夜晚，妇女们成群结队，持香过桥，到正阳门前来摸铜钉，祈求能够生子，也保一年平安。”乾隆听罢觉得很有意思。欲转身走时，忽见一青年人领着几名手下闯进门洞，摸钉的女人们一阵惊慌，忙抽回摸钉的手。没有来得及将手抽回的，便被青年人死死摁在门板上面。青年人调戏完她们后还想把她们强行拉走。乾隆见后大怒，欲上前制止。忽见一女子立于青年人之前，没等青年人动手，那女子就飞起一脚，将其直接撂倒在地。这几个手下见不是对手，纷纷落跑。女子走后，乾隆皇帝回过神来，觉得这女子不是普通之人，让纪晓岚帮忙打听她的下落。几天后，纪晓岚把该女子请入宫中，乾隆将其纳为妃子。这个不同寻常的女子就是聪慧伶俐、心地善良、通体散发异香的香妃[①]。

福建、扬州、广东等地还有“元夕偷青”的习俗。每年的元宵夜晚，年轻人就会邀伴去偷一点邻居家菜园里的青菜，当天煮着吃，说是可以偷来运气，偷来吉祥。“买灯时节又偷青，路出东城夜未扃。惹得木樨香满袖，怪他恶剧作园丁。”清代诗人林钟英在《元宵偷青》的竹枝词里把清代元宵节夜的偷俗描写得绘声绘色。在月色皎洁的夜晚，三五成群的年轻人就会悄悄潜入别人家的菜园，拽上一把蒜苗或者掐几根豌豆尖，又或者砍上几棵青菜，然后再趁着月色回家和家人一起分享。倘若那天偷到了芹菜蒜苗，就预示勤劳会算；如果

---

① 史料中记载的乾隆与香妃相识的经历与传说有违，少了许多传奇和浪漫的色彩。据史料记载，香妃原来是新疆回部酋长霍集占的王妃，后来回部叛乱，霍集占被朝廷诛杀，将军兆惠将香妃擒回送与乾隆。然而，香妃心存“国破家亡，情愿一死”之志，始终不从乾隆，最后被太后赐死。死后，被送回家乡安葬，故新疆喀什现有香妃墓。

偷了青菜、葱花，用来煮面条，就寓意以后很聪明，想问题会面面俱到。凡是元宵夜的偷菜行为都不算偷，在元宵当晚偷青菜被咒骂了才更好，而且被骂得越惨，来年运气就会越好。老人说："十五偷青，越骂越精，不骂鬼来牵！"此外，一户人家被光顾的"贼"越多，来年的运气也越好。妇女们夜间结伴到菜园子里偷葱菜，一边摘菜口里一边念道："摘青菜，嫁好婿；摘青葱，嫁好翁（丈夫）。"心里祈求能嫁个如意郎君。除此之外，还有民谣唱道："天青青，月明明，玉兔引路去偷青，偷了青葱人聪明，摘了生葱招财灵。"这种偷青的习俗，使人在惊险刺激的同时也体会到了欢乐，恐怕没有比这更快活的了。

赏花灯、猜灯谜、吃元宵、摸门钉子、偷青，元宵节的活动不可谓不丰富。元宵佳节那天，时不分白天黑夜，吃喝玩乐活动五花八门，人不分男女老幼，皆可参与分享这节日的欢乐。所以，清人通常把过元宵叫做"闹元宵"，不可谓没道理。

元夕偷青 旧时，元宵节"偷青"是名正言顺之事。此俗起源于辽金。物主对此类"偷窃"行为多采取宽容的态度，因为你偷我的，我偷你的，只是元宵节时嬉闹玩乐的一种方式而已。

玉粽袭香千舸竞

2005年，韩国的江陵端午祭被联合国教科文组织宣布为人类口头和非物质遗产代表作。这一消息引起了国人的强烈反应，激动的民众不禁大呼，称“这是严重的文化侵略！”两国的申遗之争，倒是让每年农历五月初五的端午节“一夜成了名”，我们不妨来回味一下闻一多先生口中的“龙的节日”。

人生味道个中尝

“粽子香，香厨房。艾叶香，香满堂。桃枝插在大门上，出门一望麦儿黄。这儿端阳，那儿端阳，处处都端阳。”一首民谣唱出了端午的特色。可以说屈原老先生的投江“成就”了端午节日的来源。端午节起初为屈原招魂，随后慢慢发展到以“辟兵鬼、祛病瘟”为主题，最后成为华夏欢腾的传统节日。总的来说，端午节的习俗各朝各代都不尽相同，但端午节吃粽子这个习俗，古往今来，全国各地都一样。粽子是端午节不可或缺的标志性食品。

端午吃粽子的习俗源于屈原。公元前340年，楚国大夫、爱国诗人屈原，面临亡国之痛，于五月五日投汨罗江。楚国百姓担心屈原的尸身被鱼龙虾蟹所啃食，便将饭团、鸡蛋等食物，撒在江中，认为这样能粘住鱼龙虾蟹的嘴，使其无法张嘴吃屈原的尸体。此后人们纷纷仿效，粽子因而成为家家户户不可或缺的节日食品。

清代称粽子为“角黍”，每至端午，家家户户“角黍包金，菖蒲切至”。乾隆也很爱吃粽子，有次他曾尝了一个漂亮又可口的粽子，不禁龙颜大悦，即兴赋诗道：“粽席蒲觞苓令辰，天中景物一番新。”乾隆爱粽子还流传下来一段佳话。某一年，乾隆南巡到达广陵，一日对他身边的人说：“朕听说二十四

端午粽子 粽子古时又称"角黍""筒粽",它是中国历史上文化积淀最深厚的传统食品。2012年入选纪录片《舌尖上的中国》第二集《主食的故事》系列美食之一。无论是皇宫贵族还是平民百姓，都会按传统，在农历五月初五这一天准备各种粽子应节。清代出现"九子粽"，九只粽子串在一起，九种颜色线串联，五彩缤纷，寓意多子多孙。

桥的黄鱼与粽子闻名天下，你们这次都见到了吗？"近侍者赶忙答道："皇上，满大街都是啊。"第二天，御膳房精心准备了红烧黄鱼、火腿粽子，乾隆吃后大赞，但一想到近侍误会其意，不禁乐得前仰后合……侍卫被乾隆笑得心里直发毛，悄悄溜出去一打听，原来乾隆说的是黑话——黄鱼，说的是大姑娘的脚；这粽子，说的是大姑娘裹的小脚。看看，皇帝也有不正经的时候！

粽子中最上乘的当数九子粽。乾隆皇帝在吃了九子粽后，赞不绝口，欣然赋诗道："四时花竞巧，九子粽争新。"九子粽，为九只粽子串在一起，大小不一，小的在下，大的在上，形状各异，用九种颜色的丝线包扎，五彩缤纷，甚是好看。粽子谐音"中子"，民间有吃了粽子能得儿子的说法，故九子粽是多子多福的象征，因而常被作为馈赠亲友的礼品，如婆婆送给新婚儿媳，母亲送给刚出嫁的女儿。

在人才济济的徽州地区，聪明的徽州人把中药"益智仁"和"状元"完美地结合起来，发明了益智状元粽。益智状元粽的故事至今仍为人津津乐道。相传，徽州西南部的七姑山中有座文昌庙，香火极其旺盛，特别是在科考前，来祈拜者更是络绎不绝。清初，文昌庙旁住着一对老夫妻，夫妻俩以卖柴火为生，生活艰难。夫妻俩老来得子后，二人省吃俭用，供其读书。其子异常聪颖，四书五经、琴棋书画样样精通，渐为人知。当时恰逢童试，为讨功名，二人决定送儿子去参加考试。可按当地的习俗，赴考前要包粽子祭拜文昌帝君。夫妻俩平时为小孩读书，已是吃了上顿没下顿，眼下哪有多余的糯米包粽子呢？按照当时徽州民间风俗，得用糯米包出“枕头粽”，往往一个粽子就要半斤糯米！更何况祭拜时得要用 18 个粽子，即 9 个一串的“九子粽”。这对老夫妻东拼西凑也只有斤把糯米，怎么办呢？在老两口正发愁之际，其子对母亲说：“母亲大人，你就用这斤糯米包成 18 个粽子，不就可以凑齐祭拜的数量了吗？”老母亲听后，恍然大悟，硬是用 1 斤糯米包成 18 个小粽子，用彩绳系成两串。由于没有粽子馅，就在粽子中加了中药益智仁。夫妻俩选了个吉日，提上两串粽子，领着儿子赶到文昌庙。此时的文昌庙早已被即将赶考的考生与其父母围得水泄不通，鞭炮声连连，异常热闹。众人堆里这对老夫妻寒酸的着装和他们手中拎着的两串小粽子显得格外扎眼，他们久闻老两口儿子异常聪慧，就想着去试他一番。一个考生带着挑衅的口气想用对子来考那小孩，那考生瞅了瞅放在供桌上的大粽子，然后再看看老夫妻手里的小粽子，便出了上联：“大粽稳稳坐。”“大粽”的谐音为“大中”，意思是说自己高中那是十拿九稳的。这小孩立马就明白这伙人嘲笑自家包的粽子小，心想得给他们点颜色看看，灵机一动，随口答上下联：“益智串串高。”这中药益智仁因有使人聪慧的功能，所以有“状元果”之称。小孩的意思是我考试是步步高升，考状元不在话下。含义相近，极其精妙。这时又来一位考生出了上联“多子多福禄”，因为他们的粽子大，放的米多，所以多子。小孩见他们还是嫌自家的粽子小，毫不客气地顶了一句：“一口一状元。”这下可把大家给镇住了，自此明白这小孩抱负不小，今后必成大器。说来也巧，这小孩当年就考上了秀才，18 岁就喜中状元。当故事传开后，人们都认为这是文昌帝显灵，小粽子讨的彩头好。之后七姑山一带的考生，为了讨个好彩头，都把用来祭拜文昌帝或魁星的粽子包得小小的，加入中药益智仁，并取名为“益智状元粽”，同时也称“一口状元粽”。这就是徽州地区“一口状元粽”的来历。

粽子从古流传到今，一直深受人们喜爱。如今，各地粽子的名称、形状、口味各异，每逢端午佳节家家户户仍会乐此不疲地尝试新品粽子。如果要选出中国历史上文化积淀最深厚的食品，那一定非粽子莫属了。

竞渡深悲千载冤

端午节四处飘散的粽子香味沁人心脾，实属嗅觉与味觉上的享受。但端午节也不乏视觉盛宴，特别是赛龙舟更是把端午的热闹气氛推向了顶点。在民间，乡里百姓集聚河岸，为河面上划着各色形状龙船的人呐喊助威。人们酷爱这种竞渡游戏，甚至朝堂上的天子也很难不为所动，乾隆就是一例。

俗话说：“上有天堂，下有苏杭。”有一年，乾隆南巡，游览完美丽的西湖还觉不过瘾，便准备到附近的湘湖去看看。听说皇帝要来，这可把当地的官员给忙坏了，都知道乾隆皇帝是个贪玩的主，总得搞点新鲜玩意让皇帝高兴高兴。可有什么新鲜玩意能使皇帝龙颜大悦呢？正在这时，一位官员说：“既然皇帝主要是来看湘湖的，我们就在湖上做文章，现在正是五月，各地都准备了龙舟，我们何不将各地的龙舟放到湖上赛一赛，一来表示国泰民安，二来也好让老百姓也乐一乐。这君民同乐不是皇帝最喜欢的吗？”众人听后都觉得可行。看惯了排场的乾隆在离开杭州时，只带了几个亲密的随从。一是不想被人前呼后拥，很不自在；二来是想体验下民风。乾隆一行来到湘湖，此时的湘湖微波荡漾，渔舟唱晚，虽比不上西湖的繁华，却有似超凡脱俗的小家碧玉之美，乾隆不禁感叹湘湖果真是个好地方！正在乾隆沉醉于美景时，忽觉湖边人声鼎沸，锣鼓齐鸣，只见几艘龙舟箭　般地从四面小河向湘湖驶来。舟身颜色不　，舟上彩旗飘飘，旗上写着“五谷丰登”“国泰民安”“风调雨顺”等字样。瞬间平静的湖面热闹起来，五彩缤纷，甚是好看。住惯北方的乾隆，哪见过这阵势，很是好奇。等船靠岸后来到湖边，挤进了人群，凑到一位秀才模样的人前问究竟。

节日

清院本《十二月令图轴》之五月 此图为清代画院画家所作，现藏于台北故宫博物院。农历五月，别称仲夏。此时禾苗正在田中生长，离收割也还早。农村中在极忙之后有了一段闲隙。为悼念屈原，人们便举办龙舟竞渡活动。画面上龙舟赛起，万箭齐发，锣鼓喧天，热闹的场面引得两岸民家凭栏观赏，激烈的竞技场面把节日的气氛推向了顶点。

秀才一听就知道他是北方人，就笑着答道："我们这里五月有赛龙舟祭水神的习俗，听说皇帝要来湘湖游玩，官府要我们表演龙舟赛给皇帝看。虽然没到赛龙舟的日子，只是在皇帝没来之前，先练一下。不过到时候，皇帝一来，我们老百姓可就没得看了，所以今天特地先来看看。你也算眼福不浅啦，湘湖赛龙舟还是第一次呢！"乾隆一听，心里直乐。一时间龙舟赛起，条条巨龙争相从四周驶入湖心，把湖心瞬间装绘成龙舟世界。龙舟红绿黄橙黑兼备，热闹非凡。岸上的老百姓也被这气氛所带动，纷纷为自己乡里的龙舟喝彩，呐喊助威之声震耳欲聋，乾隆皇帝哪能听出当地老百姓的方言，愣是把"天龙加油！"声，听成了"乾隆加油！"。他心想自己贵为天子，是龙种，龙舟取自己的名也很正常，一激动，也跟着叫起了"乾隆加油！"龙舟赛持续了一个多小时，那条叫"天龙"的龙舟果不其然获得了第一名！乾隆很高兴，就对随从说："快去，说朕有赏！"可随从磨蹭半天也没去，对乾隆使了个眼色，乾隆帝方才醒悟自己是便装出行，不宜暴露身份。乾隆帝看完了龙舟回去后，对当地的官员进行了嘉奖。至此，湘湖的官员才明白乾隆已经来过了湘湖，观看了龙舟赛。

端午节与夏至日相临近，并且时逢"重五"，五是阳数，重五有"极阳"之意。这种阳气极盛的日子被认为是很不吉利的，因此端午的很多节俗都是围绕着祛邪避邪展开的，如插艾草、挂菖蒲等。即使在庚子年间慈禧太后与光绪皇帝西逃途中，适逢端午节时行宫内外依然不忘悬挂艾叶、菖蒲。清人胡延曾作《端午缀蒲艾》诗一首："天中谁复佩灵符，处处朱门缀艾蒲。惟有寝宫循旧俗，当楣倒贴纸葫芦。"

清代除了前代已有的朱索桃符、五彩楼等习俗之外，还新增添了贴钟馗像、喝雄黄酒等习俗。如清代诗人李静山在《节令门·端阳》中所言："樱桃桑椹与菖蒲，更买雄黄酒一壶。门外高悬黄纸帖，却疑账主怕灵符。"纵观端午节之习俗，其秀丽如绘，意味隽永。

一年今日月分明

“中秋佳节近如何，饼饵家家馈送多。拜罢嫦娥斟月下，芋香啖遍更香螺。”这是清人陈勉襄咏中秋的《羊城竹枝词》，描绘了中秋赏月相互送月饼、拜嫦娥、月下宴饮等习俗，读来别有一番景致。因八月十五正值秋天正中，故又称中秋或仲秋。每逢中秋佳节来临之际，丹桂飘香，玉兔消辉，人间景致自有别趣。

今夜千里共婵娟

中秋节形成于唐初，而中秋赏月的习俗源于唐玄宗月圆之夜的一次入梦神游。为了纪念这次月宫之旅，每逢八月十五日，玄宗都要在太液池听曲观舞，对月畅饮。上行下效，赏月习俗便逐渐传到了民间。

《红楼梦》第 76 回“凸碧堂品笛感凄清，凹晶馆联诗悲寂寞”中描绘了贾府上下欢度中秋的场景。中秋之夜，银光万里，皓月当空，贾母兴致非常高，此时的她并不知道大观园将被抄检，贾家已经面临危机四伏的局面。她让下人将家宴摆在大观园。先用花灯装饰嘉荫堂，又将中秋宴席移到了凸碧山上。贾母领众人赏了会儿桂花，此时的桂花芬芳沁脾。赏完桂花，贾母又回席上喝了点酒，暖暖身子。心中突发奇想：“如此好月，不可不闻笛”，于是命人吹笛来迎合这醉人的月景。笛声悠扬，远远地从桂花树下传来，“呜呜咽咽，悠悠扬扬……”“趁着这明月清风，天空地净，真令人烦心顿解，万虑齐除，都素然危坐，默默相赏。”不久，笛声再次传来，“呜呜咽咽，袅袅悠悠”，听起来悲怨凄凉，让人不禁有悲凉寂寞之意。

贾府上下合家赏月，曲终人散后，林黛玉、史湘云二人觉得还未尽兴，于

清·任颐《钟馗》 端午节时节因气候湿热，易发生瘟疫。于是，人们就把专门抓鬼的鬼王——钟馗的画像贴于门上，以驱邪避灾。挂钟馗的习俗出现于唐朝，源于唐玄宗的一次梦幻神游，第一张钟馗像出于唐玄宗时的画师——后代称“画圣”的吴道子之手。

是又相邀到凹晶馆赏月。赏月自然要选一个极好的地方，大观园里亭台楼榭众多，她们却偏偏选中了凹晶馆。这儿“天上一轮皓月，池中一个月影，上下争辉，如置身于晶宫鲛室之内。微风一过，粼粼然，池面皱碧迭纹，真令人神清气爽。”凸碧堂处于山脊高处，凹晶馆则在低洼之处，附近更是有积水。二者一上一下，一高一矮，一山一水，一明一暗，好像专为赏月而设。有钟爱“山高月小”的，就到凸碧山去赏月；有欣赏“皓月清波”的，就去凹晶馆赏月。林黛玉和史湘云在这“团圆”之夜，不禁感伤自己的身世，于凄美的月光之下写下了“寒塘渡鹤影，冷月葬花魂”的诗句。姑且不论这些诗句背后隐喻着贾府衰颓景象，单从字面上来看，这些诗句描绘出来的意境是那样的空灵、幽远。

圆月也让人产生敬畏之情，赏月之余，民间也有拜月的习俗。古有“男不拜月，女不祭灶”的说法，故拜月由女子祭拜。每当中秋月亮升起之时，人们于院中设香案，将月饼、石榴、枣子等瓜果摆放在案上，由家中主妇行拜月之礼。如果能够虔诚拜月，可以“貌似嫦娥，面如皓月”，这便勾起了无数女子的拜月之心。宫廷里常由皇后在晚饭后率众人拜祭“太阴君”，即月亮。在民间，“太阴君”是由家里的主妇祭拜的，有时也有小姑娘祭拜的现象。

慈禧对拜月也很看重，即便在八国联军侵占了紫禁城，她携众人在逃之际，中秋节也未忘记拜月的旧礼古俗，在暂住的忻州贡院中举行了拜月之礼。她命人在庭院的东南角上摆上了供桌，将神马（印着一个兔子在月宫里捣药的图纸）插在香坛里。香坛是一个方形的斗而非圆形，因忻州处于晋北，晋北有谚语说：“圆不过月亮，方不过斗。”宫女太监们将斗里盛满了新高粱，斗口上糊了黄色的纸，供桌上摆放着四盘月饼和四碟水果，月饼叠起来近半尺高。最惹眼的是中间摆放的大木盘，盘里盛放着直径有一尺长的大月饼，这是专门为祭兔所做的。桌上还有两碗新毛豆角、四碗清茶。没有皇宫里的佳肴祭供，就这样简简单单的几道民间菜肴，皇后带着众妃嫔、格格和奴婢们行了拜月礼。

清院本《十二月令图轴》之八月
“一年今日月分明”，赏月是中秋节不可或缺的活动。画中描绘了中秋节夜，皓月当空，闺中女乐，奏琴吹笙。人们伫立高台，观景赏月。实可谓“仰头望明月，寄情千里光”。

和酥馅果更奇绝

中秋都有吃月饼的习俗，俗话说：“八月十五月正圆，中秋月饼香又甜。”古往今来，许多名人留下了不少与月饼有关的趣闻轶事和动人佳话，这成了人们今天在中秋佳节赏月之时的谈资。

月饼的起源与唐代皇帝有关。据唐代一些古籍中记载，花好月圆的中秋之夜，唐高祖李渊与群臣一起欢宴赏月，席上有吐蕃商人进献的珍馔“圆饼”。唐高祖龙颜大悦，接过装潢华丽的饼盒，取出镂刻着精美图案的彩色圆饼，指着悬挂天空的明月说：“应将胡饼邀蟾蜍（月亮）。”随后，将圆饼分赏文武大臣。从此，中秋节吃月饼的习俗便流传了下来。

到了唐玄宗开元年间，一年，唐玄宗和杨贵妃中秋佳节赏月，在尝饼中，唐玄宗嫌“胡饼”叫法不好听，杨贵妃仰望皎洁的明月，脱口而出“月饼”，从此“月饼”一名就传开来。

清代，中秋吃月饼已成为一种普遍的风俗，且制作手艺越来越高。清人袁枚《随园食单》介绍道：“酥皮月饼，以松仁、核桃仁、瓜子仁和冰糖、猪油作馅，食之不觉甜而香松柔腻，迥异寻常。”可见，清代月饼口味众多，已接近于现代。到了清朝晚期，大清国最后的皇帝溥仪也跟月饼很投缘。溥仪生平爱吃点心，尤以中秋月饼为甚。所以每到中秋之夜，御案中央都会码“月饼山”，从下往上，月饼渐小：码于顶端的月饼最小，名为“桃顶”；用于垫底的月饼最大，重 20 多斤。当晚，皇帝溥仪会拿最大的月饼行赏，或切开赏给众人，或整块分赏御前大臣。总管内务府的大臣绍英，就曾被赏赐整块大月饼，民间月饼与之相较只有它的十分之一。那块体大形圆、蔚为壮观的清宫大月饼，图案层次鲜明，紧凑有致：最外层呈花叶蓓蕾形；第二层，是良田沃土状；第三层，为八宝图案；最里层是月宫图。宫殿上刻有“广寒宫”三个字，清秀有力；殿门正中，幕帘低垂，锦带飘拂；殿门的两旁，隔扇雕窗，框明窗亮；殿前玉阶，净白无瑕，阶梯清晰；

殿旁刻有一株参天桂树，葱葱郁郁；可爱俊俏的玉兔立于桂阴之下，正作捣仙药，药臼中盛有长生不老的瑞草和灵芝。清宫御厨拥有一双巧手，凭借着他们的智慧和技艺，将古代广寒宫的神话故事创作于中秋月饼之上，其构思之妙，内涵之丰，饰纹之精，都达到了鬼斧神工的地步。清代有诗对此月饼大加赞美："月宫符，画成玉兔瑶前居；月宫饼，制就银蟾紫符影。一双蟾兔满人间，悔煞嫦娥窃药年；奔入广寒归不得，空劳玉杵驻丹颜。"

从"月饼饱装桃肉馅，雪糕甜砌蔗糖霜"诗句中可以看出清代月饼的口味和现在已颇为接近了。清人袁景澜在《咏月饼诗》中描述道："入厨光夺霜，蒸釜气流液。揉搓细面尘，点缀胭脂迹。戚里相馈遗，节物无容忽……儿女坐团圆，杯盘散狼藉"，将月饼的制作、亲友间互赠月饼到设家宴及赏月的情景，描绘得淋漓尽致。清风明月，阖家团聚，尝饼赏月，谈天说地，实在是人间共享天伦之乐的好时光。

别具特色的中秋

每逢中秋节，清代宫廷都会举行隆重的庆典。慈禧庆祝中秋佳节的方式还是与众不同。首先，慈禧的中秋节不是一天，而是四天。自咸丰皇帝去世之后，慈禧就将中秋节从古已有之的八月十五日，改为从八月十三日到十七日止，分为迎节、正节和余节。其次，慈禧不称月饼为"月饼"，而是给它特意取了个名字叫"月菜糕"。原因在于北方口音说出来的"月饼"，听上去极像"月病"，而"月病"听起来像"月子病"，这是女性的生理疾病，所以她忌讳听到"月饼"这个词。除此之外，月饼的"饼"字，音通"病""柄""兵""冰"，在汉语中，都是相当不吉利的。所以慈禧就下令宫廷里所有人都将月饼改称"月菜糕"。在迎节和余节的时候，慈禧会吃涮肉和烤肉。涮锅用的炭很有讲究，必须要用吉林的松柏木制成的松香炭，烤肉用的木柴也只要产自长白山的松柏。

月饼作为历史悠久、亘古弥香的美食之一，受到世人的称赞。可有时也会成为杀人的利器。光绪七年（1881 年），慈安太后突然仙逝，让众人觉得十分意外，慈安身体一直康健，未曾听说生过什么大病，死因不明。曾为同治、光绪两朝帝师的翁同龢在《翁文恭公日记》中记道：慈安太后暴亡前并无大碍，“慈安太后感寒停饮，偶尔违和”。到了夜里，“子初忽闻呼门，苏拉李明枯、王定祥送信，云闻东圣上宾”。于是宫中议论纷纷，传言是慈禧毒死慈安太后。大权在握的慈禧为何要害死情同姐妹的慈安太后呢？原来咸丰皇帝早已看出慈禧野心不小，担心日后她祸乱朝政。于是在临终之前，写了一道密诏给慈安。密诏中说，如果慈禧日后恃子为帝，干预朝政的话，慈安可凭此密诏，按祖宗家法惩治。果不出所料，在咸丰驾崩后，慈禧果然挟持皇帝，独揽朝政，陷害忠良，集大权于一身。甚至在后宫之中也做出了许多荒淫之事。慈安看着慈禧的行为，想起先帝的遗诏，心中惭愧，觉得是时候对慈禧摊牌了，好让她收敛些。一天，慈安在与慈禧一番语重心长的谈话后，从袖口拿出先帝当年留下的密诏。慈禧接过密诏，看完脸色发白，连忙跪倒在地，向慈安哭诉求饶，承认自己犯了很多错，发誓日后定当改过自新。善良的慈安便答应给她一次机会。从此之后，慈禧对慈安的关怀可谓无微不至，几乎每天都来探望，并会带些慈安爱吃的点心。慈安以为慈禧真的改过自新，便对她放松了警惕，把她当作亲姐妹来看待，后来干脆把先帝的遗诏烧毁了。慈禧见计得逞，心头窃喜，便又肆无忌惮起来。一天，慈安来到了慈禧的住处闲聊，宫女端上了一盒月饼供二位太后品尝。慈安尝了一口，大赞味道甚好。第二天，慈禧又派人送去了月饼，慈安心里很感激。可是世事难料，当天晚上，慈安便腹痛难忍，宫中的太医都束手无策，不久，慈安便去世了。其实太医们早查出慈安死于中毒，可是慈禧已向他们打好招呼，让他们做哑巴就行了。

中国有众多节日，唯有中秋节人们才给它在名称上冠一个“佳”字——中秋佳节，可见人们对这个美好的节日是多么的情有独钟！中秋之夜，明月悬空，银辉洒地，如此良辰美景，也大大激发了文人士大夫的雅兴，成就了一段段美谈。相传，清代才子纪晓岚曾经夸下海口：“未有不可对之对。”某年的中秋之夜，他老婆指着窗纱出了一上联：“月照纱窗，个个孔明诸葛亮。”自负的纪大学士思考良久也未能对出。显而易见，此联前后紧密结合，因果相连，一语双关且一脉相承，想找一个“门当户对”的“配偶”，实在很难。近代，有人偶然从京剧表演艺术家梅兰芳先生身上中发现了“奥妙”：原来，梅兰芳字“畹华”，其字与名正好与“孔明诸葛亮”对仗。于是就能续上下联：“风送幽香，郁郁畹华梅兰芳。”真可谓佳偶天成，妙不可言。

皓月当空，总能让无数文人墨客文思泉涌。几杯甘洌的桂花美酒下肚，他们不免要高声吟诵：“明月几时有？把酒问青天。”其实，月亮又岂止令文人墨客灵感泉涌、诗兴大发，就连白发老妪在拜月时也禁不住想要吟上几句，表达一番朴实真挚的心愿。

冬至阳生春又来

“邯郸驿里逢冬至，抱膝灯前影伴身。想得家中夜深坐，还应说着远行人。”难忍思乡情绪的诗人白居易在冬至日挥笔抒发胸臆。冬至为二十四节令之一，又称“亚岁”“首岁”等，人们会在这天举行各种庆祝活动。

冬至节里的倒霉事

在传统中国人心目中，天具有至高无上的神圣性。清代人认为天属阳，地属阴，故每逢冬至，皇帝都要在南郊举行祭天的活动。皇帝既是天子又为万民之主，只有他才有资格祭天。

祭天对于祭祀的主角——皇帝而言，不得不说是一件“折磨人”的差事。为了迎接这一天的到来，皇帝需沐浴斋戒，不饮酒，不作乐。冬至当天一大早，皇帝会领着一大帮人赶到天坛内的圜丘举行祭天大礼，称之为“冬至大朝贺”。祭天仪式程序很繁琐，但清朝历代皇帝对祭天活动充满了敬畏，他们希望用虔诚的态度获得上天的眷顾，以保风调雨顺、国泰民安。有清一代均为皇帝祭天，只有一个特例。康熙六十一年（1722 年）十一月初九，即康熙驾崩的前四天，恰逢冬至，胤禛（即后来的雍正帝）被委派去天坛行祭天大礼。按常例，祭天都是由皇帝亲自主持，不会委以他人。康熙派胤禛前去祭天，可以看出康熙传位胤禛之心已定。

历史上发生的事告诉我们，冬至祭天不仅有敬天保民的意味，有时候还可以成为政治宣传的工具。1913 年的冬至，袁世凯在天坛这个祭祀之所举行了声势浩大的祭天仪式，袁祭天之举可谓醉翁之意不在酒，实为对天下人对帝制态

袁世凯祭天 1913年12月23日冬至那天，刚登上大总统之位不久的袁世凯来到天坛举行祭天仪式。祭天大典在这一天的凌晨前开始，天坛的圜丘被修缮一新，文武百官整齐划一地排列在圜丘外。袁世凯身穿特制祭服，手持香烛，祷天告祖，称帝之心昭然若揭。

度的一种试探。

袁世凯为了当皇帝攒足了劲，经过一年的准备，决定在1913年冬至这天来个祭天大典。为了能够符合老祖宗留下了的祭天规矩，他也在这天来临之前斋戒了三天，同时为了确保自己的安全，命人将在天坛附近的茶馆、酒楼等场所聚集的闲杂人等一律赶走并对整个天坛严防把守。袁世凯为了保证祭天大典的体面，不惜拨下巨款，将祭坛建筑和设施修葺一新，更为奢华的是竟将圜丘天库的琉璃门装上了81颗鎏金钉。冬至当天，袁世凯迫不及待地穿上绣有章文的天青色祭服，在百官的簇拥下，缓缓地登上了圜丘祭坛，立于拜位前。大典开始，乐声奏起，袁世凯手捧香烛，对天行礼，按章程走完了敬酒、献贡、念祝各环节。正当袁世凯如释重负地准备走下祭坛时，突然飞来一只乌鸦停在了圜丘旁的一棵大柏树上，“呜哇！呜哇！”地叫个不停，听上去像极了“哭啊！哭啊！”的声音。袁世凯一听这晦气声，先前的高兴劲儿消失殆尽，一个不留神，脚下一软，摔了一跤。这一跤也摔碎了袁世凯的皇帝梦。两年以后，袁宣布复辟帝制，各地纷纷举起反袁的大旗。做了 80 多天皇帝梦的袁世凯，最终还是走下了神坛。

过冬至节原本是件值得高兴的事儿，但这一天却是一些人的受难日——一些关在监狱里的死刑犯的行刑日。在清代，通常将死刑犯定在冬至前砍头，老北京人称之为“出大差”。

清代规矩繁多，死囚的死法也分两种，一是判决后立即执行，俗称“热的”。死囚临死前官差会给其洗脸、梳头，再将家属送来的新衣让他们穿好。同时监狱还会发给死囚清油大饼一斤，盒子菜一包，让犯人饱餐一顿，谓之“辞阳饭”。囚犯吃完辞阳饭后会被押往菜市口行刑。二是判决后不立即处斩，罪犯需要大理寺、都察院及刑部组成的“三法司”或九卿会审，等到冬至日集体行刑。在节日的当口，行刑前死囚的待遇也会好一些。在冬至头一天，监狱会在院内搭个大棚，让死囚们十人一席，吃“大摆桌”，还有八角鼓子小戏奉送。是夜，更夫受命不必按常规打更，天都快亮了，外边还在打二更梆，这样做是怕犯人惊慌害怕。

清人消寒有“绝技”

冬至一到，开始“数九”，数到九九，寒气尽消。作为寒冬一道独有的风景，古时民间盛行数九消寒的习俗。《燕京岁时记》记载：“消寒图乃九格八十一圈。自冬至起，日涂一圈，上阴下晴，左风右雨，雪当中。”《北平风俗类征》记载：“冬至日，俗谓之数九，或画纸为八十一圈，每日分阴晴，图一圈记阴晴多寡，谓之九九消寒图，以占来年丰歉。”后来此俗也传至清代宫廷之中。

据清人吴振棫《养吉斋丛录》记载：”道光初年，御制‘九九消寒图’，用‘亭前垂柳珍重待春风’九字，字皆九笔也。懋勤殿双钩成幅，题曰‘管城春满’。

内直翰林诗臣，按日填廓，细注阴晴雨雪，皆以空白成字，工致绝伦。每岁相沿，遂成故事。”清人夏仁虎曾作《消寒图》诗：“亭前垂柳待春风，珍重亲涂一画红。九九图成春已至，宸居真可亮天工。”这里所说的“九九消寒图”句，在乾隆年间已有。当时宫廷中每年冬季都要填写这种“九九消寒图”句。先由宫中懋勤殿制成待填描写的消寒图，该图四周采用木桩插榫，并裱以纸绫。其“亭前垂柳珍重待春风”九字，寓迎春之意。每年冬至节前挂在室内，届时由室主从头九第一天开始填起，逐日填廓，每字九笔，每笔一天。每填写完一字便过了“一九”，句成而九九八十一天尽。用朱笔写完当日一笔后，还要在笔画上，用白色细笔填写当日天气情况。如“亭”字上第一笔写“今日风”；第二笔上记“晴暖有风日也”；第三笔填有“晴暖日”……每日记载之详略，则视当日所涂笔画长短酌定。因此，当一幅“消寒图句”填完之后，也就成了这一年冬季天气情况的档案记录，也是很珍贵的研究气象历史的资料。

天下的黎民百姓虽没有如此复杂的心境，他们也有消寒歌：“一九二九，相唤不出手；三九二十七，篱头吹汤栗；四九三十六，夜眠如露宿；五九四十五，穷汉街头舞（庆贺冬天已尽）；不要舞，不要舞，还有春寒四十五；六九五十四，苍蝇垛屋次（苍蝇开始活动）；七九六十三，布衲两肩摊；八九七十二，猫狗躺湿地；九九八十一，穷汉受罪毕；刚要伸脚眠，蚊虫跳蚤出。”

我国古代，冬至是较大的大节日，有“冬至大如年”的说法。这一天，各种美味小吃端上桌子，让年味越发浓厚。嘴里吃着热腾腾的美味，身上寒意也不觉消除了。

在冬至节人们常吃馄饨，形成了“冬至馄饨夏至面”的说法。“馄饨”这一叫法的来历非常具有历史趣味，与汉朝时期中原与北方匈奴的紧张的民族关系有关。当时北方匈奴不断地骚扰边疆，老百姓们无法过安宁日子。匈奴部落中有浑氏和屯氏两个首领，十分凶残，百姓对他们恨之入骨，于是把肉剁碎作馅包成角儿，取“浑”与“屯”之音，称作“馄饨”，将其吃掉，以解心头之恨。

这种习惯流传渐广，到了后来家家户户几乎都要在冬至那天吃上一碗馄饨。

面食中，馄饨的“近亲”——饺子也是颇受欢迎的节日食品，俗语云：“十月一，冬至到，家家户户吃水饺。”饺子，因其外形似耳朵，又名“饺耳”。人们冬至吃饺子是为纪念“医圣”张仲景。张仲景曾在长沙做官，告老还乡时恰逢大雪纷飞的寒冬，一路上他发现许多百姓冻烂了耳朵，便把驱寒活血的药材搅拌在肉馅里，用面皮包裹成耳朵的形状，在热汤里煮熟后施舍给冻伤的灾民吃。人们最初把这种形似耳朵的面食叫“捏冻耳朵”，后来改称其为“饺子”。“吃了饺子不怕冻”，仿若童话里的情节，反映出古人在寒冷的冬天里依然存留的美好愿望。饺子皮是圆的，中国人祈求团圆、圆满，也体现出中国人向往美好的情怀。“昼短摒弃烦忧事，夜常相伴欢乐声。小饺暖尽心头寒，更胜金银百十千。”乔金龙的《冬至到》对此描述得很生动。

除了吃面食，冬至日还有吃豆腐的习俗，这在南京地区尤为盛行。这源于明初的一个故事：朱元璋在位时有个大臣叫刘基，其人正派耿直，无奈遭小人嫉恨诽谤，说他贪赃枉法、以权谋私。朱元璋闻言要杀他，贤惠的马皇后比较冷静，劝朱元璋不要草率行事。朱元璋听后便命刘基三天内理清账目来报。第三天恰逢冬至，刘基一手提瓦罐，一手抱账簿，面见朱元璋。瓦罐里是小葱拌豆腐，账目则清清楚楚，刘基以此暗喻自己就像小葱拌豆腐一样，一清二白。从此，南京人冬至时都要吃上一口小葱拌豆腐，表示要像刘基那样清清白白做人，歇后语“小葱拌豆腐——一清二白”就是这样来的。

爆竹声中一岁除

“爆竹声中一岁除，春风送暖入屠苏。千门万户曈曈日，总把新桃换旧符。”王安石的《元日》道出了元日的喜气洋洋与大地回春之象。元日，即元旦，是一年之始，万象更新之日，古人又将它称作“年”。“年”是传统中国大多数民族最重要的节日，自然需要热闹一番，因此历朝历代均有名目繁多、声势浩大的节庆活动。

倒贴福字来迎福

元旦之日民间有贴福的风俗习惯，这个习俗源于一个有趣的故事。西周取代商朝之后，姜太公大封各路神仙，众路神仙都快封得差不多了。但是此时“后院”起火了，姜太公那位十分泼辣的夫人也来讨要神位。太公无奈之下，只得封她个“穷神”，并规定凡是贴了“福”字的地方她都不能去。于是，民间家家户户贴“福”，燃放爆竹，用来驱赶这位不受欢迎的“穷神”。不管人们最初贴福的动机是什么，但从现在看来，“福”就是幸福的代名词，是福气的象征，大红“福”字寄托了人们对美满生活的向往。

在民间传统中，“福”字可用来倒着贴。追根溯源，“福”字倒贴的由来得益于清代恭亲王管家的“将错就错”。清代，有一年元旦，恭亲王府的大管家命人把“福”字贴在大门上。谁承想这个下人不认识字，居然把“福”字给贴倒了。恭亲王知道后勃然大怒。这大管家毕竟见过世面，脑瓜儿灵活，他立马扑通跪到地上说道：“奴才常听人说亲王福大寿高，如今‘福’真的到（倒）了，此乃吉祥之兆啊！”这样一讲，恭亲王的脸色马上由阴转晴了，一高兴重赏了大管家和他家人。所以后来，人们便纷纷效仿，在过春节的时候有意把“福”

字倒着贴，以图吉利。

“福”寓意不凡，一般由德高望重的老人执笔。如果是皇帝亲自执笔，意义自然更是非同凡响。清朝虽然源自关外，大清皇帝们的文学功底却不低。相传康熙皇帝是第一个手书“福”字赏赐大臣的大清皇帝，而第一个获此殊荣的是翰林编修查慎行。《查初白集》曾记载：“康熙四十三年（1704 年）甲申除夕前一日，蒙县御赐书大福字。”到了乾隆朝时，每年都要在重华宫举行书“福”大典，赐“福”之笔也刻上了“赐福苍生”四字，意为御赐福字，福归天下。臣子得到御赐“福”字，断不会贴在门上，得要供起来以光宗耀祖。清人夏仁虎曾做《赐福字》：“年年腊朔御重华，赐福苍生笔有花。御墨龙笺书福字，近臣分载福还家。”在乾隆朝当了 30 多年尚书的王际华，就有幸得到御赐 24 幅“福”字，将其装裱悬挂，起名“二十四福堂”。自此后世皇帝纷纷效仿，从而使清帝御赐“福”字习俗成为典制。

皇帝老儿过新年

在元旦这个重要的节日里，节日的气氛早已染“红”北京城。那么深院宫锁的紫禁城又有怎样一幅欢度佳节的图景呢？

与祖辈们过节身居宫墙之内不同，风流快活的乾隆选择在卢沟桥过节。相传卢沟桥是座神桥，这里的月亮比其他地方出来得早。在别的地方，一般只能在每月的初一、初二才能看见一点月牙儿，而在卢沟桥上，除夕晚上就能看见东南的一弯明月。更神奇的是，除夕的月亮格外地皎洁明亮，照得桥身都发亮，能够把桥上的石狮看得一清二楚。但是，不是每个人都能看得见此情景，只有两种人才能看见，一是 15 岁以下的童男童女，一是“大命”之人。传闻一传十，十传百，乾隆也慢慢知道了此事，他决定到时候去看个究竟。除夕的晚上，北京城内锣鼓喧天，鞭炮齐鸣，一向爱热闹的乾隆悄悄出了紫禁城，急奔卢沟桥。到了卢沟桥，乾隆就一个劲地向东南方向张望。可是看了老半天，有的只是满天繁星，哪有什么一弯明月，更别提把卢沟桥身照得通体发亮了。乾隆就开始琢磨：“我乃堂堂一朝之主，难道算不上大命之人？怎么会看不见呢？一定是人们胡编乱造的。可是，我除夕好不容易跑到这里来看月亮，如果说没看见，岂不让天下人耻笑？”想到这里，他立马对随从说：“你们都退下，我来仔细看看。”身边随从退下后，他就一人站在桥上看了起来。看着看着，也许是眼花了，就觉得眼前出现一弯明月，乾隆赶忙叫上随从前来看月亮。但当大家顺着乾隆帝指的方向，看得眼都酸了，愣是没看见月亮。随从也不敢驳皇帝的面子，有的灵机一动说道：“奴才命薄，没有这个眼福。”其他人赶紧跟着附和。乾隆听了自然乐开了花，说道：“准备笔砚，我要题字。”随从立马呈上纸墨笔砚，乾隆帝稍思片刻，题下了“卢沟晓月”四个大字。这“卢沟晓月”四个字与桥东侧石碑，曾被列入“燕京八景”之一。

春节吃饺子是雷打不动的习俗。满族人春节包饺子有一个习惯，就是在包饺子时得把一二枚钱放在饺子馅里包起来，然后跟别的饺子一起煮。如果谁在大年之夜吃了包着钱的饺子，那就预示他在来年财源滚滚。可是，万一皇帝在吃饺子时一不小心把铜钱吃到肚子里怎么办呢？在同治五年（1866 年）的春节期间，宫中御膳房照例准备除夕饺子，也在饺子中放了一枚金钱。在以往，由于太监们做了精心的安排，所以太后和皇上肯定都能吃到包着金钱或金如意的饺子，一旦皇帝吃到，朝臣和内侍自然免不了恭贺一番。可就在这一年除夕之夜，居然没有听见小皇帝说自己吃到金钱了，这可吓坏了一帮人，究竟是怎么回事呢？原来这天白天，同治参加了宴请蒙古王公的活动，在宴会上，各种食物都是按照蒙古族的风味准备的，小皇帝很不习惯，随便扒拉了两口。接下来经过接受百官朝贺，小皇帝早已饿得不行。所以当除夕宴一摆好，小皇帝也管不了规不规矩了，狼吞虎咽吃了起来，一口气就把放在面前的水饺吃了个精光。在旁侍餐的太监一边看着小皇帝吃，一边就等小皇帝说一声“吃到钱了”，好下跪恭贺，讨个彩头。但眼下整盘饺子都快吃光了也没见皇帝有反应，很是着急，低声问皇帝：“皇上，吃到钱了吗？”小皇帝正吃得开心，哪知其中道理，被这小太监一打断，瞪大了眼睛喝道：“什么？钱？哪来的钱？”直到第三天，清洗马桶的小太监在同治帝用的便桶中发现了那枚银晃晃钱币。至此两宫太后才安了心，整个皇室因除夕夜小皇帝误食金钱造成的紧张气氛也一扫而光。

总把新桃换旧符

每当春节来临，家家户户都要贴春联。红纸黑字抑或是红纸金字的春联往门上、柱上一贴，既为节日增色，又反映了人们的祝福与企盼。到了清朝，春联的流行成就了一段趣闻。有一年，乾隆皇帝微服私访，来到一个小村庄，看见一户门上写着一副春联：“惊天动地门户；数一数二人家。”横批上是：“先斩后奏。”乾隆一看勃然大怒，气冲冲地走进院子，只见一老头坐在屋门口吸烟，就问：“你们胆子不小，敢写这样的对子？”老头觉得莫名其妙，笑道：“这有什么？不就是副对联嘛。”乾隆怒道：“对联中‘惊天动地门户’是什么意思？”老头说：“我大儿子是个打更的，夜里一敲梆子，不就是惊天动地，家家户户都能听见的意思嘛。”乾隆又问：“那数一数二人家怎样解释？”老头又说：“我二儿子是个专门量斗的人，常给人过斗，一、二、三地数着记账，这不就是数一数二人家。”乾隆说：“这横批‘先斩后奏’是怎么回事？”老头见他问得这样仔细，便大笑说：“我三儿子是厨子，先杀鸡，后做菜，这算不算先斩后奏（做）呢？”乾隆听后，不禁恍然大悟，于是对老头拱了拱手，笑道：“听大伯一席话，胜读多年书。”

一张大红纸，在上面笔走龙蛇地写上一副对联，既喜庆又文气。但奇怪的是，春节时大清的皇宫、王府、宗室一律悬挂的是白色春联。满族人有“尚白贱红”的风俗，就是崇尚白颜色，而不愿意用红颜色。在早期满族人看来，作为狩猎民族来说，红颜色代表着不“吉利”。因为在森林里狩猎时，红色是最易受到野兽攻击的颜色。所以，满族的猎人一般不穿红色衣服，而是穿白色衣服。但是随着清朝入关后，满族人渐渐受到中原文化的影响，“尚白贱红”的习俗也慢慢转变，在对联外形上会把白色对联镶上蓝边儿或红边儿。此后，也有不少满族人向汉人学习，采用大红纸来书写对联，所以，白色的对联，也就成为清代皇宫过年的特有对联了。宫廷内元旦之日的盛大排场是少不了的，但也有节俭的一面。就贴对联而言，清廷过年贴对联时采用的是挂的方式，与民间人们常用的粘贴方式不同，这样既环保又可重复使用。

中国人的春联，一般都喜欢用吉庆的字眼表达人们的希望与祝福。可也有一些特例，如清代宁波有个叫范文甫的老中医，他就一反常态写过两副奇特的春联。一副贴在自家的大门上：“但愿人常健，何妨我独贫。”而另一副贴在了自己卧室门上：“何必我千秋不老，但求人百病莫生。”可以看出，这位老中医，在这新年初始之际，不求自己身体安康，却祈别人长命百岁，此等高风亮节之情，不得不令人敬仰。

抱着镜子去偷听

“镜听”又称“听镜”，女子在除夕之夜，将准备好的勺子放在盛满水的锅中，在祷拜后旋转勺子，然后按照勺柄所指方向抱镜出门偷听，从听到别人说的第一句话中，就可以找到所祈祷之事的答案。

清代李渔在《蜃中楼·耳卜》中曾有描写：“世上人有心事不明，往往于除夕之夜，静听人言以占休咎，谓之耳卜；我与伯腾姻缘未偶，曾约他今晚去听卜。”可见“镜听”这种习俗在清代已经相当普遍。顾禄《清嘉录》亦载：“或有祷灶请方，抱镜出门，听市人无意之言以卜来岁休咎者，谓之‘听响卜’。”另外，褚人获的《坚瓠集》、顾元庆的《檐曝偶谈》等亦有关于“响卜”的记载，晚清《点石斋画报》曾经绘有《镜听卜吉》的民俗风情画。

清代蒲松龄在《聊斋志异》中还详细记载了镜听的故事：山东有户姓郑的人家，家有二子，兄弟二人，都是文化人。大郑很早就有了名气，父母偏爱他，因此对大儿媳也好；二郑科场屡次失意，父母就不太喜欢他，也就连带厌恶二儿媳，更耻于认她作儿媳。这样相比之下，一冷一暖，时间久了兄弟二人心里就有了隔阂。二郑媳妇对丈夫不满，要跟丈夫闹分居。从此二郑发奋努力，专心致志地勤学苦读，也终于有了点名气。父母对他的看法稍有好转，但终究比不上哥哥。二郑媳妇盼望丈夫显贵的心情特别急切，这一年正好是乡试大比之年，于是在除夕的夜晚，她偷偷用镜听的方法想为丈夫考试占卜吉凶。出门之后，听见有两人互相推搡着闹着玩，说：“你也凉凉去！”二郑媳妇回到家里，左思右想，始终弄不明白这句话是什么意思，有何寓意，后来也就放下这事不再提了。乡试结束以后，兄弟二人都回家了。当时天气很热，两个媳妇在厨房里为忙秋的人做饭，热得很难受。忽然有骑马的人登门来报喜讯，说大儿子考中了举人。郑母连忙跑进厨房对大儿媳喊：“大郑考中了，你可以凉凉去。”二郑媳妇又生气又难过，一边抹泪一边做饭。不一会儿，又有人来报，说二儿子也考中了举人。二郑媳妇一听说，立马用力一扔擀面杖站起来，说道：“我也凉凉去！”这时她回头一想，发现这正好应验了镜听占卜的结果！

“造物无言却有情，每于寒尽觉春生。千红万紫安排著，只待新雷第一声。”清代爱国诗人张维屏用《新雷》一诗，写出了冬寒尚未退出，春之悄然而来，春雷炸响，百花齐放的早春之景，同时以元旦为题，写出人们贺岁、迎春的喜悦之情。

节日

礼仪

从生到死的轮回

生死轮回若四季流转，春之萌动、夏之繁荣、秋之持成、冬之落寞，暗合了生命从降临、成长直至离去的过程。有情众生从无始以来，一直生存于从生至死，到再生再死的无尽轮回之中。生命的每一个重要阶段，人们多有相应的仪式来纪念，不厌其烦的仪式中寄托的是人们对生命的敬畏与祝福。

人们认为多子多福，因为那是生命的延续、血脉的传承，特别是因为有死亡，生的意义才显得崇高。自古至今流传下来繁多的求子习俗。摸瓜求子的质朴，摸秋的趣味，以灯求子的寄托，对麒麟圣兽、观音、张仙的信仰，无不流露出对生命的浓厚情感。求子之俗是灵与肉的完美结合，融于血脉，更是融于心灵。

孩子降临时，莫大的喜悦和期盼足以弥补怀胎十月的艰辛。弄璋与弄瓦是对孩子降临的贺礼。君子如玉，美人如玉，男孩弄璋、女孩弄瓦寄托了对孩子无限的希望。孩子出生三日后就会进行“洗三”，洗去身体上的污秽，用声声吉语给予孩子无限的祝福。孩子到了周岁，就用“抓周”来预测孩子的未来，寄予美好的期盼。

孩子长大后有了意中人，找到了生命中的人生伴侣，那是人生最美的事情之一。民间四大喜事中便有对“洞房花烛夜”的歌颂。然而，近亲婚配、包办婚姻、早婚无形中又酿造了许多婚姻的悲剧。最悲情的婚姻莫过于那苦等的寂寞，我们不得不思考这样一个问题，贞节不渝是对爱情的升华还是对人性的抹杀?

“家有一老如有一宝”，敬老爱老是中华民族传统美德。人们或用“福如东海长流水，寿比南山不老松”的语言来表达，或用面点、宴席、艺术表演来寄托对老人的敬爱与祝福。

在生命的终点，古人用隆重的仪式缅怀逝去的生命。皇家的丧葬隆重奢华，百姓丧葬质朴无华。对古人而言，丁忧与夺情，是一对难解的命题。丁忧是孝，夺情是忠，自古忠孝难两全。人们把对古人的情感寄托在精细的丧葬服饰上，用五服辨亲疏，哀悼亡者。在人们看来，死亡并不是生命的终结，而是另一种开始。

诞儿育女，愉悦欢喜

中华文明源远流长，中国人的多子多福观也一直延续下来。古语云：“不孝有三，无后为大”，可见古人对子嗣与血脉的重视。求子既是对生命延续的敬畏，更折射出对新生命的渴望。古代有专门的求子活动，其意无非趋吉避凶，谋求多子多孙。在众多求子风俗中，有些着实有趣，不可不提。

生如春花百般求

古人认为吃瓜可以得子，故求子多与瓜联系在一起。清人有“摸秋”求子之俗，摸秋实际上是一种人人皆知的偷窃行为。清人梁绍壬《两般秋雨庵随笔》中描写道：“女伴秋夜出游，各于瓜田摘瓜归，为宜男兆，名曰摸秋。”其实摸秋的范围很小，大多是那些结过婚但没有孩子的年轻妇女，她们摸秋的目的只是为了能够生个孩子。这里还有一个十分迷信的说法，中秋之夜象征的是团圆之夜，是全家人欢聚开心的日子，但对于那些缺儿少女的家庭来说，无疑会使他们感到家庭的不圆满，所以想通过团圆之夜的摸秋行为，以实现其美好的愿望，这类似前文章节所述的“偷青”。想生儿子的，就到瓜田里摸回一个南瓜，因为“南”是“男”的谐音。如果没有南瓜，摸个冬瓜也行，因为冬瓜长得长长的、圆圆的，亦代表男孩。如果想要个女孩子，则到菜园里去摸扁豆，扁豆又称“娥眉豆”，“娥眉”即是女性的象征。另外，“扁”又与“片”有相同的意思，所以我们现在也常把相熟的女孩称为“丫头片子”。摸回去的瓜必须要一顿吃完或者是一天吃完，不能隔夜，否则就不灵验了。妇女吃了摸来的瓜，如果真生了个儿子，要带上丰厚的礼品，到瓜主家致谢；有的干脆让儿子认瓜主做干爹，通常瓜主是不会推辞的，正所谓：“中秋之夜去摸瓜，不算偷来不算拿。来年生个胖儿子，答谢瓜主当干爸。”

另有元宵节以灯求子之说。因为“灯”与“丁”的音相似，以此来求人丁兴旺。元宵之夜，千灯万盏。到了第二天，在千灯万盏熄灭之际，会专门留下一盏灯，这盏灯寓意非凡，被称为“子孙灯”。子孙灯被众多的求子者虔诚地迎回家，供奉起来，添足灯油，使其长明，求子夫妇会轮流守在灯旁整晚以祈求得子。如若以后真的生了儿子，还会举行还灯仪式，用以报答。元宵夜除了赏灯，也有竞赛龙灯等习俗。竞赛之龙灯，多用灯或者纸扎成龙，舞龙队伍经过未婚妇女之前时，会以龙身围绕，众位女子会欣然接受，这暗合古代鱼龙之戏，意寓生育繁衍。

麒麟是传说中的圣兽，是龙的象征。人们不但用它借喻超群的人物，还把

麒麟送子 麒麟是传说中的仁兽，是吉祥的象征，能为人们带来子嗣。晋王嘉《拾遗记》中描述孔子诞生之前，曾有麒麟在其家院中吐落玉书，这个典故成为“麒麟送子”的来源。后来民间也多用年画、剪纸等艺术手法来表达求子之意。民间亦有“麒麟儿”“麟儿”之美称。

它比作有志向、有才用的好男儿，《麟凤呈祥》《嘉庆麟凤》是常见的吉祥图案。不孕妇女通常借麒麟来求子。人们用纸扎一麒麟，上骑一小孩，绕着屋子转，不孕的妇女在麒麟绕屋之时，拔下几根麒麟须，缠在筷子上藏在床下，以求麒麟送子。

自古以来民间就有拜神送子之说，如“观音送子”“张仙送子”等。观音是一位法力无边、大慈大悲的菩萨，也被奉为生育之神。相传有一个擅长雕刻观音的工匠一直没有儿女，有一天晚上他做了个梦，梦见观音和弥勒开玩笑，撞到弥勒的肚子上，弥勒的肚子就渐渐大了起来，工匠着急得快要哭起来，弥勒却乐呵呵地让工匠赶快去雕一个观音手抱胖儿子的雕像来。工匠梦醒后照做，果然得子。打这以后，不育妇女便争相购买送子观音像，以便如愿以偿。生育神形象众多，多为 女神，唯有张仙是男神。传说中的张仙是个美男子，他常执金弓，搭银弹，弯弓欲射，身边多有五个小男孩或者一只祥瑞麒麟相伴，取五子登科或麒麟送子之意。

宋·苏汉臣《秋庭婴戏图》局部

求子而得，自然是好事一桩。怀胎十月，一朝分娩，新生命的到来，需经历漫长的等待，祝福自是少不了的。为表达对生命的欢迎与礼赞，古代会举行诞生礼。诞生礼男女有别，分“弄璋之喜”与“弄瓦之喜”。

璋瓦之弄接洗三

璋是一种美玉，瓦是纺织用的纺锤。男孩出生时让他玩璋，希望他长大能有玉一般的品格，将来可以光宗耀祖；女孩出生时让她玩瓦，希望她将来心灵手巧，能胜任女红。男孩可以穿着好看的衣服在专门搭建的床上玩耍，而女孩只能在铺于地面的席子上玩耍。“弄璋”与“弄瓦”虽然规格有别，但所寓含的长辈对晚辈的喜爱之情与祝福之意却是没有差别的。

从不同的诞生礼中，可以看出古代男尊女卑、重男轻女思想的普遍性。因此，总生女孩的妇女少不了被别人讥笑，会被戏称为“瓦窑”。中国古代文学作品中，不乏“瓦窑”的事例。《镜花缘》中家有七个女儿的卞府和家有八个女儿的孟府就为“瓦窑”的典型代表。蒲松龄的《聊斋志异》中，也有“花娘子，瓦窑哉”的戏谑之言。还有更让人啼笑皆非的赠人“弄瓦诗”的故事。清人褚人获的《坚瓠集》记载，无锡人邹光大，因为老婆总是生女孩，每次都请朋友翟永龄喝酒，翟永龄给邹光大献上一首诗：“去岁相招云弄瓦，今年弄瓦又相招。寄诗上复邹光大，令正原来是瓦窑。”清代《笔林广记》中还有不同版本：“去岁相招因弄瓦，今年弄瓦又相招。弄去弄来都弄瓦，令正原来是瓦窑。”

民间生了女孩举行的仪式相较男孩较为简略，但如若生在帝王之家，女儿却是金贵无比的。所谓“金枝玉叶”便是最好的诠释。按清宫的生育习俗，公主出生前，要刨喜坑（埋胎盘）、挑吉日、唱吉歌、放上筷子（快生子）和金银八宝等。提前备好小孩的衣物以及生活用品，还要提前选好乳母和保姆。孩

清·任颐《弄璋图》 古时人们生下男孩后会给孩子玩璋，是希望孩子将来有玉一样的品德，于是“弄璋之喜”寓意生男孩。其典出自《诗经·小雅·斯干》：“乃生男子，载寝之床，载衣之裳，载弄之璋。”鲁迅先生曾在文章中揭露和批判过这种重男轻女的做法，但批判归批判，这种寄予与祝福却是无可厚非的。

子出生后，要进行开福口，用“福寿丹”开口，取意一生福寿常伴。孩子出生的第三天，要做“洗三”，身为公主父亲的皇帝还要穿吉服在奉先殿告文。孩子出生的第九天，要进行升摇篮，在摇篮边贴福字、念喜歌、升摇篮。满月的时候，还要剪胎发，给孩子命名。孩子百天，要做小宴给孩子，祝百岁。

孩子出生是喜，之后步步皆喜，皆以礼相庆。孩子出生头三天要洗澡，这叫“洗三”，亦称“洗三朝”。“洗三”是孩子人生中的头等大事，上至天子下至黎民无一例外，都很重视。给婴儿洗澡前，家人会专门用车去接孩子的接生婆前来。接生婆进门之后先是用酒肉招待，然后上香拜佛，紧接着便要准备洗澡用的东西。洗澡用的盆用红布围绕，把烧好的蒲艾水倒入盆中后用银簪搅拌。此外，还要备凉水一碗。那时候虽然没有沐浴露，但是洗澡要用到的东西可是丰富得很，除了胭脂、茶叶、白糖、剪子、锁、铜镜外，还有大红枣、花生、桂圆、鸡蛋、铜子等等。令人眼花缭乱的洗澡物件准备妥当之后，亲友围在一旁配合接生婆行礼。首先，亲友要“添盆”，即逐一把洗澡所备之物放进澡盆里。添凉水，寓意“聪明伶俐长流水”；添干果，寓意“枣生栗子，连生贵子，枝元桂圆，连中三元”；添金银，寓意“金满箱银满箱，来年中个状元郎”……添加这些东西的同时要不断说吉利话。添盆后，接生婆会用一根木棒在盆里搅动，口中念道：“一搅二搅搅三搅，哥哥领着弟弟跑。”之后便开始给孩子洗澡，“先洗头，做王侯，后洗腰，一辈倒比一辈高；洗洗蛋，做知县，洗洗沟，做知州。”洗完后将艾叶球点着，用生姜片作托，放在婴儿脑门上灸一灸，用一秤砣轻轻地在婴儿身上压一压，希望小孩长大后能承担千斤大事。用大葱在孩子身上扫三下，取意“一打聪明，二打伶俐”。再用锁做出锁住小孩口、手、足的动作，随口而念“长大了，头紧、手紧、脚紧”，祝愿孩子长大后举止稳重。

满族洗三在保持汉族传统的基础上，又融进许多民族特有的内容。满族著名作家老舍曾在《正红旗下》一书中，生动、详细地描述了满族洗三仪式。清代宫廷也非常重视洗三风俗，皇子、皇女降生后三天，均会举行洗三仪式。给皇子、皇女洗三的木盆造型独特、质地考究，一般盆体雕饰鲤鱼跃龙门图案，以金丝楠木雕刻而成，表达了皇家望子成龙的美好愿望。现在北京雍和宫还保存着乾隆帝小时候洗三时使用的木盆。在清代宫廷档案中，关于皇子、皇女洗三的记载不胜枚举，其中有一册《全贵妃遇喜四阿哥底簿》，详细记载了道光帝全贵妃怀孕生下四阿哥，也就是后来的咸丰帝的经过。道光十一年（1831 年）六月初九日，咸丰帝奕詝降生。众御医确认母子平安后，急忙向道光帝报喜。喜得贵子的道光皇帝非常高兴，命人准备洗三事宜。皇室洗三非同小可，必须择吉进行，为此钦天监官员奏报道："阿哥六月初九日丑时生，辛卯年、乙未月、己丑日、乙丑时。钦遵御制协纪辨方书，谨择得六月十一日午时洗浴，面向西南迎喜神，方位大吉。"

洗三　洗三也叫作"洗三朝"，是中国古代诞生礼中重要的一个仪式。无论帝王，还是庶民都有洗三之俗。洗三那天亲朋好友会给孩子祝吉，寓意洗涤污秽、消灾祈福。

时逢满岁戏抓周

在孩子周岁生日之时，要进行另一个有趣的礼仪——抓周，也叫“试儿”“拈周”等。抓周是对孩子未来前途或者性情的一种预测，这是孩子的第一个生日，意义非同一般。儿童周岁，家里都会办生日宴，在中午吃长寿面之前要抓周。讲究的大户人家，会在床前设置一个大的案台，在上面摆放印章、儒释道三教的经书、笔、墨、纸、砚、算盘、钱币、账册、首饰、胭脂、吃食、玩具等等；如果是女孩，还会在其中添加铲子、勺子、剪子、尺子、绣线、花样子等。但对一般人家来说，出于经济原因，形式多有简化。仅简单地在一盘中放置一些启蒙课本、毛笔、算盘、吃食，女孩子的话，再多添置铲子、剪子、尺子等。布置完毕，大人会将小孩子抱过来，让小孩端坐在案前，不给予任何的诱导，任其在面前的各色物件中挑选，以先抓住何物后抓住何物，来推测孩子的志趣和前途。

《红楼梦》中的宝玉小时候抓周，父亲贾政要试探他将来的志向，摆了很多东西，哪知宝玉一概不抓，偏偏抓了脂粉、钗环。政老爷自然不高兴，说他将来必是个酒色之徒。后来也果真应验，成年之后的宝玉确实喜欢在女孩中游走。抓周历史悠久，据传，三国时期孙权的儿子孙和就是靠自己儿子抓周抓得好，才赢得了太子之位。虽然太子后来被废，但多年以后，最终还是孙和的儿子当了皇帝。这是运气还是巧合无人能明，然而，这对当初抓周结果的应验却不能不令人称奇。不过，抓周也未必总是“灵验”。

清朝皇宫抓周礼仪非同一般，所陈设物品与民间大不一样。据《国朝宫史续编》载，清宫皇子周岁晬盘有其惯例：“皇子抓周例用玉陈设二事，玉扇坠二枚，金匙一件，银盒一圆，犀钟一棒，犀棒一双，弧一张，矢一枝，文房一件，晬盘一具，果筵一席，内宫殿监奏交内务府预备。公主、皇孙、皇孙女晬盘同。惟公主、皇孙女不设弧矢。”夏仁虎《皇子晬盘》描写了皇子抓周的情景：“玉

坠金匙集晬盘，犀钟银盒并文房。长期武备承先烈，彤矢雕弧教取看。”现在，北京故宫博物院保存着一件乾隆年间制造的皇子抓周使用的晬盘。《皇子晬盘》一书也对晬盘进行了细致的描绘：“该晬盘的制作极为考究，其质地属雕漆器，盘边高5.6厘米，口径32.7厘米×58.7厘米，底径28.9厘米×55.1厘米，呈长方形，盘口外撇，四垂云足。内外雕漆以红为主体，间杂以绿、黄、紫等色，饰勾连云纹。盘心内为庭院荷塘景色。姿态各异的百名群婴在嬉笑玩耍，有的戏龙灯，有的闹龙舟、钓鱼、放风筝、杂耍、跳绳……构成了一幅十分生动的百子欢庆场面，是了解清代宫廷抓周礼仪不可多得的民俗文物珍品。”据清宫档案记载，同治帝小时候抓周时“先抓书，次抓弧矢，后抓笔”，众人以为日后必成大器。这种抓周结果满足了皇家口味，咸丰帝十分高兴，赏赐他白玉骆驼一件，青玉凤汉玉双喜璧一件，青玉鱼、玉犬、雄黄手串二串，银匙一件。但是抓

清·黄山寿《抓周图》 抓周是在小孩周岁时卜测小孩前途的习俗，因此，也有“试儿”一说。新生儿周岁时，将各种物品摆放于小孩面前，任其抓取，传统上常用物品有笔、墨、纸、砚、算盘、钱币、书籍等。如若是女孩，还要添加一些女红之物。以抓取物件看亲疏喜好，占卜前途。

周结果并没有给同治皇帝带来好运气，从他后来的文治武功看，实在是糟糕得很，不到 20 岁便毫无作为地早逝了。现在抓周民俗仍然保留着，所抓之物多为计算器、词典、手机、光盘等。虽然所抓之物多有改变，不变的是家长望子成龙、望女成凤的期待。

呱呱坠地的婴儿是生命的延续，也是血脉的传承。求子的殷殷期盼，得子的深切祝福，承载的是长辈对晚辈绵延不绝的爱与关怀。生的渴求寄予的是希望，如丝雨浸透心田。这份朴素的爱与关怀永不会停止，因此庆祝生命的礼仪习俗也永不会过时。

福如东海，寿比南山

最早对生日做出系统考察的，是清代大家顾炎武。他在《日知录集释》的“生日”条中对生日礼俗的形成发展进行了大致的勾勒。在清代，元旦、冬至、圣诞谓三大节礼。元旦、冬至二节中国古已有之，这里的圣诞并不是现在西方的圣诞节，而是指帝王的生日（圣上诞生之节日）。帝王生日与其他诸如端午、七夕、中元、中秋等节日一样是全民共庆的，由于最高统治者对生日的不断关注，上行下效，对当时臣民也产生了很大影响，因此生日这种礼俗在清代非常盛行。

一样的无疆，别样的含义

清代，民间在庆祝生日时，当天多食面点，如寿面、寿桃、寿糕等。其中最有名的当数“百寿桃”，一个大寿桃中包含有99只小寿桃，寓意祝过生日者“长命百岁”之意。

除了吃面点外，生日时演戏也是必不可少的内容，这在明朝初年就已经相当普遍。清代的风尚承袭明代，且演出的规模更大。据《板桥杂记》记载，顺治十四年（1657年），诗人龚芝麓在他的夫人顾横波生日当天，邀请宾客“数十百人”，命老优伶郭春山等演戏。除了顾横波，清初学术大家赵翼的生日庆典也见于史料记载。赵翼80岁生辰，儿子们为他祝寿，共演戏三天。每日分别宴请官长、绅士和亲友，家中的妇女和小孩子们都非常高兴。他还作了一首七言诗记叙此事：“岂知儒家作豪举，半出假贷东西邻。屏风借得锦步障，地衣赁来紫茸茵……胡为拼竭数年蓄，博此数日快意晨？”这就是说，他们其实并不是什么家财万贯的显赫之家，演戏所用的屏风、地毡等也都是从别人那里借来的，看来儿子们倾数年积蓄为自己祝寿，赵翼很是心疼啊！读书人家如此重视生日演戏，富豪家就更不例外了吧。曹雪芹在《红楼梦》中多次描绘贾府人过生日时的场景，其规模之隆重，程序之烦琐，此处不表。

民间对生日如此重视，皇室自不待言。清代皇室帝后过生日，称“万寿节”，演戏的规模更大。生日前后奏演吉祥戏剧，称为“九九大庆”。乾隆十六年（1751年）给皇太后过 60 大寿，赵翼在《檐曝杂记》中对此盛况有记载：“自西华门至西直门之高梁桥，十余里中，各有分地，张设灯彩，结撰楼阁。天街本广阔，两旁遂不见市廛。锦绣山河，金银宫阙，剪彩为花，铺锦为屋，九华之灯，七宝之座，丹碧相映，不可名状。每每数十步间一戏台，南腔北调，备四方之乐，侲童妙伎，歌扇舞衫，后部未歇，前部已迎，左顾方惊，右盼复眩，游者如入蓬莱仙岛，在琼楼玉宇中，听霓裳曲，观羽衣舞也。”据齐如山先生所藏《缮清奏单》中的记载来看，这一次庆典，共搭戏台 14 座，演出戏班大班 11 班，中班 5 班，小班 4 班。从八月一日到十一月演出前，预演过 20 次。全部费用共达白银 10 万两以上。据赵翼说，乾隆共 4 次万寿节演戏，3 次是皇太后的生日，1 次是乾隆自己 80 岁生日。乾隆十六年（1751 年）的那次，规模是最小的，其余 3 次的盛况，可想而知。

“七十古来稀”，古人活到 70 岁是件值得全家骄傲的事，会做大寿庆祝。皇家庆祝 70 大寿，其规模自不待言。慈禧在光绪三十年（1904 年）迎来了自己的 70 岁大寿，为此清宫上下举行了极为隆重的万寿庆典。她下令重修颐和园，又大肆宴请文武百官。据说，慈禧生平最羡慕乾隆的生母孝圣宪皇后。孝圣宪皇后活了 86 岁，在她 60、70、80 岁时，曾举办了三次隆重的庆寿大典。慈禧也极力仿效之。然而，慈禧的每一次庆寿，恰恰都与她丧权辱国、割地赔款的罪恶行径紧密相连：1884 年，慈禧 50 岁，爆发了中法战争，日本乘机鲸吞了我国琉球群岛；1894 年，她 60 岁，甲午战争爆发，战争的结果以清政府割让辽东半岛、台湾及澎湖列岛给日本而告终；1904 年，她 70 岁，沙俄与日本侵略者为争夺我东北三省而大动干戈，而慈禧却要中国严守“中立”。在宫廷庆祝太后“万寿无疆”的同时，国家的疆土却变得越来越小。除了有上文提及的章太炎作的“万寿无疆”讽刺诗之外，辜鸿铭也即兴作了一首《爱民歌》：“天子万年，百姓花钱。万寿无疆，百姓遭殃。”不管怎样，慈禧太后的“万寿无疆”，可以真的称为“有寿”而“无疆”了。在国家危难之际，置江山于不顾的统治者，其好大喜功之心实可唾弃。

一样的寿星，别样的尊敬

2003 年 11 月，国际自然医学学会向广西巴马瑶族自治县人民政府正式颁布了“世界第五个长寿乡”的证书。随着世界养生学持续升温，广西巴马县的长寿老人成为舆论界关注的焦点。一些媒体纷纷报道：清代嘉庆皇帝曾给巴马境内一位 142 岁瑶族老人蓝祥题诗祝寿。142 岁，这个冲击人类生命极限的数字保持着世界最长寿纪录，引起人们一片惊叹和质疑。

长寿之星蓝祥确有其人，他生于康熙八年（1669 年）正月，档案中嘉庆十六年（1811 年）正月他仍在世，那时他已经 143 岁。中国人有将年龄代称的传统，如 30 岁称而立之年，40 岁称不惑之年，50 岁称知天命之年，60 岁称花甲之年，70 岁称古稀之年。蓝祥的年龄可如此表述：“古稀重届，春秋又阅两三番；花甲再周，岁月还余廿二载。”蓝祥老人何时去世，档案中无确切记载，但至少活到 143 岁。

古代中国人的平均寿命，在战乱年代偏低，盛世偏高。因此魏晋南北朝时期比汉、唐低。据统计，清代中国人的平均寿命大约在 33 岁，一个 50 岁的人，就可以称得上是老人了。一个社会如果老人多，人均寿命较长，则是社会安定、人民幸福的一种标志。所以，中国传统观念中的“五福”，以寿为首，人们很敬老。

清·任薰《麻姑献寿图》 “麻姑献寿”是传统绘画特别是民间年画的常见题材。传说三月三日西王母寿辰，麻姑在绛珠河畔以灵芝酿酒，为王母祝寿。麻姑是神话人物，晋代葛洪《神仙传》说她是建昌人，修道于牟州东南姑余山。此画为清代画家任薰所作，立轴，纸本设色。纵 172 厘米，横 81.5 厘米，现藏于常熟市文物管理委员会。

活到百岁的人（期颐之年），则称“人瑞”，是吉祥的表征。

清朝定制，对年老者优礼有加。凡高寿者，例有恩赏，不论男女及官民，尤其重视百岁以上者的恩赏。一地出现了寿者，由地方官或所在旗的官员逐级上报。朝廷通过赏银、赏匾、建牌坊等方式予以表彰。有时，表现突出的60岁以上的老农，还会得到一顶“老农顶戴”；80岁以上的老人有的还能得到官员的品级顶戴。康、乾时，皇帝还常为百岁之民御赐“福”字，御制诗赋，如乾隆二十六年（1761）年，广东南海县民杨启能，乾隆三十五年（1770年），安徽太湖县民朱宪章与其妻刘氏，都曾得到御赐诗章等。直到晚清时，仍然有颁赐老人的事例，如同治十三年（1874年），为庆祝慈禧太后四旬万寿节，同治帝提前数月颁谕，京内外实任官员中，有父母等老亲年过80者，将得优奖。

实际上清朝政府将此视为政绩的一种表现，作为社会升平的一个标志。据赵翼《陔余丛考》、方濬师《蕉轩随录》等书所载，雍正以后，为了适应社会上老年人增多的情况，朝廷所颁历书之后附书页纪年，从原来的一甲子（60年），屡次增加，渐改为二甲子（120年）。清朝为寿民改颁历书，可见清廷对老人的重视。

敬老是中华民族的传统之一，不独清有之。宋代工部尚书郎简，造福百姓。卸任后亦经常施医舍药，89岁时无疾而终。朝廷为他建了“德寿坊”。到了清代，在社会安定的情况下，人们讲求饮食与养生，高寿者频出。其敬老政策也集历代之大成，凡寿至百岁之人瑞，皆予以旌表。旌表的礼制，可分为一般寿至百岁者、夫妻同登寿耆和兄弟同臻百岁三种。

一样的千叟，别样的宴席

清代在康乾盛世之时，尊老、优老方面形成了空前的高潮，突出的表现就是四次举行前所未有而且独具特色的千叟之宴。电视剧《康熙王朝》结尾处，康熙与千名老叟一同用膳的场景令人难忘。

千叟宴是千余名老叟一起参与宴会，但并非一定要在千人以上才叫千叟宴。不论出身，不论地位，年过花甲者都可以参加，年逾 80 者还会被召至御前受皇帝敬酒。因此，千叟宴被后人称为“恩隆礼洽，为万古未有之举”。

千叟宴的形成起源于康熙皇帝庆祝寿辰。康熙五十二年（1713 年）三月十八日，为康熙 60 寿诞，大批老人从全国各地赴京为皇帝祝寿。康熙帝为答谢这些老人，下令举行大型宴会招待这些老人。这次的千叟宴分为八旗和直省两部分举行。二十五日，宴请直隶各省现任与退休文武大臣、官员于畅春园正门前。其中 90 岁以上的老人有 33 人，80 岁以上的 538 人，70 岁以上的 1823 人，65 岁以上的 1846 人。康熙帝首先致辞，说明了举办千叟宴之目的，“帝王之治天下，发政施仁未尝不以养老尊贤为首务，近来士大夫只论居官之贤否，而移风易俗之实政入孝出弟之本心未暇讲究，朕因今日之盛典，特宣此意”。然后，康熙帝升座，令人搀扶 80 岁以上老人至御前，亲自敬酒，并赐直隶各省老人黄金白银，加官封爵。两天之后，又于畅春园正门前宴请满、蒙古、汉军现任官与退休的老臣。其中，90 岁以上的 7 人，80 岁以上的 192 人，70 岁以上的 1394 人，65 岁以上的 1012 人。大体内容与前一场相似，值得一提的是对妇女也一视同仁。第二天，八旗满、蒙古、汉 70 岁以上妇人齐集畅春园皇太后宫门前，随召 90 岁以上的老人进入宫门内，80 岁以上的到丹墀下，70 岁以上的在宫门外集合，大臣的妻子们，年老的也被召至宫门内赐坐。

第二次千叟宴于康熙六十一年（1722 年）举行，亦分两班。宴席上，康熙和老人们飞觞饮宴，皇子皇孙在一旁给老人们斟酒。为纪念这一盛会，康熙帝

升平人瑞（出自《点石斋画报》） 广东新会人黄顺生已经 100 多岁了，他的儿子也已经 60 多岁。黄顺生一直在广州谋生，直到 100 岁之后，儿子才劝其还乡颐养天年。新会县令据此呈报督抚奏请表旌。不久，一块“升平人瑞”的御匾送到了黄家。清代敬老的政策从康乾时代一直延续至近代。

命与宴的满、汉大臣官员都即兴赋诗，定名为“千叟宴诗”。后来，根据这些诗文专门整理出四卷的《御定千叟宴诗》，包括诸臣恭贺诗 13 首及与宴臣民赋诗 1030 首。康熙帝也御制七言律诗一首：“百里山川积素妍，古稀白发会琼筵。还须尚齿勿尊爵，且向长眉拜瑞年。莫讶君臣同健壮，愿将亿兆共昌延。万机惟我无休息，日暮七旬未歇肩。”

康熙后，千叟宴规模又有所扩大与发展，分别于乾隆五十年（1785 年）和嘉庆元年（1796 年）两次举行的千叟宴即为例证。乾隆四十九年（1784 年），卷帙浩繁的《四库全书》编纂完工，同时皇帝又喜添五世元孙，次年又是自己登基 50 年。于是，乾隆定于第二年在乾清宫举行千叟宴。凡在京四品以上现任、

《百宴图》 皇帝大宴年老官员的风俗始于康熙年间，“癸巳年，仁皇帝六旬，开千叟宴于乾清宫”，规定在京四品以下，年65岁以上者始准入席人数为1900余人。到了乾隆这里标准被降低，凡四品以下现任或原任诸员，年过60者俱准入席，人数遂达到3900之多，超过其祖父一倍有余。极盛时期规模可达5900余人。

原任各员，只要年过六十，都可以参加宴会。宴席共有3900余人参与，分800多桌。乾隆帝召一品大臣及老人中年龄在90岁至105岁之间的，到宝座前赐酒，并颁赐诗刻、如意、朝珠、缯绮、貂皮、文玩等物。值得一提的是，这次千叟宴还特地颁发了腰牌[①]和鸠杖[②]。鸠杖为两汉时老人的手杖。宴会之中的赋诗自然必不可少，后来，据此编成《钦定千叟宴诗》36卷。乾隆帝兴致高涨，亲自作《钦定千叟宴诗》：“抽秘无须更聘妍，惟将实事纪耆筵。追思侍陛髫垂日，讶至当轩手赐年。君酢臣酬九重会，天恩国庆万春延。祖孙两举千叟宴，史册饶他莫并肩。”

① 乾隆60大寿的时候曾在千叟宴上御赐银牌。银牌状如腰形，正面有双龙戏珠纹饰，并有“太上皇帝”和“御赐养老”8个阳刻楷书字样；背面为“丙辰年皇极殿千叟宴”及“重十两”12个阴刻楷书字样，人称“千叟宴腰牌银”。

② 鸠杖就是把手杖的扶手做成一只斑鸠鸟的形状。鸠杖在先秦时期是长者的象征，汉人皆以拥有皇帝所赐鸠杖为荣。传说中的鸠为不噎之鸟，刻鸠纹于杖头，可望老者食时防噎。

乾隆六十年（1795 年），全国各地农业丰收，十月又喜降瑞雪，乾隆在位已满 60 年，所以决定退位当太上皇。第二年（嘉庆元年）元月初四，在宁寿宫皇极殿举行了千叟宴。规定凡年龄在 60 岁以上的官员、70 岁以上的兵民都可以参加。与宴者 3056 人，列名邀赏而未入宴赋诗者 5000 余人。所以《清会典事例》说“寿世期颐益众，人数多至八千有余”。一品大臣以上和年届 90 以上的老人，太上皇召至御座前，亲赐卮酒。百岁老民至以十数计，皆赐酒联句，赋诗 3000 余首，并各赏诗章、如意、寿杖、文绮、银牌等物。乾隆皇帝仍然不忘作诗一首：“归禅人应词罢妍，新正肇庆合开筵。便因皇极初临日，重举乾清又旬延。教孝教忠惟一笃，曰今曰昨又旬延。敬天勤政仍勖子，敢谓从兹即歇肩。”清人黄荣康曾作《千叟宴》诗一首：“外安内禅巩皇图，五日君臣赐大酺。千载一时千叟宴，耆英好画狄兼谟。”

人瑞坊属于正规的尊老礼制，千叟宴则是一种临时之举，它的形式、规模都取决于皇帝的兴致所在，因为较少受到礼仪等的拘束，所以最能体现其壮观而感人的场景。“千叟宴”从一个侧面反映了尊敬老人的社会风尚和国运昌隆、经济繁荣的局面，“百余年间，圣祖神孙三举盛典，使黄发鲐背者欢饮殿庭，视古虞庠东序养老之典，有过之无不及者，实熙朝之盛事也”。敬老尊贤的千叟宴体现了尊老的社会风尚，也体现了“国家养老亲亲至意”，对稳定统治秩序、团结各少数民族、密切君臣关系，功不可没。

姻缘线牵，欢喜悲苦

2012 年，以《甄嬛传》为代表的一系列清宫剧、穿越剧风靡了整个荧屏，抛开剧情本身不谈，里面的服装、发饰、礼仪等内容，倒也大致符合历史事实。由于电视剧的引导，清代的婚姻习俗，瞬间引起了人们的关注，但迄今为止学界对此的研究成果尚少。下文将以清代宫廷著名人物的婚姻为代切入点，谈谈满汉婚姻习俗中的一些常见现象。

近亲婚配贯一朝

满族从关外入主中原，在许多方面保留了少数民族的习俗，在婚姻方面更是如此，最直接的体现便是姑侄同侍一夫，在儒家伦理纲常看来这属于“乱伦”。

按照满洲皇族的婚配习俗，丈夫死后，允许妻子转嫁丈夫的弟弟，甚至可以转嫁儿子或侄辈。这种原始的婚俗，把女人当作一种财富和交配工具。清太祖努尔哈赤死前曾嘱咐:“俟我百年之后，我的诸幼子和大福晋交给大阿哥收养。”大福晋是指努尔哈赤的嫡妻，大阿哥是指努尔哈赤的长子代善。努尔哈赤所说的“收养”，是指自己死后将嫡妻归儿子代善所有。皇太极时代，贝勒莽古尔泰死后，他的众多妻子分别分给侄子豪格和岳托；努尔哈赤第十子贝勒德格类死后，其众多妻子中的一个被第十二子阿济格纳为妻。肃亲王豪格是皇太极的长子，多尔衮是努尔哈赤的第十四子，是皇太极的亲弟弟，论辈分多尔衮是豪格的亲叔叔。但豪格娶的嫡妻博尔济锦氏，是叔叔多尔衮其中一个妻子（元妃）的妹妹。侄子豪格死后，其嫡妻博尔济锦氏在叔叔多尔衮逼迫之下，被多尔衮纳为妻子。

满族近亲婚配最为人津津乐道的例子莫过于皇太极的妻子庄妃下嫁其弟多

尔衮一事。关于孝庄太后与多尔衮的关系，学界目前尚无定论。有人根据张煌言《建州宫词》的诗句“春宫昨进新仪注，大礼恭逢太后婚”，认为庄妃可能当时为保其子福临的帝位，笼络多尔衮而下嫁于他，并以当时多尔衮被尊为“皇父摄政王”和满族父死妻母、兄死妻嫂的习俗为佐证。《清稗类钞》《清朝野史大观》也对此做了记述。但据著名史学家孟森先生考证，庄妃下嫁多尔衮的说法是不可靠的。他认为多尔衮“皇父”之称来自“报功”而非“渎伦”，另外庄妃下嫁的诏书并不见于正史记载也是一个依据。虽然，庄妃下嫁之事尚无定论，但由于这件事在当时的习俗下具备“可操作性”，人们在好奇心的驱使下多愿相信它是真的。

大清国开国皇帝皇太极及其儿子顺治帝的婚配，都是典型的近亲婚配或乱伦婚配。努尔哈赤为统一女真各部落，娶蒙古科尔沁贝勒明安的女儿为侧妃，开与蒙古部落联姻之先河。后来，他的四个儿子都娶蒙古女子为妻。尤其是他的第八子皇太极，为了对付强大的明朝，积极推进满蒙联姻。在改国号为“大清”后，皇太极册封的五宫后妃都来自蒙古博尔济锦家族，其中三位漂亮的后妃论辈分乃是姑侄。先是姑姑博尔济锦氏于明万历四十二年（1614 年）嫁给时为贝勒的皇太极，后尊称为孝端文皇后；接着，天命十年（1625 年）春，孝端文皇后年仅 13 岁的侄女又嫁给当时仍为贝勒的皇太极，她是顺治帝福临的生母庄妃，后来大名鼎鼎的孝庄文皇后；之后，天聪八年（1634 年），庄妃的亲姐姐，也嫁给了继承汗位多年的皇太极，被封为宸妃。有人统计，皇太极在位期间，满洲贵族仅与蒙古科尔沁部联姻就达 18 次之多。皇太极之子顺治帝与其父亲一样，也是近亲婚，顺治娶了孝庄文皇后的两个侄女，一个封为皇后（即孝惠皇后，后被废降为静妃），另一个封为淑惠妃。后来，孝庄文皇后的一个侄孙女，又嫁给顺治帝为妻，后被封为孝惠章皇后。这就是说，顺治帝不仅娶了两个表妹，还娶了表侄女为妻。而从蒙古科尔沁部首领莽古思的角度来讲血缘伦理，他将女儿（孝端文皇后）嫁给了皇太极，又将两个孙女（孝庄文皇后、宸妃）

嫁给了皇太极，后又将两个孙女（静妃、淑惠妃）、一个曾孙女（孝惠章皇后）嫁给皇太极的儿子顺治帝福临。

至清政权入关后，加强与蒙古各部落的政治联姻，仍为历朝清帝奉行的基本国策。这里边，也存在着近亲婚配甚至乱伦婚配。可以说，从孝庄太后到隆裕皇后，近亲婚配的陋习贯穿于整个清朝历史。尽管有学者认为，细数清朝的历代皇帝，他们都不是上一辈直接近亲相交而生的，但这种断章取义的方法似乎有些站不住脚。

《清代筹办婚礼图》 晚上举行婚礼是我国流传已久的民俗，晚上结婚暗合了婚之“昏”意。据《白虎通》记载：“婚者，谓黄昏时行礼，故曰婚。”再看这个“婚”字，是由“女”“日”“氏”3字组成，意思就是一个女子在日落的时候改变自己的姓氏。所以古代迎娶花轿都是在黄昏以后，目前我国南方有些地区还保留着这种习俗。有一种说法认为，北方人习惯在白天结婚是在清代以后，由于政治原因，清代实行的“宵禁”迫使年轻人将婚礼改在白天进行并延续到现在。

包办婚与早婚

在清代，包办婚姻仍然是整个社会的主要婚姻形式，不仅是民间，身为一国之君的皇帝，对自己的婚姻也没有办法做主。其中，痴情的光绪受此毒害最深。光绪在位 34 年，后宫只有一后二妃——隆裕皇后、珍妃与瑾妃。隆裕即叶赫那拉 · 静芬，她是慈禧的弟弟——副都统桂祥的女儿，也就是慈禧的亲侄女。光绪帝是慈禧的妹妹——叶赫那拉 · 婉贞的儿子，也就是慈禧的亲外甥。慈禧把隆裕嫁给光绪皇帝，主要是效仿前朝的孝庄太后——当年孝庄太后生了顺治皇帝，于是她把她娘家哥哥的女儿指婚给了顺治。这样，皇后既是自己的侄女，同时也是自己的儿媳妇，因为在孝庄太后的眼里，只有这样才能更好地为稳定

《清代民间迎亲图》 迎亲有搭喜棚、布置喜房、安排娶亲人员、发轿、仪仗、响器、轿子、新人上轿下轿、取新归途、婚后琐礼等许多细致讲究和仪式。办喜事的热闹情况，一切排场在迎娶仪式中有着集中表现。正如一首早年童谣中所说："大姑娘大，二姑娘二，小姑娘出门子给我捎个信儿。搭大棚，帖喜字儿。牛角灯，二十对儿，娶亲太太两把头，送亲太太拉翅儿。八团褂子大开衩儿，四轮马车双马对儿……"

清·徐扬《盛世滋生图》局部 此图描绘的是苏州官绅迎娶新娘的情景。图中的花轿为八抬亭式幔围花轿，花轿使用重檐宝顶，周围饰有折叠型蓝色布幔，轿围用红色布幔，四角悬喜庆灯笼，轿身两侧长辕可供八位轿夫扛抬。从形制上分析，此应为清代普通官宦人家的婚娶用轿。

大清江山做一些事情。光绪皇帝从小就与隆裕交好，这个表姐给他的印象并不差，但是要让这个其貌不扬的表姐做自己的一国之后，光绪帝还是非常不情愿的。美国传教士赫德兰在《一个美国人眼中的晚清宫廷》里说：“隆裕皇后长得一点都不好看。她面容和善，常常一副很悲伤的样子。她稍微有点驼背，瘦骨嶙峋。脸很长，肤色灰黄，牙齿大多是蛀牙……”

珍妃和瑾妃家也不是等闲之辈。珍妃和姐姐瑾妃祖父乃陕甘总督裕泰，其父长叙曾任礼部左侍郎，其伯父长善乃广州将军，珍妃与瑾妃自幼随长善在广州长大。珍妃 10 岁那年，长善卸任广州将军，她与姐姐随同北返北京。

据陈康祺《郎潜纪闻初笔》、黄濬《花随人圣庵摭忆》等记载，光绪十三年（1887 年）冬，慈禧在保和殿为光绪皇帝选后妃，带到跟前的有 60 多人，其中包括慈禧的弟弟副都统桂祥的女儿叶赫那拉氏、江西巡抚德馨的两个女儿、礼部左侍郎长叙的两个女儿即后来的珍妃和瑾妃。太后坐在殿上，光绪帝侍立一旁，荣寿固伦公主及众福晋、命妇立在座后。座前放置一个长桌，上面放着一柄玉如意、两个对绣花的荷包。按照清朝惯制，中选皇后者得如意，中选妃子者得荷包。慈禧指着候选的女子们对光绪帝说："皇帝，谁中选由你自己决定。合你心意的，就把如意送给她吧。"说完便把如意递给他。光绪帝起初不敢自作主张，太后坚持让他自己去送。光绪帝拿着如意走到德馨女儿跟前，刚要把如意送给她，太后就大声说了句："皇帝！"并用嘴暗示站在队首的自己的侄女。光绪帝怔了一下，随即明白了太后的意思，不得已将如意递到叶赫那拉氏的手中。这样，隆裕就成了光绪帝皇后。慈禧担心光绪帝看上了德馨的女儿，将来和自己侄女争宠，因此中止了选妃仪式，连忙让公主各将一对荷包给末列的两个女孩。这样珍妃、瑾妃才得以入选为妃。后来光绪帝宠爱珍妃，对隆裕皇后关系恶化，根源实则从此开始。

清朝的皇帝多鼓励早婚早育，渐成社会风气。尽管有利于人口增长，但这对于人口素质的提高却不是什么好事情。以皇室为例，清代的146个龙子龙女中，15岁以前夭折的共74人，殇亡数是出生数的一半。作为帝胄，保育条件应该不会有问题，但死亡率居高不下，实在令人触目惊心。到了清朝晚期，皇帝子嗣不济的问题逐渐凸显出来。同治帝19岁驾崩，没有留下子嗣；最具代表性的当数光绪帝，其在位34年，竟然没有留下一点血脉；溥仪（宣统皇帝）虽然只做了3年多皇帝，但毕竟也活了60多岁，也没有留下一男半女。看起来令人费解，个中缘由，笔者认为和早婚早育、近亲结婚而带来的人口素质低下有关。清朝的早婚习俗，让许多正值豆蔻年华的人过早地背负上婚姻的压力，由此而产生的一系列问题，是我们今天无法想象的。

牌坊下的女人们

今天，当我们漫步在古徽州的村落里，不经意间看到的除马头墙和青石板铺成的小道，还有一座座出现在眼前的高大的牌坊。这些牌坊的建造初衷，并不是因它们堂皇的外表而作观赏之用，而是为了通过它，来旌表“忠、孝、节、义”的封建伦理观。其中，贞节牌坊道德教化色彩最强烈。

贞节牌坊是为了表彰女性对自己丈夫的坚贞不渝而建立的牌坊。戏曲小说中有不少关于古代贞女与烈女的生动而悲凉的传奇。据《古今图书集成》记载：“烈女”“节妇”唐代只有51人，宋代增至267人，明代猛增到36000人。而到了清代，仅安徽徽州休宁县这一个县，就有2200多人。徽州之所以会出现这么多贞节烈女，主要跟徽商的崛起有关。15世纪的徽商崛起于东南中国，成为明清之际整个中国最重要的商业力量。男人们在外经商，取得成就之后，往往就地纳妾用以排解寂寞和苦闷。而独守徽州老家的女人们，却不得不面对空房和冷床，成为封建礼教下的无辜牺牲品。尽管许多文学作品和影视作品中表达过徽州女人的抗争，但更多时候，她们只是被动地接受难以撼动的纲常礼教和悲惨的命运。当时全国人口不多，加以还有不少女子未被记载，这个数字显然是很惊人的。一处牌坊下，就算不是埋葬了一个活泼泼的生命，至少也埋葬了一个女子数十年的青春。

清朝政府对殉夫现象，既赞扬，又有所保留。康熙二十七年（1688年）以前，对于殉夫者多加表彰。这一年大学士等又题请旌表山西的烈妇荆氏等人，康熙帝因而说：“今见京师及诸省殉死者尚众”，然而丈夫寿短，妻子何必自殒，这种轻生是反常的事，过去旌表，使死亡者“益众”，自今以后，严行禁止“王以下至于细民妇女从死之事”。康熙表现了开明的态度，但是殉夫乃是“夫为妻纲”的产物和一种表现形式，这种思想和制度不改变，必然会有殉夫的现象。殉夫毕竟是件“大义凛然”的事，统治者觉得不表彰不好，雍正六年（1728年）时就斟酌情形，表扬那种尤为节烈的。特例一开，地方官请旌的就多了起来，到雍正十三年（1735年），闰四月的头几天，请旌表的节烈妇女就多至数十人，于是再令劝谕妇女不要殉夫。

棠樾牌坊群 棠樾牌坊群位于安徽省歙县富碣乡棠樾村东大道上。明代时建了三座，清代建四座，共七座。棠樾牌坊是皖南牌坊中最有名的一处。村内七座牌坊逶迤成群，古朴典雅，无论从前还是从后看，都以“忠、孝、节、义”为顺序，每一座牌坊下面，都有一个令人心碎的故事。

清朝政府尽管不是那样积极倡导殉夫，但那时的婚姻制度和社会舆论决定了这是不可能根绝的现象。树牌坊是彰德行、沐皇恩、流芳百世之举，甚至是女人们一生的最高追求。《儒林外史》中记载，老秀才王玉辉的三女儿丈夫病亡，她发誓绝食殉夫，他的公婆、母亲都劝她不要这样做。而王玉辉却劝女儿：“这是青史上留名的事情。”女儿绝食八天后死了，他老婆哭得死去活来，王玉辉却仰天大笑：“死得好！死得好！”封建礼教让人如此疯狂无人性，真令人毛骨悚然。

如同有的学者所言，从家庭与社会的角度来说，牌坊下的女人们，她们的劳动维持了由于死去男子而陷于困境的家庭，她们尽到了自己的社会责任，使老人得其终、终而有葬，使儿童得其育、长而成人。这是劳动人民敬老养幼的美德，是我们民族的宝贵遗产。但是，她们之中的许多人，生命中很长的一段时间，都在为了那一座几米高的建筑物而苦熬自己的青春岁月。几十年的寡居，青灯荧荧，孤眠独宿，个中的矛盾和痛苦，实在是难以想象，也是难为外人知晓的。不管是出于自愿或者是不自觉，政府用来旌表贞节的牌坊，对封建社会女性的伤害，明显多消极影响。那些刻在牌坊上的名字就像一个个弱小而坚强的灵魂，站在那些不知经历了多少凄风苦雨而昂首挺立的牌坊面前，我们只能发出无力的喟叹与感慨……

尽礼尽诚，事死如生

“丧尽礼，祭尽诚，事死者，如生者”，声声弟子规，让人铭记古训的同时，还教人领略到礼节忠孝之意与对生命的敬重之情。事死如生，重视葬礼，不仅仅是一种礼节，更是一种教化——教化生者，敬重生死。

帝后丧葬皆烦琐

光绪三十四年（1908 年），皇帝驾崩了。皇家向来重视礼仪，皇帝驾崩后的丧事更是大有讲究。

光绪皇帝的丧礼队伍庞大异常，前面有法驾卤簿仪仗队，仪仗队后面是光绪皇帝的梓宫。抬梓宫的轿子是由一根前面装有龙头后面镶龙尾的大杠为轴心的“独龙杠”抬着，抬独龙杠的轿夫有 7920 人，每天分 60 班每班 128 人抬，另配帮夫 248 人接替。轿宽 5 米有余，轿顶系两条黄绒绳，披在轿的前后左右，由 4 人各牵一头，以保持梓宫平稳的行进。

上至大臣下至百姓，禁止娱乐，人人都要挂孝。所谓挂孝，就是不准穿艳丽的衣服，统统都要穿素服，连扎头发用的头绳都要换成蓝的。此外男人不准剃头，女人不准搽红粉。后来，曹汝霖在自己的回忆录《曹汝霖一生之回忆》中还记载了一段滑稽事：光绪、慈禧发丧后，除了禁止娱乐、百官服丧，国家的高级官员们每天都要前去祭拜，一连 49 天，地方官员自然也跑不了，学校也不例外。主持祭拜的礼官大哭，百官就大哭，学生也要跟着嚎啕大哭，可实际上学生未必感到悲痛，顶着命令大哭，多少有点可笑。房子的柱子是红的，要染色遮盖掉。菜市场的胡萝卜和水萝卜不能让人看见，因为它们是红色的，让官差看见打砸不说，没准还会拉走坐牢。吃的东西又染不得，只好找个蓝布兜套起来卖。长成的红辣椒，摘下来挖个坑埋掉。肉铺不能卖红颜色的肉，否则要“关门大吉”。门市店铺挂的招子牌号，凡有红色的要全部换成蓝色。要是天生的酒糟鼻子、赤红脸儿就干脆闷在家里别出门了，闷得不行非要出去走走也不是不可以，出门之前先把鼻子、脸染蓝了再说。赶上国丧，为免遭“欺君之罪”，就必须按照规矩来，否则轻则判刑，重则砍头。吹拉弹唱一律禁止，从前以此为生的人迫于生计，就不得不改行做小买卖。唱大鼓的卖起了粥，唱京戏的老旦卖起了菜，其他的也改行卖上了馄饨、鲜花，拉上了人力车。相声《改行》就稍加夸张地讲述了另谋他业者的悲惨际遇。丧礼期间，最重要的一项是颁布皇帝遗诏，它关乎江山社稷，自然要做得体面隆重。亲王以下的满汉文武百官均要穿戴丧服，连带京城附近的军人百姓，齐集到天安门外，行三叩九拜大礼，随后颁发全国，不难想象那种“沐浴天恩”的场面。

光绪皇帝驾崩后的第二天，慈禧也去世了。慈禧不是皇帝却胜似皇帝，她的葬礼更是大办特办。治丧典礼格外隆重，典礼的规格甚至突破祖制规定。慈禧死后的谥号可谓震烁古今，空前绝后，不单单是打破了太后谥号不超过 16 个字的规定，更添上了只有皇帝才可使用的谥字，达到 22 个字。慈禧丧礼规模浩大，从其死到最后安放进清东陵期间，祭祀不断。宣统元年（1909 年）八月十五的一次祭祀活动就充分体现出了其“特殊性”。把用纸扎成的一条 50 米左右的大船放在紫禁城外，上面除了用纸扎成的侍从、太监、仆妇及一切用品外，还有象征最高权力的宝座。众多的官员穿着礼服像平时朝见一样跪拜在周围，并以皇帝名义在船前祭祀。1909 年 11 月 27 日，英国的《泰晤士报》记载了慈禧出殡的场景：

“场面的宏大不仅与之前光绪帝的丧礼大致相同，而且随行的军队更多，装饰更加华美。队伍中最耀眼的是三辆用黄色丝绸盖着的车，上面绘着龙凤的图案。走在前面的是国家官员和王公贵族，紧随其后的是骑兵，装着帐篷和用具的驼队、喇嘛和仪仗队，百姓更是夹道祭送。

慈禧的金棺用84人抬着，达到了过城门时的最高规格，出了城抬棺的人数更是达到了120人。纵观全队，炫耀威严，使人过目不忘。”

老外不得不感慨，这样的场面只有唐朝的武则天可以和她比肩。慈禧的陵墓也极尽奢华。陵墓的梁枋全是用最名贵的黄花梨木制成，陵内大殿全部绘着金龙彩绘，上面贴金，共有金龙2400多条，千姿百态，光彩夺目。金碧辉煌的陵寝内，独一无二的是“一凤压两龙”的石雕，不仅突破了传统的排列格局，还大有暗示控制同治、光绪两个皇帝的意思。随葬的物品更是不胜枚举。只能感叹，帝王般幻象的背后都是百姓的血泪。

丁忧夺情两难择

古代重孝道，所谓百善孝为先，皇帝治理天下也崇尚孝道，试想如果连孝道都不重视的人又怎么能尽心尽力地为皇家做事呢？做官的人一旦碰到至亲有丧，按照规定必须回家守制。清代更是把这一习惯制定成制度，凡是碰到父母尊长的丧事，在朝为官的官员必会回家守丧，对回家守丧的人有一个特定的称谓——丁忧。凡是丁忧人员，一律离任守制，除非经特旨批准才可留任，不管官大官小一律不得例外。按常理先辈去世，小辈回去守孝也是天经地义的事情。可是有时候，确实也很让人为难。很多人经历了十几年的寒窗苦读才换来了一官半职，好不容易做了官，突然碰到亲人去世，悲痛之余还得将苦苦得来的官位让人，内心确实很难平衡。无奈之余，只得照办。然而也有例外，如果是国家重臣摊上丁忧守制，公务又不能不办理，“夺情”便发生效力了。夺情是皇帝或者上司觉得守制的官员确实有必要留任而强行任用的情形，此所谓“移孝为忠”，以公义而掩私情。当然这类人多是国家重臣，而且也是考虑到现实情况的复杂，纯属不得已而为之。

晚清名臣曾国藩，本是一介书生，凭借着镇压太平天国，挽救了清朝，成为有功之臣，清政府为此给予极高的评价。一生忠诚报国的曾国藩也是一至诚至孝之人，他曾先后两次于任上放弃官职，回家守孝。但从曾国藩两次丁忧之中不难看出清廷对其慎用谨防。咸丰二年（1852 年）曾国藩的母亲去世了，曾国藩正被咸丰皇帝任命为江西乡试的主考官，在得知母亲去世的消息后，便在赴任途中改道回家奔丧，江西主考官只得另派他人。几年后父亲病逝，曾国藩再次告假回乡守孝，没等批准便回家了。当时正值和太平军打仗的关键时刻，也是曾国藩人生最困难的时刻，他创办团练，四处奔波筹饷，用兵屡屡受挫。曾国藩趁此时机回家丁忧，朝廷一时没有可用之人，咸丰皇帝只得下令夺情。

晚清名臣李鸿章也曾遭遇夺情。光绪八年（1882 年），身为直隶总督的李鸿章为母丁忧。他久任要职，筹办的事务非常繁巨，一直训练直隶军队，又添练北洋水师，经理各国事务，一时之间无人能替代他，于是清廷便催他行孝百日就立刻返回就任。李鸿章为表对母亲去世的哀悼，恳请守制，以尽孝道，但朝廷却不应允，还搬出之前朝廷重臣及本朝曾国藩、胡林翼等在守制的新旧之例，劝说李鸿章起忧，对其丁忧予以夺情。

丁忧是悲，夺情又是在两难的选择之下的一种权衡之计。忠孝难以两全，是非曲直也无因果，丁忧与夺情或许本就是一对“冤家”。

五服分明话亲疏

遇到国家大丧或者亲人去世，均要服丧，用以表达对逝者的缅怀和敬重。服丧除了用哭泣表达哀思，还有其他的仪式讲究。逝者亲人需穿丧服以示孝，生活起居上也要过专门的居丧生活才行。

清代丧服的形制沿承了古代的“五服”制。人们在谈论亲戚关系远近的时候，也会常问对方是否出了“五服”。“五服”是指居丧期间所穿戴的丧服。丧服按等级从重到轻，分为“斩衰”“齐衰”“大功”“小功”“缌麻”五种。丧服重代表亲属关系近，丧服轻则意味着是远亲，“五服之内为亲”则是以男子直系血亲为中心的宗法制度，从高祖、曾祖、祖父、父亲再到自己，五代之内才是至亲，其余的则是旁亲。

五种丧服，分别用不同材质的麻布做成，居丧生活的长短也有区别。五服以内为亲，五服之外为疏。“斩衰”是五服中最重的一种，用以表达极具悲痛之意，这种丧服用很粗的麻布做成，不缉边，使断处外露，用以表示无饰，服期为三年。诸侯为天子、臣为君、男子和未出嫁的女子为父亲、承重孙为祖父母、儿媳为公婆、妻妾为丈夫，都要服斩衰。“齐衰”，相比“斩衰”较轻，它也由粗麻布制作而成，缉边，服期有三年、一年、五月、三月之分。孙子、孙女为祖父、祖母，重孙、重孙女为曾祖父、曾祖母，玄孙、玄孙女为高祖父、高祖母穿孝用此等丧服。“大功”用熟麻布做成，经过加工，颜色较为鲜亮，质地较细，服期为九个月。“小功”用较细的熟麻布做成，质地细密，服期为五个月。“缌麻”是五服中最轻的一种，用极细的麻布做成，做工较为讲究，服期为三个月，主要用于疏远的亲属和亲戚。服丧并不局限在亲戚间，还有没有血缘关系的为死者披麻戴孝，一般多是为尊者、长者、师者服孝。《红楼梦》中则有一段关于丧服的描写，秦可卿死后，作为公公贾珍居然“哭得泪人一般”。其后贾珍竟“拄着拐杖”到荣国府去请王熙凤去主事，那拐分明是只有一等丧服才用的哭丧棒。这于情于理不合，如何作解，读者诸君自有高见。

有孝在身，平日的衣食住行等等一切都要从简，遵守居丧的制度，称为守制。守制多是以受苦的形式体现孝道。服丧期间一般不能洗澡，除非因肮脏导致疾病才可破例。清代甚至理发都被禁止。帝王驾崩，天下缟素，举国同哀。居丧守制，规则多如牛毛。比如节制饮食，孝子一般在父母初终三日内滴水不进，空腹尽哀，小殓之后才食用少量的粥。服丧期间多吃清味寡淡的粥饭，禁食蔬菜瓜果，酒肉就更是在禁食之列。住处也是简陋异常，陈设简单，没有装饰物，多是结庐而伴坟茔，深居简出。服期内更是严禁嫁娶和娱乐，访亲会友也受到限制。当然也不能参加科举考试，不能因为功名而忘记丧亲之忧。为官的遇到丧事，无论官职大小，一般都要辞去官职，回家守孝，除非皇帝下诏夺情。

古人用繁琐漫长的仪式表示对亲友的不舍，用五服来划分形式上的亲疏，但怀念亡者的情谊却不是能轻易划分的。生固可喜，死固可悲，但世间无人能敌得过生死。参透其中，便知生固非可喜，死固非可悲，正如“人之生灭，如水一滴，沤生沤灭，复归于水”。

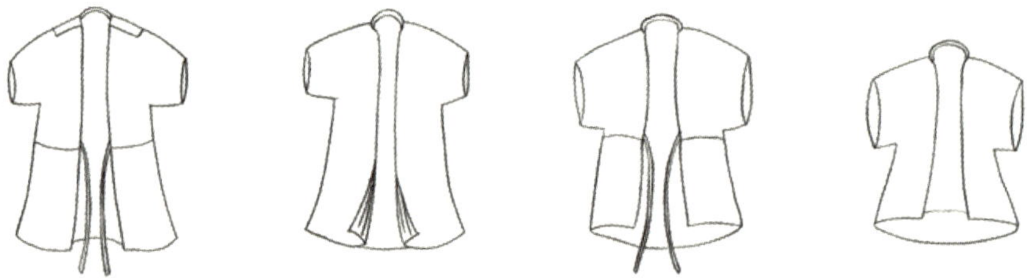

丧服图 服制按服丧期限及丧服质地的不同，从重到轻分为五种，分别是斩衰、齐衰、大功、小功和缌麻，以此来辨别关系之亲疏远近。后来又从这五种不同的孝服中发展出不同的服丧制度。上图分别为五服中的前四服。

参考文献

1. 胡朴安：《中华全国风俗志》，河北人民出版社，1986 年版。
2. 齐涛（主编）：《中国民俗通志》，山东教育出版社，2005 年版。
3. 中华文化通志编委会编：《中华文化通志》，上海人民出版社，1998 年版。
4. 林永匡、袁立泽：《中国风俗通史》（清代卷），上海文艺出版社，2001 年版。
5. 雪犁（主编）：《中华民俗源流集成》，甘肃人民出版社，1994 年版。
6. 王彦章：《民俗传统与现代生活》，合肥工业大学出版社，2008 年版。
7. 秦永洲：《中国社会风俗史》，山东人民出版社，2000 年版。
8. 毛佩琦（主编）：《岁月风情——中国社会生活史》，广西教育出版社，2000 年版。
9 庄华峰：《中国社会生活史》，合肥工业大学出版社，2003 年版。
10. 张德宝、庞先健、郭永生等：《中国风俗图像解说》，上海书店出版社，1999 年版。
11. 王弘力：《古代风俗百图》，辽宁美术出版社，2006 年版。
12. 何晓明等（编著）：《图说中国文化——民俗卷》，吉林人民出版社，2007 年版。
13. 中川中英（编著）、方克、孙玄龄（译）：《清俗纪闻》，中华书局，2006 年版。
14. 薛君度、刘志琴（主编）：《近代中国社会生活与观念变迁》，中国社会科学出版社，2001 年版。
15. 王跃年、孙青（编著）：《百年风俗变迁》，江苏美术出版社，2000 年版。
16. 仲富兰（主编）：《图说中国百年社会生活变迁》，学林出版社，2001 年版。
17. 李家瑞（编）：《北平风俗类征》，上海文艺出版社，1985 年版。
18. 张迅齐（编译）：《清代北平风俗图》，常春树书坊（台北），1978 年版。
19. 佚名：《北京民间风俗百图》，北京图书馆，2003 年版。
20. 舒惠芳、沈泓：《凡尘俗子——民间年画中的温情风俗》，中国工人出版社，2007 年版。
21. 上海图书馆近代文献部（编）：《清末年画汇萃：上海图书馆馆藏精选》，人民美术出版社，2000 年版。
22. 郭冬、王泰来：《远去的大清帝国》，中国大百科全书出版社，2009 年版。
23. 刘潞、吴芳思（编译）：《帝国掠影——英国访华使团画笔下的清代中国》，中国人民大学出版社，2006 年版。
24. 托马斯·阿罗姆绘图、李天纲（编著）：《清帝国城市印象：19 世纪英国铜版画》，上海古籍出版社，2002 年版。
25. 小横香室主人（编）：《清朝野史大观》，上海科学技术文献出版社，2010 年版。
26. 刘北汜、徐启宪（主编）：《故宫珍藏人物照片荟萃》，紫禁城出版社，1994 年版。
27. 万依、王树卿、陆燕贞：《清代宫廷生活》，三联书店，2006 年版。
28. 徐珂：《清稗类钞》，中华书局，2003 年版。
29. 王彦章：《清代奖赏制度研究》，安徽人民出版社，2007 年版。
30. 冯尔康、常建华：《清人社会生活》，沈阳出版社，2002 年版。
31. 陈平原、夏晓虹（编注）：《图像晚清》，百花文艺出版社，2001 年版。
32. 何伯英：《影像中国：早期西方摄影与明信片》，三联书店（香港）有限公司，2008 年版。
33. 留伯仙：《往事：晚清明信片透视》，人民出版社，2001 年版。
34. 留伯仙：《晚清明信片集萃》，东方出版社，2003 年版。
35. 陈玲、王佳楠、蔡小丽（编著）：《明信片清末中国》，中国人民大学出版社，2005 年版。
36. 沈从文：《中国古代服饰研究》，商务印书馆，2011 年版。
37. 李妙龄：《中国历代服饰大观》，百龄出版社（台北），1982 年版。
38. 黄能福、陈娟娟、黄钢（编著）：《服饰中华——中华服饰七千年》，清华大学出版社，2011 年版。
39. 华梅：《服饰与中国文化》，人民出版社，2001 年版。
40. 袁杰英：《中国历代服饰史》，高等教育出版社，1994 年版。
41. 林永匡、王熹：《清代饮食文化研究》，黑龙江教育出版社，1990 年版。

42. 赵荣光：《中国饮食文化概论》，高等教育出版社，2003 年版。
43. 杜景华：《中国酒文化》，新华出版社，1993 年版。
44. 王从仁：《中国茶文化》，上海古籍出版社，2001 年版。
45. 梁思成：《中国建筑史》，三联书店（香港）有限公司，2001 年版。
46. 王其钧（主编）：《中国建筑图解词典》，机械工业出版社，2007 年版。
47. 史建：《图说中国建筑史》，浙江教育出版社，2001 年版。
48. 李允鉌：《华夏意匠》，天津大学出版社，2005 年版。
49. 于吉星：《老明信片·建筑篇》，上海画报出版社，1997 版。
50. 周成编著：《中国古代交通图典》，中国世界语出版社，1995 年版。
51. 鸿宇编著：《中国民俗文化——节俗》，宗教文化出版社，2004 年版。
52. 韩养民、郭兴文：《中国古代节日风俗》，陕西人民出版社，2002 年版。
53. 吴世旭：《满族民间信仰》，沈阳出版社，2004 年版。
54. 富育光：《萨满教与神话沈阳市》，辽宁大学出版社，1990 年版。
55. 王宏刚、于晓飞：《大漠神韵——神秘的北方萨满文化》，四川文艺出版社，2003 年版。
56. 业露华：《中国佛教图像解说》，上海书店出版社，1995 年版。
57. 李国荣：《帝王与佛教》，团结出版社，2008 年版。
58. 马书田：《中国道教诸神》，团结出版社，1996 年版。
59. 陈顾远：《中国婚姻史》，上海文艺出版社，1987 年版。
60. 高成鸢：《中华尊老文化探究》，中国社会科学出版社，1999 年版。
61. 李钟祥、王增永：《婚丧礼俗面面观》，齐鲁书社，2001 年版。
62. 周苏平：《古代丧葬习俗》，陕西人民出版社，2004 年版。

后 记

写下《世说清语——清朝生活图志》最后一个字时，我的心情很难说是完全轻松的。回想6个月来的写作历程，暑去冬来，其间既经历了灵感丢失的疲惫亦感受到了文字从脑海流诸笔端的快慰。能与这本书结下不解之缘，缘于2013年5月邢小胖编辑的一通约稿电话。当时，我对这本书的选题和立意产生了较大的兴趣。因为笔者一直在安徽师范大学开设通识教育课《民俗传统与现代生活》，积累了较为丰富的资料与经验。此前在浙江大学攻读博士学位时，曾经仔细翻检《清实录》等文献，并且认真研读清代笔记，自信对清代社会生活方面的内容较为熟悉。因此，当邢编辑提出写作想法时，我便毫不犹豫地答应下来。

在写作过程中，发现撰写难度远超预期，在丛书策划方、出版社以及邢编辑等人的督促、鼓励下，我重新调整了写作方案，克服了诸多困难，10月初勉强完成初稿，后来又数次作了大规模的修改，现在终于即将正式出版。此时此刻，心里既有如释重负的轻松，同时又有诚惶诚恐的担忧。由于学识、阅历所限，书中肯定存在不少问题，欢迎广大读者及专家学者批评指正，以期能对清朝历史作出更深刻更具体的描述。

本书借鉴了不少学者的研究成果，谨向这些学界同仁致以崇高的敬意和衷心的感谢。有些参考资料可能未能完全列出，特此表示深深的歉意。感谢邢小胖编辑的热心支持与辛勤付出。在写作过程中，安徽师范大学历史社会学院研究生耿明、王艳、李团结、程亚运等同学，在收集资料、整理书稿、校对文字等工作中为本书提供了大力帮助与支持，并就一些问题提出了他们的见解，对此一并表示衷心感谢！

王彦章

2013年12月10日于安徽师范大学

图书在版编目（CIP）数据

世说清语：清朝生活图志 / 王彦章著. — 北京：中国财政经济出版社，2014.10
（中国古代生活史）
ISBN 978-7-5095-5568-2

Ⅰ. ①世… Ⅱ. ①王… Ⅲ. ①社会生活－历史－中国－清代－图集 Ⅳ. ①K249

中国版本图书馆CIP数据核字(2014)第159324号

责任编辑：洪　钢　　装帧设计：风信子　郑韩樱子
特约编辑：邢小胖　　版面制作：屈艳军

中国财政经济出版社出版
URL:http//www.cfeph.cn
E-mail:cfeph@cfeph.cn

社址：北京市海淀区阜成路甲28号　邮政编码：100142
营销中心电话：010-88190406　北京财经书店电话：010-64033436
北京新华印刷有限公司印制　各地新华书店经销
165×210毫米　16开　17.5印张　210 000字
2014年10月第1版　2014年10月北京第1次印刷
定价：48.80元
ISBN 978-7-5095-5568-2 / K•0026
（图书出现印装问题，本社负责调换）
本社质量投诉电话：010-88190744
反盗版举报热线：88190492　88190446